U0575933

世界传世藏书

【图文珍藏版】

全球通史

世界历史通览

刘凯⊙主编

第五册

全球通史

线装书局

末代皇帝

光绪帝在位 34 年，最终抑郁而死。在光绪帝病死前，醇亲王载沣被宣入中南海，跪在慈禧的帏帐前。

慈禧开口说："载沣，你得了两个儿子，这是值得喜庆的事。光绪已将不起，我又在病重之中。现国家有难，朝廷不可一日无君，我决定立你的长子溥仪为嗣，继承皇位，赐你为监国摄政王！"向来懦弱的载沣，听了这番话，如五雷轰顶，手足无措，不知该怎么办才好，只是反复念叨说："溥仪仅仅 3 岁，溥仪仅仅 3 岁……"慈禧马上劝慰说："这是神意，也是列祖列宗牌位前卜卦请准了的！明天，你将溥仪带进宫，准备举行登基仪式。"

慈禧的决定传到醇王府，醇王府立即炸锅了。溥仪的祖母不等念完谕旨就昏了过去。刚苏醒过来，便一把夺过溥仪，紧紧抱在怀里，一把鼻涕一把泪地说："你们把自家的孩子（指光绪）弄死了，却又来要咱的孙子，这回咱是万万不能答应的！"

幼年溥仪旧照

对于慈禧的歹毒，她是领教过的，所以她止不住地哭闹着，不忍心让孙子再落入慈禧的魔掌。后来，府中的人不得不把她扶走。这时候接皇帝的内监要抱溥仪走，但3岁的溥仪见到这些生人，拼命地挣扎，他一点也不管"谕旨不可违"的说教，连哭带打不让太监来抱。于是，太监们一商量，决定由载沣抱着"皇帝"，带着乳母一起去中南海。

1908年11月14日，一群太监将溥仪带入皇宫。第二天，慈禧便一命呜呼了。到了12月2日，清廷举行了隆重的皇帝登基大典。

登基大典开始时，不满3周岁的溥仪坐在皇帝的龙床宝座上竟哇哇地大哭起来。他父亲载沣侧身坐在龙床上，双手扶着他，叫他不要再哭闹。

根本还不懂事的溥仪，见那些文武百官不断地磕头，高呼"万岁、万岁、万万岁"，加之山崩地裂般的锣声、鼓声、钟声，更加害怕，哭声也更大了。载沣觉得在这样的盛典上，皇帝却哭闹不止，太不像话，心中一急，不由脱口而出，叫道："就快完了！就快完了！马上回老家了！一完就回老家了！"

话一出口，文武官员们不由得窃窃私语起来："怎么说是'快完了'呢？说要'回老家'是什么意思呢？'回满族老家？不就是结束近270年的清朝统治吗？"

载沣这一番话，竟不幸得到了应验。到了1911年，溥仪当皇帝不到3年，辛亥革命就爆发了，在重重压力下，隆裕皇太后不得不替溥仪宣布退位，大清帝国就此宣告灭亡了。

中国同盟会的成立

革命形势的迅速发展和爱国运动的广泛开展，使革命党人深切意识到有必要把分散的革命力量联合起来，建立一个全国性的统一革命组织和政党来领导革命运动。孙中山敏锐地觉察到中国已处于革命高潮的前夕。为联合各种革命力量，从1902年到1905年，他做了一次环球旅行，致力于在各地宣传革命思想、组织革命团体，进一步扩大革命的影响。

1905年夏，孙中山从欧洲到达中国留学生集中的日本东京，同留日革命团体领导人黄兴、宋教仁、陈天华等会晤，商议筹建统一的革命政党。7月，来自各省的革命志士 70 多人在东京召开筹备会议。会上，孙中山发表演说，阐明革命的原因、形势及联合组织、统一团体的必要性。孙中山提议该团体定名为中国革命同盟会，经过反复讨论，最后定名为"中国同盟会"，简称"同盟会"，并以孙中山提出的"驱除鞑虏，恢复中华，创立民国，平均地权"16 字为政治纲领。为进一步扩大革命影响，由黄兴和宋教仁发起，在东京召开了中国留学生和华侨欢迎孙中山的集会。孙中山当场发表激动人心的演说，给与会者以巨大鼓舞，革命热情迅速高涨。

8 月，孙中山和黄兴等联合兴中会、华兴会和光复会等革命团体的成员，在东京正式举行了中国同盟会成立大会。大会通过了黄兴等人起草的同盟会章程，确定 16 字纲领为同盟会宗旨，推举孙中山为总理，黄兴等人为执行部干事。章程规定同盟会本部设于东京，本部机构在总理之下设执行、评议、司法 3 部；在国内设东、西、南、北、中 5 个支部，国外设南洋、欧洲、美洲、檀香山 4 个支部，支部以下按地区、国别设立分会。

同盟会是中国第一个全国性的，具有比较明确的政治纲领的资产阶级政党。它成立后，海内外革命者纷纷加入，革命队伍日益壮大，为资产阶级革命运动的全面高涨奠定了基础。

辛亥革命

同盟会成立后，以孙中山为首的革命派积极宣传革命思想，夺取思想阵地的领导权，为推翻清朝做舆论准备。与此同时，革命派组织和发动了一系列武装起义，由于群众基础薄弱，这些起义都相继失败了，但它有力地冲击了清朝的反动统治，扩大了革命影响，激发了全国人民的斗志，鼓舞了更多的志士仁人投身于反清斗争。

武汉地处长江中游，号称"九省通衢"，是当时的水陆交通中心，又是帝国主义侵略中国的重要据点和清朝统治的一个重心，也是资产阶级革命党人活动非常活跃的地区。1904 年，武汉成立了第一个革命团体科学补习所，随后又成立了日知会、文学社和共进会等革命团体。革命党人在武汉长期进行革命宣传和组织工作，大批青年。学生、群众加入革命队伍。革命党人深入新军中进行宣传，把反革命武装变为革命武装。到武昌起义前夕，新军中已有三分之一的士兵参加了革命组织，成为武昌起义的主力军。

1911 年的广州黄花岗起义和四川保路风潮，推动了革命形势的迅速发展，尤其是四川保路运动爆发后，清朝调湖北军入川镇压，统治阶级在武汉的兵力减弱，武昌起义的时机成熟。9 月，在同盟会中部总会的推动下，文学社和共进会在武昌召开联席会议，成立了起义临时总指挥部，推举文学社领导人蒋翊武为总指挥，共进会领导人孙武为参谋长，并制定了起义计划，预定在中秋节起义。同时，拟定文件，绘制旗帜，制造炸弹，为起义做准备。起义前夕，孙武在汉口俄租界赶制炸弹时不慎爆炸受伤，革命机关遭到破坏，革命的旗帜、文告及党人名册全被搜走，起义计划暴露。起义总指挥部及其他机关也被破坏，起义领导人大批被捕或逃亡。革命党人和新军中的革命士兵见事态紧急，决定自行秘密联络，提前发动武装起义。

10 月 10 日晚，武昌城内新军工程第八营的革命党人和广大士兵在熊秉坤率领下首先发难，打响了武昌起义的第一枪。他们杀死镇压起义的反革命军官，冲出营房，占领楚望台军械库。各处响应的起义士兵齐集楚望台，并临时推举吴兆麟担任指挥，向总督衙门发动进攻。湖广总督吓得惊魂丧胆、走投无路，急忙从总督署后围墙上打开一个洞逃之夭夭。各起义部队在统一指挥下，经过一夜激战，攻占了总督衙门，占领了武昌，武昌起义胜利了。随后，起义军又占领了汉阳和汉口，革命军在武汉三镇取得胜利。

武昌起义胜利后，由于同盟会主要领导人孙中山、黄兴等均不在武汉，革命党人便推举新军协统黎元洪为都督。湖北军政府成立后，宣布国号为"中华民国"，废除大清年号。同时，号召各地发动起义，共同推翻清朝的统治，建立共和制。

辛亥革命是以孙中山为首的资产阶级革命派领导起义以来第一次取得的胜利，它在中国历史上第一次竖起民主共和国的旗帜，是一次完整意义上的资产阶级民主革命。作为反帝反封建的伟大革命，辛亥革命极大地影响了各国的民族解放运动，掀起了各国人民反抗压迫的民族解放热潮。

中华民国成立

武昌起义后，革命风暴席卷全国。在不到两个月的时间内，全国半数以上的省区已经宣布独立。各省的起义和独立汇合成巨大的革命洪流，清朝的统治土崩瓦解。全国革命的迅速发展，迫切要求建立统一的革命政权，改变各省独自为政的状态，巩固和发展已经取得的胜利成果。

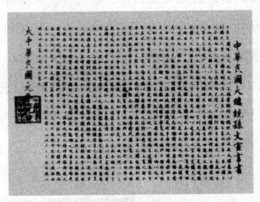

中华民国大总统孙文宣言书

1911 年 11 月，武汉和上海两地分别致电各省，要求派代表商议组织临时中央政府。后经反复协商，才决定各省代表会议在武汉举行。

12 月底，长期在国外领导反清革命的孙中山回到上海。由于孙中山的崇高声望，各省革命党人大都主张推举孙中山为临时大总统，立宪派和旧官僚也认为孙中山堪称总统的最佳人选。12 月 29 日，各省代表在南京举行会议，正式选举孙中山为中华民国临时大总统。

1912 年 1 月 1 日，孙中山从上海乘专列到南京赴任。当晚，孙中山宣誓就职；中华民国临时政府成立，以 1912 年为民国元年；选举黎元洪为副总统；通过孙中山提出的各部总长名单；成立临时参议院作为立法机关；规定南京为中华民国临时政府所在地。中华民国临时政府的成立，标志着中国历史上第一个资产阶级共和国的诞生。

南京临时政府成立后，在短短的 3 个月内，颁布了许多改革法令，推动了中国社会的进步和发展。在政治方面，临时政府颁布了《中华民国临时约法》，这是中国历史上第一部资产阶级民主宪法。约法明确规定中华民国的主权属于全体国民，实行三权分立的政治体制；宣布中华民国公民一律平等，公民享有选举、参政等政治权利和居住、信仰、集会、出版、言论等自由。在经济方面，保护工商业；废除清朝苛捐杂税，鼓励人民兴办农业；奖励华侨在国内投资。在文化教育方面，提倡以自由平等博爱为主要内容的公民道德教育；禁用清政府颁行的教科书；提倡男女同校，奖励女校等。在社会习俗方面，废除历代沿用的跪拜和"大人""老爷"等称呼；规定男人一律剪辫，妇女禁止缠足；严禁种植、吸食鸦片和赌博。在对外政策上，主张关税自主；为换取各国对中华民国的承认，避免列强干涉，主动承担过去的外债和赔款，承认清政府和各国签订的一切不平等条约。这些措施有利于维护民主政治和发展经济，但临时政府没有提出明确的反帝纲领，也未有触动封建土地所有制。

中华民国成立后，遭到了反动势力的联合进攻。袁世凯在帝国主义的支持下，采用武力威胁和政治欺骗的两面手法，迫使革命派交出政权。孙中山在内外压力下被迫妥协，让位给袁世凯。袁世凯就任临时大总统，开始了北洋军阀的独裁统治。辛亥革命的胜利果实，最终落到了北洋军阀官

上海各界欢送孙中山赴南京就职

僚集团手中。中华民国的成立标志着清王朝的灭亡，标志着中国持续2000多年的封建帝制的结束，有力地打击了帝国主义和封建势力，使共和体制深入人心，鼓舞人们前仆后继地争取国家的独立和自身的解放。

五、日　本

约 1338—1912 年

在足利将军幕府的室町时代，日本政权落入贵族武士和地方军阀的手中。他们之间的对抗造成了地方性中心城市、对欧贸易和基督教等在日本的兴起。从 1560 年开始，全国的政治和军事权力逐渐集中到"战国三雄"手中，他们结束割据，实现了统一。

日本从 17 世纪起在德川幕府的统治下几乎与西方完全隔绝。1868 年，幕府末代将军迫于国内政治的压力被迫下台，让位于天皇，后者推动了日本近代中晚期化的进程。在明治时期，日本迅速发展成为在亚洲领先的工业化国家，并且在外交上收获颇丰。

禅秀之乱与应仁之乱

1408 年 5 月 6 日，足利义满病逝，足利义持继任足利氏家督，由室町邸搬入北山邸，开始真正主宰幕府的政治。不久后，足利义持在京都三条坊门祖父足利义诠的旧居遗址建筑府邸，并于 1409 年 10 月将幕府的本据地迁往新邸。同年，足利持氏继足利满兼出任第四代镰仓公方。1411 年，上杉禅秀取代上杉宪定担任了关东管领。

1415 年，上杉禅秀家人越幡六朗因作奸犯科，被足利氏没收了所领。上杉禅秀对此甚为不满，认为越幡六朗罪不当罚并为其辩护，为镰仓氏公方所拒。于是上杉禅秀在同年 5 月 2 日上表请辞关东管领一职。足利持氏对此更为震怒，即刻接受上杉禅秀上表，于 5 月 18 日任命已故大全上杉宪基继任。镰仓公方和关东管领的矛盾，于是成为一把烈火，随即引发了一场大乱。

1416 年 10 月，室町幕府将军足利义持的弟弟足利义嗣欲取代其兄长自任将军，秘密酝酿兵变，不料泄露了机密，被足利义持得知并逮捕，被关押在林光院，随后遁入空门，法号道绳。足利义嗣遁入空门后，并没有修身养性，反而派遣他手下的僧人前往关东，劝说上杉禅秀一起举兵。上杉禅秀欣然答应，并策反了足利持氏的叔父足利满隆。集结兵马后，上杉禅秀以参见为名欲逮捕足利持氏。当时的足利持氏喝的酩酊大醉，等到被属下唤醒时才知道发生了兵变。匆忙集结了一千人马前往关东管领上山宪基处，与其共商退敌之策。但为时已晚，经过几番激战，足利义持逃往箱根山内过夜，第二天又逃往骏河，上山宪基则兵败后逃到了越后。

此后又连续几次激战，双方各有胜负。但各国仍然听令于足利持氏，勤王之师日渐强大，足利满隆、上杉禅秀的军队日渐气衰。1417 年 9 月，镰仓为公方军贡献，10 月，上杉禅秀在宝性院快尊法印的雪下御坊笼城固守，然大势已去，随后不久，足利满隆、上杉禅秀、上杉禅秀之子上杉宪方、上杉宪春、宝性院快尊僧都等人及其部下全部在此自杀身亡。17 日，足利义持返回了镰仓府。1419 年 8 月，足利义持辞去内大臣之职，把征夷大将军的位子让给了儿子足利义量并出家，法号道诠。

上杉禅秀的嫡子上杉宪显因留守本据而躲过一劫，随后秘密逃往京都隐藏。上杉禅秀的女婿岩松满纯集结余党在上野国再次起义，但很快被舞木宫内丞率军平定，岩松满纯在其后不久被斩首。4 月 28 日，辞职返回三岛的上杉宪基经劝说于 5 月 24 日重返镰仓，6 月 30 日，再度出任关东管领，自此动乱结束，这一动乱在日本历史上被称为"禅秀之乱"。

"禅秀之乱"虽然被镇压，然而室町幕府和镰仓府的矛盾却不断上升，幕府的权威日渐衰落。

室町幕府几代将军之位传到足利义政手中。义政开始没有子嗣，就立了弟弟足利义视为嗣，同时命细川胜元为辅政大臣。但不久夫人生了亲子足利义尚，又托付山名持丰（宗全）辅佐义尚。此后，细川胜元与山名持丰开始了争权的斗争。应仁元年即1467年，细川胜元命各地领主共同讨伐山名持丰，起兵16万。山名持丰亦宣布细川胜元的罪状，各地征兵11万人，两军在京都城内展开激战，焚烧街道，屠劫不止，王侯的宅邸、古寺名院均无一幸免，变得残破不堪。宫廷中的宝物书籍也付之一炬。此时，山名持丰将足利义政迎入军中，奉其为主。而细川胜元则狭天皇以令天下。

应仁之乱

一直到文明元年（1469年），终于正式决定足利义尚为将军继承人，五年后，细川胜元和山名持丰于同年归天，次年，双方的新统率山名政丰和细川正元讲和。到文明九年（公元1477年），这场大乱才暂时打上休止符，幕府也重新复归于一。这场持续了十一年之久的混战史称"应仁之乱"。

战争结束后，足利义尚成了将军，足利义视逃到了美浓。从此幕府的大权完全掌握在了细川政元的手中。在这场长达十余年的战乱中，京都化为一片焦土，连将军宅邸花之御所也化为废墟。由于众多守护大名集合京都混战，地方上以"守护代"为代表的武士势力开始强大。损失最惨重的莫过于幕府，幕府的优柔寡断是引起战乱的主要原因，因此威信全失。饥荒和战乱还导致了大量的庄园公领地破产，庄园公领制此后陷入了完全的崩溃。地方上，领地国人、商人、自治团体纷纷趁乱而起，一个以下克上的乱世开始了。

天下布武

战国时代的显著特征是群雄割据，战事频繁。当时的日本，北有斋藤义龙，东有今川义元，东北有被誉为"战国第一兵法家"的"甲斐之虎"武田晴信，北陆有被称为"北陆的守护神"的上杉辉虎；濑户内海一带有"濑户内智将"毛利元就；畿内以北的越前国，则由名门朝仓孝景统治。

织田信长生于尾张国的那古野城，是织田信秀的嫡长子，当时的织田信秀已经基本上掌握了尾张国的军政大权。1551 年 3 月，织田信秀去世，享年 42 岁，织田信长理所当然地成为尾张下四郡的新主。

1560 年 5 月，拥有骏河、远江、三河的大名今川治部大辅义元在和武田，北条结成三家同盟，稳定后方后，开始上路，准备一举攻人京都，取足利将军而自代。今川军以三河松平元康（后来的德川家康）为先锋，驱动两万大军，沿镰仓街道西上，矛头直指尾张。

今川的军队进军顺利，今川义元根本认为信长不会反抗。此时信长手下能动用的兵力不足 5000 人。虽筑鹫津、丸根等砦防卫，但顷刻之间就被今川军攻破了。织田家群臣惊惶失措，有说赶紧投降的，有说固守清州的。织田信长没有理会，宣布回房睡觉，等待时机。

半夜，织田信长猛然跳起，披挂盔甲，令手下打鼓，自己挥舞折扇，边唱边舞，唱道："人间五十年，当如梦如幻，有生斯有死，壮士复何憾！"然后织田信长率领亲信数百人，杀出城去。得知织田信长杀出城去后，家臣们赶紧纷纷率军跟上，后来聚集了数千人。

织田信长突然出现在桶狭间，令今川军阵脚大乱。桶狭间是个低洼地，加上当时正在下雨，今川军正好是顶风作战，织田军则是顺势而下，今川军完全处于劣势。

战斗中，织田信长的侍卫毛利新助等人围攻今川义元，终于砍下了这个准备坐着轿子上路的"东海道第一武将"的脑袋。于是，织田信长获得了桶狭间会战的胜利，名扬天下。

桶狭间会战后，织田信长开始攻掠美浓。这时斋藤义龙已死，在位的是其子斋藤龙兴。1561 年，织田和斋藤进行了森边之战，织田军战败。为此，织田信长决定将居城前移，于 1563 年在小牧山筑城，并将居城移往小牧山城。1566 年，织田信长派木下藤吉郎（后来的羽柴秀吉，丰臣秀吉）在墨俣筑城成功，建立了自己的前沿堡垒。

而这时斋藤方面却很不妙。斋藤龙兴的家臣竹中半兵卫因为不满意斋藤龙兴，运用奇谋，夺取了稻叶山城。后来竹中交还了稻叶山城给斋藤龙兴，自己却被羽柴秀吉策反，做了羽柴秀吉的军师。在竹中和羽柴的谋略下，美浓三杰投降了织田家，斋藤的家臣团瓦解了。

1567 年，织田信长攻下了美浓稻叶山城，斋藤家灭亡。织田信长将稻叶山城改名为"岐阜"，取"周文王起于岐山"之意，准备统一天下，并开始使用"布武天下"的印鉴。同时，织田信长把妹妹嫁给浅井长政，与浅井长政结盟。

日本的战国时代

1568 年 7 月，织田信长在美浓政德寺拜见了足利义昭，决定拥立足利义昭为幕府将军。9月，织田信长开始率军上洛，经过萁作之战迅速击败了南近江的六角家，平定了南近江，进入了京都。10月18日，足利义昭继任征夷大将军。次年1月，织田军击败了拥立另外一位将军足利义荣的三好家，确立了足利义昭的地位，并在2月修建了二条城作为足利义昭的居城。

1570年1月，织田信长送给足利以昭"条书"，限制足利义昭不得干什么，削弱足利义昭的权力。足利义昭当然很不满意，便秘密联合各地大名抵抗"信长这个公敌"。率先响应足利义昭号召的是越前的朝仓义景。为此，在1569年4月，织田信长率领大军远征越前，讨伐朝仓。织田军很顺利地攻下了金崎，正准备继续进攻时，突然传来不好的消息：浅井长政背叛了织田信长，投向了老盟友朝仓。这样一来，织田军便陷于浅井、朝仓的夹击中，织田信长只好下令撤退。羽柴秀吉自告奋勇殿后。这就是金崎撤退。织田信长对浅井长政的背叛非常恼火，两个月后，便联合德川家康讨伐浅井，在姊川会战中击败浅井，朝仓联军。

虽然取得了姊川会战的胜利，但是织田信长的困境却越来越严重：本愿寺和延历寺先后和织田信长对立，伊势爆发长岛一向一揆，甲菲的武田，越后的上杉也响应足利义昭的号召，与织田信长为敌；西国的毛利从水上援助本愿寺，加上以前的浅井，朝仓和三好家，信长包围网形成了。为了打破这个信长包围网，织田信长首先对延历寺下手，于1571年9月焚毁延历寺。

1572年，真正的危机来临了。当年10月，甲菲的武田信玄开始出兵上洛，并于12月在三方原大败织田和德川的联合军。得知这一消息后，足利义昭于次年2月在二条正式起兵，对抗织田信长。可是足利义昭实在是算错了账。武田军的确大获全胜，可是就在足利义昭起兵两个月后，武田信玄病死在上洛途中，武田军只好退了回去。这样一来，在7月，足利义昭兵败被流放，室町幕府灭亡。

武田军上洛的失败使得信长包围网开始崩溃。1573年8月，在流放足利义昭后，织田信长成功地攻下了朝仓和浅井的居城，朝仓，浅井灭亡。1574年，织田信长镇压了长岛的一向一揆。1575年，武田军再次上洛。但是这次他们在长条被织田德川联军大败，重臣几乎全部阵亡，武田家当主武田胜赖仓皇逃回甲菲。

织田军在击败武田军后，势力更加强大，于8月镇压了越前的一向一揆。信长包围网事实上已经瓦解了。织田信长这时可谓春风得意，于1575年11月让位给长子织田信忠，并送给他美浓，尾张国，自己做了"太上皇"。

1576年2月，织田信长移居安土。这座规模极大的居城完全不是当时那种堡垒形式，而是行政军事的新型城堡，向天下显示着织田信长的权威和野心。这时，能够和织田家对抗的大名已经不多，主要就是西国的毛利，越后的上杉和京畿地带的本愿寺。

织田军长年围困石山本愿寺，本愿寺城的粮食、武器很不足，为此，毛利家从水路对本愿寺进行补给。为了尽快攻下本愿寺，织田军在1576年7月和毛利军打了一次水战，就是第一次木津川口之战，结果被毛利水军击败。

同时，在北陆，上杉军平定能登，在手取川击败织田军，似乎要重演武田军上洛了。可是不然，号称"战国最强"的上杉谦信不久就病死了，他的养子们为了争位引发了"御馆之乱"。上杉家已无力上洛。

1578年7月，织田水军再次和毛利水军交战，这就是第二次木津川口之战。结果织田家的九鬼嘉隆用大安宅船击败了毛利水军，本愿寺的补给中断，只好在1580年由天皇出面调解，本愿寺解散军队，退往纪州。同时，织田信长让羽柴秀吉经营西国。羽柴秀吉不负众望，干净利落地在西国屡屡击败毛利军，拖住了毛利军。这一时期，织田信长的部下不断有人反叛。先是大和的松永久秀谋反，被织田信忠攻破信贵山城，松永久秀父子自杀。之后又有荒木村重和别所长治谋反，也被镇压。

1582年，织田信忠联合德川和北条，进攻甲斐。武田重臣穴山梅雪、小山田信茂等先后背叛，胜赖父子自杀于天目山中，武田氏灭亡。这时，织田军势力空前之强大：羽柴秀吉水淹高松，对抗毛利；丹羽长秀在攻略四国；柴田胜家在北陆对抗上杉家；泷川一益和盟友德川家康在甲信对抗关东的北条氏。5月29日，织田信长人京都本能寺。

6月2日，明智光秀突然下令："我们的敌人，在本能寺！"出兵包围了本能寺。面对明智光秀的大军，织田信长身边只有数百卫兵。眼看脱逃无望，织田信长放火焚毁了本能寺，自己也死在了本能寺中，享年 49 岁。同时，在京都的织田信忠得知父亲死于本能寺后，率军死守二条城，城破战死。

这就是日本历史上有名的"本能寺之变"，"本能寺之变"使织田信长统一天下的霸业功亏一篑，事变后，织田一族就此一蹶不振，各诸侯大国再次陷入战乱。

丰臣秀吉统一日本

丰臣秀吉继承了织田信长未完的事业，但他走的路线和织田信长全然不同，在武力统一受到挫折后，丰臣秀吉改变策略，先与敌手德川家康讲和，并与朝廷接近，以朝廷的名义征讨反贼。

在众多日本人的眼中，丰臣秀吉的诞生充满神奇色彩。最脍炙人口的传说如下：1536 年丙申一月一日，尾张国爱知郡中村的农民木下弥右卫门的家中，在这喜气洋洋的元旦气氛中，诞生了一个男孩。弥右卫门的妻子平日笃信日吉权现（太阳神），经常向日吉权现祈祷能够生一个男孩。有一天晚上，她梦见太阳进入她身体，之后，她怀了身孕。13 个月后，这个小孩诞生了。由于是日吉权现所赐之子，因此命名为"日吉丸"。这个小孩，脸长得像猴子一样，所以大家都叫他"猴子"。

根据比较可靠的史料《太阁素生记》，以及其他传记的记载，秀吉确实长得像只猴子，因此他的绰号叫猴子。这并不只是个谣传而已，现存的织田信长的信中留有证据。此外，织田信长的信中还透露，秀吉还有个外号，叫作"秃鼠"。秀吉中年以后，毛发逐渐稀疏，晚年出征的时候，为了使自己更有威严，经常要画眉毛，装假胡须。不管是猴子还是秃鼠，总之丰臣秀吉的外貌极为不扬。秀吉在 8 岁时父亲去世，没过多久，一个名叫筑阿弥的茶艺师当了他的继父。在继父的眼中，秀吉不管外表或个性方面，一点都不可爱，而且家里又贫穷，因此就叫秀吉出去当帮佣。秀吉不管到哪里帮佣，都不受欢迎，每个地方都待不久。最后，在 16 岁那年，秀吉拿着生父留给他的永乐钱一贯离家出走，独自寻找帮佣的主人。秀吉的出生地尾张介于京都与偏僻的东国之间，是一块肥沃的平原，可说是仅次于京都的发达地带。这个地方商人熙来攘往，因此可以接触各地来的信息。在这种环境下，秀吉当然也得到一些商业的信息，而且他天生聪慧，在旅途中，他将永乐钱换成便于携带的商品"木绵缝针"，然后再将缝针卖掉，获取利润作为旅费。最后，秀吉终于如愿以偿，进入远江国（今静冈县）的松下嘉兵卫家中帮佣。秀吉的第一件工作就是帮主人拿拖鞋。由于到武士家庭工作是他的最大愿望，因此秀吉工作勤奋，没多久即受到嘉兵卫的重视，将他提拔为出纳管理员。然而好景不长，秀吉的能干与勤奋受到同事的嫉妒，一大群人经常在嘉兵卫的面前中伤秀吉，尽管嘉兵卫再三保护他，但阻止不了众人的诽谤，终于在嘉兵卫善意的说明原委之后遭到解雇。秀吉在松下嘉兵卫家里工作了4年，虽然遭受解雇，但是他仍然感谢嘉兵卫对他的提拔与呵护。后来，丰臣秀吉称霸天下之后，他派人去寻找松下嘉兵卫，在远江国久能地方赐给他领地，并任他为大名（诸侯）。

丰臣秀吉

　　大约1555年的时候秀吉回到尾张，并加入当时尾张的领主织田信长麾下。回到尾张之后，秀吉想尽种种办法接近织田信长。在织田家中，最初秀吉也只是打杂的仆役，他的第一份工作仍是替信长拿拖鞋。虽然同样是拿拖鞋的工作，但秀吉比从前更加用心。譬如说在寒冬的清晨，他将信长的拖鞋放进怀里温暖，信长对于这种用心当然会有所回报。6 年后，也就是永禄二年（1560 年），织田信长在桶狭间发动奇袭，打倒今川义元，一跃而成为天下出名的武将。此时，秀吉担任杂物采购官，发挥了开源节流的长才，他将支出减少了 2/3，当清州城城墙破损而没钱修理时，他又毛遂自荐担任营缮官，将城墙修补完毕。他的聪明才智得到信长的赏识，逐步由仆役升格成为下级武士。

据说战后因其功绩信长将浅野家的养女宁宁（弥弥）许配给他，这位宁宁小姐后来是秀吉的贤内助，在丰臣政权中影响颇大，人称"北政所"。日本古代等级制度森严，贵族（包括武士）以外的普通民众不允许有姓氏，由于他是从步兵之子入赘于武士之家，所以改名为藤吉郎，另一名字为秀吉。此时秀吉 25 岁。后来大约在秀吉 38 岁时，他又从织田家的大老丹羽长秀与柴田胜家两人的姓中各取一字，改姓为羽柴。

1582 年 6 月 2 日拂晓，明智光秀举兵叛变，织田信长在本能寺自杀身亡。这一事件改变了秀吉的命运。据《川角太阁记》记载，明智光秀在事变之后，立刻派密使去向毛利氏报告。没想到这密使在暗夜中迷失方向，误入羽柴秀吉的兵营中，此时正好是本能寺之变的第二天。秀吉知道此事后大吃一惊，同时他也预感到他一生的命运将会有巨大的转变。羽柴秀吉不敢张扬此事，翌日（4 日）立刻与毛利军的高松城城主清水宗治达成和谈协议。6 月 5 日清晨，秀吉从高松城撤退，挥兵讨伐明智光秀。秀吉的军队在滂沱大雨中，夜以继日的强行军，奔驰了约 108 公里的路途，终于在 7 日的傍晚抵达自己的居城——姬路城。秀吉一回到姬路城，立刻跳进澡池里泡热水澡。他在澡池里面，发布出兵的顺序，并命令将城中所有的资金与兵粮完全分发给将士，毫不保留。从这里可以看出，羽柴秀吉为了这一战，将他一生的命运孤注一掷。

在山崎之战与贱岳之战获得大胜之后，秀吉于 1584 年与德川家康、织田信雄的联军大战于小牧、长久手。为打破僵局秀吉派池田恒兴等率部偷袭家康领地三河，但遭到家康伏击，池田恒兴战死。遇到骁勇善战的德川家康，士气如虹的秀吉首次碰到钉子，但是他非常聪明，立刻与家康和谈，并收家康的次子于义丸为养子。而后秀吉又以令人难以置信的手段招降德川家康（把妹妹嫁给家康并把自己的母亲送去作人质）。其后的战争，如1585年攻打纪州与四国，1587年征讨九州，1590年出征小田原，秀吉的军队都势如破竹，迈向统一日本之大道。

1583年，秀吉开始着手在大阪建筑一座超越安土城的城堡。其天守阁外观5层，内部8—10层，于1585年完成，其动员的人数，据史料记载，超过六万人，"如同蚂蚁进入蚁穴般"。秀吉为了向大家炫耀大阪城的豪华壮丽，经常招待访客去参观，其中还包括外国的传教士。秀吉向传教士说："现在你们看到的房间，到处都是金、银、生丝、绸缎、高级茶器，另一间房间则都是长短刀，以及其他的武器。"换言之，大阪城比安土城更像一座宝山。此外更令人惊讶的是，秀吉还制造了一间活动式的黄金茶室，墙壁、天花板、地板都是由黄金制造的，甚至连纸门的骨架也是黄金打造。他的寝室也是极为华丽，棉被是鲜红色的高级布料，床头以黄金雕刻装饰。这个大阪城在1615年被德川军烧毁，现在我们所看到的大阪城天守阁是在1931年11月以钢筋混凝土重建而成的。传教士佛洛伊斯于1593年的报告书中介绍秀吉的夜生活如下："关白（秀吉）极为好色而不知廉耻，经常沉迷于动物性的肉欲中，在他的宫廷内，拥有200名以上的女人。这位不幸的暴君年龄已经超过60岁，但是他还派人出外搜寻美女，不管是商人或是工人的女儿，也不管是未婚或是寡妇，只要是容貌美丽，都被他召进城内。而且他都只留一两天，就让那些妇女回家，只有让他满意的，才长久留在城内。"有人说，秀吉因出身低微，所以喜欢搜集名门闺秀当侧室。

就在大阪城完成的1585年，也就是秀吉50岁那一年，秀吉征伐四国，招降了长宗我部元亲。同年秀吉希望成为征夷大将军，但在公卿的劝阻下转而向朝廷索取"关白"的封号。他改姓藤原，升任代表朝廷最高权势的"关白"一职。这"关白"一职，自古以来，都由藤原氏所独占，特别是藤原家的近卫、鹰司、九条、二条、一条，称为"五摄家"。因此秀吉乃先认前关白近卫前久为干爹（近卫亦为藤原一族），然后才晋升关白。至于为何秀吉不担任"征夷大将军"而去当朝廷的"关白"一职，虽然有种种说法，但其实当时的战国武将，一听到朝廷要赐给他们虚有其名的官位，都会感动得流泪。所以秀吉晋升"关白"，自然会感到无限的光荣。晋升"关白"后的翌（1586）年，就在后阳成天皇即位的那一天，秀吉晋升律令制度下的最高官位"太政大臣"。"关白"一职虽然代表最高权势，但从正统的律令制度来看，仍属"令外之官"，从此看来，秀吉拟依律令制度的官位重建天下秩序。另一方面，或许秀吉认为藤原这个姓太过老旧，无法显现出他是历史上最大的伟人，因此秀吉又获得天皇的许可改姓丰臣，象征日本统治者的丰臣秀吉于焉诞生。丰臣也由此成为继"藤原""源""平""橘"等四大姓氏之后的第五大姓氏。不过"丰臣"未能像其余四大姓那样发扬光大，因为它只传了两代就绝嗣了。

1587年，秀吉又联合已经归顺的毛利征讨九州岛津氏，结果不仅迫使其投降，还使其家主岛津义久出家，并让位于相对亲丰臣的义弘。1589年，秀吉征发全国各路大名出兵关东讨伐小田原北条氏。经过近一年交锋北条被迫投降，北条家主北条氏政被迫切腹。至此秀吉完成全国统一。

秀吉在1591年12月辞去"关白"，由他的养子秀次继承"关白"，自己则成为"太阁"。"太阁"是"关白"禅让之后的称呼。就在秀吉成为"太阁"这一年，开始做全国性的检地，因此称为"太阁检地"。其实，秀吉从1583年起就开始检地，在这之前，其他的战国武将为了想要重建业已崩溃的土地制度，也曾经做过检地的工作。"太阁检地"之所以具有特别的重要性，那是代表丰臣秀吉已经完成了日本的统一工作，同时，也表示他为了将来出兵朝鲜而预先作国力调查。此外，经过秀吉的严格检地之后，每块田地的收获量都统计得很清楚，农民具有耕作权，同时必须担负缴纳年贡的义务，农民与政府之间的剥削阶级（豪农）从此消失。在统一过程中，秀吉除了对各地进行"检地"，即丈量土地、清查田户之外，同时还推行"乐市乐座"发展商业；颁布"刀狩令"收缴私人武器，维护治安；推行"兵农分离"，建立职业军队加强军队战斗力。这些措施加强了中央集权，是秀吉得以统一全国的重要保证。

在政治方面，秀吉从大名中选出最有势力者组成"五大老"（德川家康、前田利家、毛利辉元、宇喜多秀家、小早川隆景，其中隆景死后由上杉景胜接任）帮助管理国家事务；任命有能力的亲信组成"五奉行"（浅野长政、石田三成、前田玄以、长束正家、增田长盛）负责实际工作；另由"三中老"（生驹亲正、堀尾吉晴、中村一氏）负责五大老与五奉行之间的协调与沟通。丰臣政权的统治体制颇为完备，但也存在许多隐忧：家康在地方拥有超过 200 万石的领地，在中央家康又握有重权，因此最后家康取代秀吉得到了天下。

织田信长于 1569 年：颁布了《择钱令》，规定"善钱""恶钱"的交换比率。丰臣秀吉则更改铸统一货币，同时开发石见、佐野、生野等金矿。

侵略朝鲜

丰臣秀吉统一天下后，对外扩张的野心急剧膨胀，1592 年正月，他突然发布出兵朝鲜的命令。秀吉的野心不止于朝鲜，他最终的目的是要征服明朝，甚至想要将帝国的版图扩大到印度、东南亚。虽然有人说秀吉出兵朝鲜的动机，是由于他丧失了最心爱的 3 岁大的儿子鹤松（1591 年），但是在这之前，他已经向传教士说过要出兵朝鲜，所以这个说法是不成立的。比较可靠的说法是，没有一个封建领主不想扩大自己的领土，而且丰臣秀吉统一了日本之后，已经没有领地可以犒赏有功的将领。如果占领了中国，当然不愁没有领地可以分发。他的野心在他给家人的信中昭然若揭："高丽都城已于（五月）二日攻克，所以，近期内需迅速渡海……此次如能席卷大明，当以大唐（明朝）关白之职授汝（指丰臣秀吉的侄子丰臣秀次）。宜准备奉圣驾于大唐之京城，可于后年行幸，届时将以京城附近十国，作为圣上之领地。诸公卿之俸禄亦将增加，其中下位者将增加十倍，上位者将视其人物地位而增。……任汝（指秀次）为大唐关白，以京城百国之地封汝。日本关白一职，将视大和中纳言与备前丞相二人情况，择任之。"

此战史称"万历朝鲜之役"（因当时年号之故）。日本方面称为"庆长·文禄之役"（因当时年号之故），朝鲜称"壬辰卫国战争"（因 1592 年为壬辰年之故）。就在出兵朝鲜的前后，秀吉分别写信给琉球（1590 年）、菲律宾（1591 年）、高山国（台湾，1593年），要求服从朝贡。当时的台湾正是中国等海盗的根据地，是军事、贸易、交通的要冲。秀吉的军队在攻打朝鲜20天后，已经攻陷汉城，可谓势如破竹，日军的制胜关键在于拥有先进的欧式火枪。就在秀吉得意忘形之际，朝鲜的游击队开始在各地反击，名将李舜臣更率领朝鲜的水军，以龟甲船及船炮震天雷大破日本的军队，控制了制海权。进入严寒的冬天之后，明朝的救援军队又赶到朝鲜，日军在饥寒交迫中牺牲惨重，厌战气氛弥漫。

直到1592年末、1593年初明军援朝局势才得以扭转。1593年4月收复汉城在内的大部分失地，日军龟缩于南部沿海。秀吉本来想要谈和，但是1596年9月1日看到明使的国书，上面写着要封秀吉为日本国王，并将日本当作明朝的属国。秀吉看了之后暴跳如雷，当天晚上发布命令，再度出征朝鲜。这次的出兵军队只有14万人，而且仅能占据朝鲜的最南端。在第二次出兵的前后，日军对朝鲜民众的残害更加激烈，而且日军为了争取战功，将战死的朝鲜军人的鼻子、耳朵割下，用盐醋防腐寄回日本给丰臣秀吉，由于以数量记功，所以很多无辜的老弱妇孺都受到残害。这些鼻子、耳朵埋葬在京都方广寺大佛的西侧，今日则称为"鼻冢"。至今，韩国人一提到丰臣秀吉，莫不咬牙切齿。秀吉的军队除了杀害朝鲜军民之外，又强行押解五六万朝鲜俘虏到日本耕作。除了农民之外，日军还强押大量的陶艺、印刷、刺绣等师匠到日本来，使得日本的陶艺水准大举提高。铜活字的传来，更带动了日后江户时代的出版风潮。朱子学者姜沆则带给日本的朱子学莫大的影响。这是侵略战争无意中的文化产物。1597年战事再起，但在明、朝联军打击下日军遭到惨败。

在征服朝鲜的军队陷入苦战之下，如同前面所述，丰臣秀吉将自己的"关白"一职让给外甥秀次，自己则引退，成为退休的"太阁"。可是在1593年8月，也就是秀吉58岁那年，爱妾淀殿又再生下一子，秀吉欣喜若狂，取名为"拾"，亦即后来的"秀赖"。就在秀吉为如何替儿子的未来铺路而伤脑筋时，秀次为了讨好朝廷，献上大量的金银财宝。秀吉得知之后，即以谋反的罪名命他切腹，并将秀次的妻妾子女30余人斩首，据说当时鲜血染红了京都的鸭川。1594年，秀吉59岁时，关白秀次的文书官在日记中记载，秀吉在晚上睡觉时尿床而不自觉。为了防止肉体老化，秀吉乃命令朝鲜的将士捕捉老虎给他进补。尽管吃了大量的虎肉与老虎的内脏，然而秀吉的健康状况仍然没有好转。

到了 1598 年，秀吉的身体情况稍好，乃于 3 月 15 日在山城的醍醐（位于京都市伏见区）举行盛大的赏花大会。其规模远比 11 年前在北野（位于京都市上京区）举行的茶道大会还盛大。然而与北野的茶道大会不同的是，当年的茶道大会，贩夫走卒都可以自由参加，而这次的赏花大会却是戒备森严，仿佛暗示着世人对丰臣政权的不满。到了 7 月 1 日，秀吉梦到织田信长来对他说："藤吉郎，你的时候差不多到了，我来迎接你。"秀吉回答说："藤吉郎替主君报仇，是为了报答主君的恩惠。请主君再稍等一段时间。"信长猛拉着秀吉说："不！我的孩子被你害得很惨，一想到这件事，我就等不下去了，快点过来！"秀吉猛然醒来，发觉自己已经爬离床位了。自从做了这个梦之后，秀吉自己知道来日不多，他最担心的仍是爱子秀赖的未来。8 月 5 日，秀吉将五大老（德川家康、前田利家、毛利辉元、宇喜多秀家、上杉景胜）叫到床边，不停地说："拜托各位一定要照顾秀赖。"8 月 18 日，秀吉终于在伏见城内结束他那波涛汹涌的一生，享年 63 岁。他留下一首辞世歌："随露珠凋零，随露珠消逝，此即吾身。大阪的往事，宛如梦中之梦。"

丰臣秀吉死后，遵照遗命，"五大老"秘不发丧，以丰臣秀吉名义指示在朝各军撤退回国、力争最体面的议和。但尽管如此，此情报仍为明、朝联军获知，并决定进行阻击。

从 1598 年 9 月起，明、朝水军不断在海上截击撤退回国的日军舰队，使日军遭受巨大损失。11 月 15 日，最后撤退期限已至，但小西行长被李舜臣截住。18 日，岛津义弘率舰队前往增援小西行长。19 日，明、朝水军和日本水军在庆尚道露梁附近海面展开了"文禄·庆长之役"规模最大的海战——露梁海战。此战日军遭受毁灭性的打击，被击沉、焚毁战船大约 400 艘，伤亡数千人。明、朝水师也损失惨重，李舜臣与明水师将领邓子龙双双战死。到了年底，日军全部撤回，庆长之役结束。

江户时代独特的幕藩体制

曾是织田信长、丰臣秀吉部下的德川家康（1542—1616 年），以战和两手不断地扩大自己的实力。丰臣秀吉临终时，托付总揽政务的"五大老"要拥立他年幼的独子秀赖，当时担任"五大老"首席的德川家康发誓效忠。但是，秀吉一死，产生了以石田三成、小西行长为首的文吏派和以加藤清政、福岛正则为首的武将派间的尖锐矛盾。双方势均力敌，互相抗衡。

德川家康与武将派相通。1600 年，他率 5 万余兵力自大阪出发东征。石田三成就策动毛利辉元等西部大名组成西军，进攻伏见城，讨伐德川家康。德川家康联合武将派加藤清正、福岛正则等组成东军，西上迎战。9 月，东军进至尾张清州，进攻石田三成的根据地佐和山，西军连夜调兵进驻关原以阻挡东军。关原，旧称"不破关"，与伊贺的铃鹿关、越前的爱发关，统称日本"三关"，素为战略要地。9 月 15 日晨，德川家康军旌旗招展，冒雾挺进关原。双方激战持续了六个小时，西军全线溃退。德川家康在关原之战中获胜，奠定了称霸全国的大局。

1603 年 2 月 12 日，后阳成天皇任命德川家康为右大臣和征夷大将军。家康立即召集近臣，宣布在江户城（今东京）建立幕府。1605 年，家康把将军职位让与儿子秀忠，要求天皇在其死后授以"东照大权现"称号，以维护其子孙的世袭统治。家康虽引退于骏府（今静冈），仍以"大御所"身份掌握军政大权。江户幕府的建立，真正完成了织田信长、丰臣秀吉以来的全国统一事业，全面结束了战国以来的混战和动乱，迎来了一个长期的和平局面。

德川家康深居骏府视政以后，视丰臣氏的存在为大忧患，决心要以其老迈之躯，亲自策划消灭之。为削减丰臣氏的财富，德川家康两次劝秀赖修建佛寺。秀赖听从他的劝告，动用积聚的钱财，花两年多时间在京都建造方广寺。1614 年 4 月，又铸方广寺铜钟，并铸刻诗铭四言三十八句，其中有"东迎素月，西送斜阳消灭丰臣氏"，"所庶几者，国家安康，四海施化，万岁传芳，君臣丰乐，子孙殷昌"。正当方广寺大佛殿落成时，德川氏对该寺的钟铭进行百般挑剔，说钟铭中的"国家安康"，"群臣丰乐"，是欲以丰臣为君，斩杀家康，才能国安丰乐。德川家康以此大做文章，进而发兵进攻大阪。11月15日，家康父子亲率15万大军包围大阪。因大阪城外有两道护城深壕，久攻不下，于是采取瞒天过海之计，暂与丰臣氏议和，史称"大阪冬战"。

在议和谈判中，丰臣氏被迫填平大阪城外壕。进而连内壕也填了，甚至毁坏了城墙。大阪防御工事既毁，家康便于1615年3月发出最后通牒，强迫秀赖撤离大阪。秀赖拒绝迁移，积极备战。5月初，两军重新开战。7日，德川军攻人大阪城。8日，丰臣秀赖剖腹自杀，其母及近臣也多随之殉死，丰臣氏就此灭亡，史称"大阪夏战"。

至此，江户幕府名副其实地成为号令全国的权力机构。随即颁布"一国一城令"，只准大名领国内留下一个城池，其余得全部毁掉。结果全国3000余座城，只剩下了170座。

德川家康在消灭丰臣氏以后，建立了一套以幕府为核心、诸藩为支柱的土地分封等级制度，建立了控制朝廷、大名、武士的制度和以本百姓（自耕农民）为中心的村落制度的统治体制，史称"幕藩体制"。

德川家康雕像

幕藩体制是幕府和藩的两级统治。幕府将军下设大老、老中、若年寄三个执政要职。老中负责处理日常政务；大老为必要时临时任命的幕府最高官职，可代行将军职权；若年寄协助老中处理政务。在老中之下设有大目付、小目付，负责监察工作；勘定奉行管理幕府直辖领地的财政、民事诉讼，江户町奉行负责江户市政、警察、司法，寺社奉行掌管寺社、僧侣及关东以外的幕府直辖地的人民诉讼；还由老中主持、有三奉行及有关高级官员组成的幕府司法机构评定所。幕府也是全国武装力量的统帅机关，将军掌握全国军事指挥权。地方上具有相对独立性的封建领地称为"藩"，当时有260多个。藩的统治组织与幕府机构大体相同。藩既有地方分权的自治性，又得服从幕府的集权统治。江户幕府比镰仓、室町幕府更具专制性。

幕府为加强中央集权采取一系列削弱大名实力的措施：按血缘、亲疏和功劳大小，把藩主分为亲藩、谱代、外样三个等级。亲藩大名即德川家康的直系亲属；谱代大名是关原之战以前的追随者；外样大名是关原之战后的臣服者。凡军事要地、政治重心地带和经济富庶之地均分给亲藩或谱代；外样大名则被安置在边缘地区，并有亲藩或谱代大名监视。对各藩大名实行"参觐交替制"，规定大名要轮流到江户参谒将军，并把他们的妻子作为人质，长期留住江户。

倒幕运动

19世纪后半期，继欧洲和美洲的资产阶级革命之后，亚洲的日本也出现了一次在政治、经济、思想文化等领域的全面革新运动。这场以推行资本主义新政为目的的资产阶级革新运动，开始于明治年间，所以史称"明治维新"。

日本过去是一个闭关自守、封建落后的国家。这个国家号称"神国"，是所谓"诸神保护的国家"。天皇就是神的化身，他对自己的臣民拥有至高无上的权力。"忠君报国""效忠天皇"的思想一直是日本封建社会的最高道德准则。

到了1603年，德川家康消灭了各地的割据势力，取得了"征夷大将军"的称号，在江户设置了幕府，建立了德川家族的一统天下。在德川幕府统治下，日本名义上的首脑是天皇，但实权已落在德川家族的手中。当时幕府将军把持着全国最高土地所有权，直辖约占全国耕地总面积的1/4，是最大的封建领主。并且，还掌握着全国的商业城市和矿山，垄断着对外贸易，控制了国家的经济命脉，在政治上，德川幕府名义上是"大将军"，实际上自称"大君"，对外代表国家，对内主持政府，大权独揽。最典型的是，幕府并不设在首都，而在江户办公，处理国家大事，往往自作主张，根本不把天皇放在眼里。

为了加强自己的统治，德川幕府任意掠夺土地，并把掠夺来的土地分封给270家叫"大名"的封建领主。各地大名必须宣誓效忠将军，遵守幕后法规，听从调遣。大名的领地和统治机构叫作"藩"，意即幕府的屏障。并按亲疏关系，把200多个藩分为亲藩、内藩和外藩，将军依靠亲藩、内藩，对边远的外藩大名严加防范。大名又把自己的领地分割成更小的单位分赐给自己的家臣，他们属于将军和大名之下，被称作武士。这些武士一般是职业军人，拥有佩刀的特权，杀死平民可以不受惩罚，是幕府将军统治人民的主要工具。

除此之外，幕府将军又按照"士、农、工、商"四民的次序，被划在武士之下，受到等级身份制度的严格限制。另外，还有30多万被称作"非人"和"秽多"的贱民，他们被排斥在士、农、工、商之外，过着悲惨的生活。

为了更加巩固自己的统治，幕府一方面拼命鼓吹迂腐的儒家思想，尤其把宋朝理学家朱熹的学说定为国学，禁锢人民的思想，压制他们的反抗情绪；另一方面，推行闭关自守的"锁国"政策，不同其他国家建立任何关系，把整个日本严密地封闭起来。

德川幕府以为这样一来就可以长治久安了。可他们却没有想到，18世后期，随着商品经济的发展，出现了新兴的地主阶级和商业资本家，他们为了争得政治上的地位，摆脱封建统治，对幕府制度产生强烈的不满。而广大的人民群众不堪忍受苦难的生活，反抗的情绪也日趋高涨，接连爆发无数次农民起义和市民暴动。这些反抗斗争，严重地动摇了幕府的统治。

正当幕府惶惶不可终日之时，西方殖民主义列强大举入侵日本。1853年，美国海军将领柏利率领舰队两次闯进江户湾，迫使日本开港通商。幕府屈服于列强的炮火，连续与列强签订了很多不平等条约和关税协定，出卖国家主权和民族利益。大批农民和手工业者因为外货的倾入而纷纷破产，日本人民受到双重的压迫和剥削，处境更加痛苦不堪。民族矛盾和阶级矛盾迅速激化，一场推翻封建幕府统治，争取民族独立的斗争迫在眉睫。

幕府在开国问题上屈辱和无能的表现，引发了早已不满幕府专制统治的强藩大名——主要是西南外样大名的反幕活动。他们乘机抬出天皇，围绕缔结通商条约和因将军家定后嗣而引起的继承人问题对幕府施加压力，以图改革幕政、参与中央政权。于是，在封建统治阶级的上层发生了公开的对立。一些主张改革的志士和浪人，也标榜"尊王攘夷"，积极配合强藩大名进行反幕活动。但幕府竭力维护它的专制统治，拒绝实行任何让步。1858年7月，主持幕政的大老井伊直弼一意孤行，未经天皇批准便与美国签订通商条约，同意开港贸易。同时他还决定由血统最近的德川庆福继任将军（就任后改名家茂）。接着就在1859年10月发动"安政大狱"，逮捕了从事反幕活动的志士百余人，将倒幕维新运动的先驱者吉田松阴等处死。主张幕政改革的一些公卿和大名也受到了处罚。为了替被害者复仇，水户和萨摩两藩的18名志士于1860年3月24日在江户的樱田门外刺死了井伊直弼，给予幕府的专制统治以强烈的冲击。"安政大狱"和"樱田门之变"是幕府专制势力同反幕势力之间公开冲突的开端，从此斗争便日趋激化了。

井伊的后继人久世广周和安藤信正为缓和封建统治阶级内部的矛盾，巩固幕府的统治地位，策划将天皇的妹妹嫁给将军家茂，实现以幕府为中心的"公武合体"（"公"指朝廷，"武"指幕府）。强藩大名也接过"公武合体"口号，以萨摩藩主之父岛津久光为首，积极推进他们自己的公武合体运动。目的是利用天皇的权威，迫使幕府进行改革，建立以将军为首的雄藩联合政权，使整个幕藩领主阶级联合起来，共同克服所面临的内外危机。但因受到坚决维护幕府专制制度的反动势力的阻挠，以雄藩大名为主导的公武合体运动虽曾在1862年7月和1863年底迫使幕府做出一些让步，但终于还是破产了。

在两种对立的"公武合体"运动交错展开的同时，以西南强藩的下级武士为主体、得到"豪农豪商"支持的尊王攘夷运动也迅速兴起。对领导这一运动的具有资产阶级倾向的先进分子来说，尊王是借"王政复古"之名，行改革幕府专制制度之实；攘夷已不是盲目的排外运动，而是为了反对列强的殖民侵略政策，维护国家和民族的独立。他们一方面通过尊攘派公卿三条实美等人把孝明天皇争取过来，并利用他的权威迫使将军同意在 1863 年 5 月 10 日开始实行攘夷；另一方面又鼓动天皇"亲征攘夷"，企图借机发动政变，举兵讨幕。5 月 10 日傍晚，长州藩的尊攘派率先实行攘夷，炮击了通过下关海峡的一艘美国商船，随后又炮击了法国和荷兰的军舰。但长州藩很快就遭到美、法两国军舰的报复。1864 年 9 月英、美、法、荷四国组成联合舰队，再次炮击长州藩的下关，史称"下关战争"，长州藩惨败后宣告投降。

在攘夷遭到失败的同时，尊攘派的反幕活动也受到挫折。孝明天皇虽然是个狂热的攘夷分子，但他不愿使封建秩序遭到破坏，暗中把尊攘派的政变计划告诉了幕府。于是幕府便联合公武合体派大名，于 1863 年 8 月 18 日先发制人，用武力把以长州藩下级武士为主体的尊攘派尽行逐出京都，史称"八一八政变"。早在同年 7 月，长州藩尊攘派的著名领袖高杉晋作便被藩政府起用，负责守卫下关以防西方列强进行报复。他建立一支由下级武士和农民、市民组成的武装队伍——奇兵队，到 1864 年已发展到 4000 余人，在经济上得到豪农豪商的有力支持。此外，长州藩还出现了一些效仿奇兵队而建立的名目繁多的武装队伍，泛称为"诸队"。随着军事力量的增加，长州藩的尊攘派产生了急躁冒险的情绪。为了报"八一八政变"之仇，他们不顾高杉晋作的反对，于 1864 年 7 月向京都发起进攻，在宫门外与幕府军发生激战，结果遭到惨败，史称"禁门之变"。幕府随即联合萨摩藩的公武合体派发动第一次征讨长州藩的战争，企图一举消灭尊攘派的势力。长州藩的保守派借机重新掌握了藩政实权，并向幕府谢罪投降。幕府在同尊攘派的斗争中取得了暂时的胜利。

在下关战争、"八一八政变"和"禁门之变"中遭到的挫败，使长州藩尊攘派认识到，在与外国武力悬殊的情况下，实行攘夷是轻率无谋的；只有推翻幕府的反动统治，实行"开国进取"的方针，使日本真正富强起来，才能维护国家和民族的独立。为此，必须"联合草莽志士"，建立巩固的根据地，实行"武装割据"并进一步在全国范围内组织倒幕阵线，以实现武力倒幕。正是基于上述认识，倒幕便取代攘夷成为尊攘派的首要战略目标，尊攘派也就开始转化为倒幕派了。

倒幕运动

1865 年 12 月，高杉晋作等人以藩内最大的商业城市下关为据点，依靠豪农豪商和人民群众的支持，发动武装起义，夺取了藩政实权。随后，他们就在"富国强兵""殖产兴业"和"开港贸易"的近代化方针指导下，大力推行政治、经济和军事等方面的改革，努力把长州藩建设成为"割据倒幕"的根据地。这时，萨摩藩的实权人物西乡隆盛和大久保利通等人也因岛津久光的公武合体路线失败，转化为倒幕派。这就使萨、长两藩开始接近。因此，当幕府打算再次发动征讨长州的战争时，萨摩藩不但表示拒绝参加"私战"，而且经土佐藩坂本龙马从中斡旋，在 1866 年 1 月与长州藩结成倒幕的军事联盟。萨长联盟的建立改变了幕府与倒幕派之间的力量对比，倒幕派开始占据优势。

幕府一意孤行，于 1866 年 6 月悍然发动了第二次征长战争。但因萨摩藩拒绝参战，幕府直辖地的农民起义风起云涌，以及长州藩全体军民的奋勇抵抗，幕府遭到失败。在战争进行期间，德川家茂突然去世，德川庆喜继任将军职。1867 年初，他接受法国公使的建议，进行军事和财政改革，以图重振幕府的权威。与此同时，萨长两藩也在积极进行讨幕战争的准备。英国看到倒幕势力壮大，决定支持他们倒幕，积极出售武器给他们。不久，安艺藩加入讨幕联盟，土佐藩也约定响应，进一步扩大了倒幕阵营。这时，人民群众的反封建斗争席卷了包括京都、大阪、横滨、江户等大城市在内的幕府管辖区；幕府的根据地关东一带农民起义连绵不断，幕府统治势力薄弱的边远地区斗争更加激烈。这一切使幕府统治发生了根本的动摇。

1866年12月，压制讨幕派的孝明天皇去世，不满15岁的明治天皇即位。这时，宫廷形势开始向有利于讨幕派方面发展。1867年10月，萨摩、长州、安艺三藩讨幕派在京都召开秘密会议，决定利用年幼的明治天皇的名义武装倒幕。他们一方面扩充兵力，另一方面秘密同天皇取得联系，准备发动宫廷政变，把德川将军赶下台去。

明治天皇虽然年幼，可是却颇有见识，他对幕府把持朝政也十分不满，当即答应与讨幕派联合起来，推翻幕府统治。于是，就写了一份"讨幕密诏"，交到大久保利通他们手里。

1868年1月3日，西南各诸侯率兵包围皇宫，解除德川幕府驻后宫警卫队的武装。他们簇拥着年少的明治天皇，召开御前会议，宣布"王政复古"，大权全归天皇掌握。明治天皇随即颁布诏书，决定建立由他领导的新的中央政府，并委派西乡隆盛和大久保利通这些改革派主管政事。

德川庆喜连夜逃出京都，退居大阪，集中了全部兵力，杀气腾腾地向京都进犯。他们打着"解救天皇，清除奸臣"的旗号，兵分两路，准备以"钳形"阵势夹击京都。

大久保利通、西乡隆盛、木户孝允寿人以萨摩、长州、安艺诸藩的武装，在京都附近的鸟羽、优见两地迎击幕府军。明治天皇亲自到阵前督战，大村益次郎率领的5000名装备精良的政府军，早已占据有利地形，架起了巨炮，静等幕府军的到来。

夜半时分，两军相遇，双方展开了大厮杀，只听炮声隆隆，杀声震天。幕府军虽然人数众多，但军心涣散，士气很低，两军刚一接触，便四处溃逃。而政府军却斗志旺盛，以一当十越战越勇。

与此同时，改革派还提出"减免租税""四民平等"口号，把农民和商人都争取到自己一边，以壮大自己声势。因此，由三井等富商资助的各种军用物资，源源不断地由市民群众送到前线，并有许多市民找出土枪、土炮直接参战。幕府军早已不得人心，面对铺天盖地而来的政府军和百姓，早已吓得魂不附体，纷纷投降。德川庆喜看到大势已去，长叹一声仓皇撤退，逃到江户。

政府军不给对方以喘息之机，跟踪幕府残军，迅即包围江户。德川庆喜看到自己的军队已经瓦解，江户的居民又不拥护自己，再战只有死路一条，于是决定放下武器，向天皇投降。随后，政府军便开进江户，德川幕府终于垮台了。

占领江户后，政府军继续征讨东北地方的叛乱诸藩，终于平定了这一地区。然后又出兵北海道，攻下幕府残余势力固守的军事要塞五棱部。历时一年半的国内战争以政府军的全面胜利而结束，统治日本长达265年的德川幕府终于被彻底推翻，因这场战争发生在农历戊辰年，史称"戊辰战争"。

1868年3、4月间，明治政府先后颁布了《五条誓文》和《政体书》，从而提出推行资本主义新政的基本方针，从1868—1873年，开展了大刀阔斧的维新运动。1868年4月，明治政府公布施政纲领《五条誓文》：（1）广兴会议，万机决于公论；（2）上下一心，大展经纶；（3）公卿与武家同心，以至于庶民，须使各遂其志，人心不倦；（4）破旧来之陋习，立基于天地之公道；（5）求知识于世界，大振皇基。6月颁布最初的宪法《政体书》，10月举行睦仁天皇即位大典，取中国典籍《易经》"圣人南面听下，向明而治"改年号为"明治"；将江户改称东京，正式定为国都。此后实行了一系列的资产阶级改革。

维新运动的主要内容是，收回封建地主领地、取消封建身份等级制、扶植资本主义工商业、破除封建主义旧文化。这些有利于发展资本主义的改革措施，使日本走上了资本主义道路，摆脱了沦为殖民地的危机，由一个落后的封建社会，逐步转变为独立的资本主义强国。

但是由于当时日本资本主义的发展水平不高，资产阶级的力量较为软弱，尚未形成独立的政治力量，因而国家的领导权落在中下级武士手中，他们虽然资产阶级化了，但仍保留着浓厚的封建主义因素，使它日后逐步发展成为军事封建的帝国主义国家。

资产阶级改革

1867 年 12 月，倒幕派在发动"王政复古"的政变时，建立了以天皇（1868 年 9 月改年号为明治）为首的"三职"政府。从 1868 年 4 月起，又改行"太政官制"，一直到 1885 年始为内阁制所代替。在明治政府建立之初，显要职务均由亲王、公卿和藩主担任，但政府的实权并不掌握在他们手中，实际负责处理政务的主要是出身于下级武士的倒幕派领袖。他们在中央政府的不断改组中，逐渐排除了官居显位的公卿和藩主。1871 年后，除太政大臣三条实美和右大臣岩仓具视是公卿外，担任参议和省卿（相当于部长）的实权人物，几乎都是萨、长、土、肥四藩的倒幕派领袖。

明治维新的成功离不开众多精英人物的推动，这其中以"明治维新三杰"大久保利通、西乡隆盛、木户孝允为代表。

1830 年 9 月 26 日，大久保利通出生在一个下级武士家庭。他 17 岁步入政界，成为萨摩藩实力派人物，并成为倒幕运动的领袖之一。1873 年他以参议身份任内务卿。任职期间，他建立了一支近代的常备军。1878 年 5 月被刺身亡。

1833 年 6 月 26 日，木户孝允出生于一个医生家庭。1859 年步入仕途，他力主联合强藩。在推翻幕府统治，建立明治维新政权中木户孝允起了巨大作用。1873 年他主张制定宪法，优先内治，反对征韩论。1874 年兼任文部卿，主张普及小学教育，重视培养人才，提高国民文化水平。

1828 年 1 月 23 日，西乡隆盛出生在一个下级武士家庭。1865 年投向倒幕运动，与木户孝允等建立"萨长倒幕同盟"，策划"王政复古"。1868 年日本戊辰战争爆发后，指挥政府军取得鸟羽伏见之战的胜利。1872 年任近卫都督，受领元帅称号。1873 年因主张"征韩"失败，辞职回乡。1877 年 2 月在反动士族拥戴下发动叛乱，挑起日本西南战争。9 月兵败自杀。1889 年明治政府大赦，恢复其名誉。

1868 年 3 月，刚刚成立的明治政府宣布了它的政治纲领——《五条誓文》，其内容虽未能完全摆脱封建思想的影响，但却表明了新政府改革封建旧制度和积极向西方学习的决心。因此，这是一个引导日本走上资本主义发展道路的资产阶级改革纲领。然而，对于采取什么样的具体步骤，仍然是模糊的。于是明治政府决定到西方去考察。1871 年 11 月，明治政府派出以岩仓具视为特命全权大使，木户孝允、大久保利通、伊藤博文等为副使的大型使节团赴欧美考察。使节团通过考察加深了对西方社会的了解，进一步认识到，为了日本的独立富强必须实行全面的改革，并找到一条在日本发展资本主义的切实可行的道路。归国后，大久保等人于 1873 年 10 月掌握了政府实权，建立起所谓"大久保体制"，进一步推进了资产阶级改革。

明治政府实行的资产阶级改革包括以下几个方面：

"奉还版籍"和"废藩置县"

1869 年 6 月，新政府利用在戊辰战争中获得全面胜利的有利形势，诱使各藩藩主自动"奉还版籍"于朝廷，把藩主变为藩知事（地方官）。剥夺了他们对土地和人民的领有权。1871 年 7 月，又以武力为后盾，宣布"废藩置县"，免除全国各藩知事的职务，一律迁往东京居住；废除藩制，把全国划分为 3 府 72 县，由中央政府任免知事。这就一举夺得地方政权，消灭了封建割据，形成中央集权的统一国家，并在事实上废除了封建领主土地所有制，成为维新运动中的一次深刻的革命性变革。

废除封建身份制度和取消武士特权

在"奉还版籍"时，新政府就废除了公卿、诸侯之称，改为华族，一般武士改称为士族和卒（后一部分编入士族，一部分编为平民）。1872 年 3 月，正式确定皇族、华族、士族和平民的身份制，在幕藩体制下处于被压迫等级的农、工、商和贱民一律称为平民。随后，又逐渐剥夺了旧统治等级所享有的各种特权，废除了对平民的各种封建性限制，并准许华族、士族与平民通婚，实现了形式上的"四民平等"。

旧统治等级——武士的特权主要包括：统治权、封建财产特权和垄断军职的特权。在推翻幕府的统治和夺得地方的政权之后，明治政府又废除了一般武士均可对平民"格杀勿论"的特权，从而彻底剥夺了武士等级过去享有的统治权。在幕藩体制下，将军和大名作为土地的所有者均享有向领地内的农民征收封建年贡的权利，隶属于他们的武士也通过领取俸禄的形式参与了对农民的剥削。这成为新政府的一项沉重的财政负担。于是它便逐渐减少俸禄总额，最后于 1876 年 8 月用发给"金禄公债"的方式赎买了武士所享有的这种封建财产特权。武士垄断军职的特权也早在 1872 年随着征兵制的实行而被剥夺了。这样，武士作为一个特权等级被消灭了。其上层因领取高额的"金禄公债"，转化为地主和资本家；广大的下级武士则沦为小商人、自由职业者或出卖劳动力的无产者。

进行土地改革

在废除封建领主土地所有制的同时，新政府便着手确定土地所有权。1868 年 12 月，新政府宣布："各村地面均应作为农民占有之土地"。1872 年 2 月，又明令解除幕府颁布的永世禁止土地买卖的禁令，宣布"自今以后，允许四民买卖和私有"。同年 7 月，进一步通告在全国丈量土地，发给土地的实际所有者以土地执照，确认其土地所有权。接着在 1873 年 7 月发布"地税改革法令"，规定：取消过去封建贡租按村摊派，由实际耕种者缴纳的办法，改为由持有土地执照的土地所有者缴纳；不再以土地收获量作为征收贡租的标准，改为以土地的法定价格为标准；废除贡租按四公六民、五公五民等不同税率征收的规定，新地税的税率一律定为地价的 3%。此外，政府还按地税的 1/3 向土地所有者征收附加税——村费；将旧税法水田缴纳实物，旱田缴纳货币或实物的规定改为一律用货币交纳。上述一系列土地改革措施，使日本的土地所有制发生了革命性变革，幕藩封建领主的土地所有制被彻底废除，自耕农和新地主成为合法的土地所有者，大体上确立了适应资本主义发展的近代土地所有制。明治政府实行的土地税制也属于近代税制，地税额虽不下于封建时代的贡租，但却成为明治政府初期资本原始积累的重要来源。

实施"殖产兴业"政策

岩仓使团通过对欧美各国的考察认识到，迅速建立近代大工业是日本的当务之急。大久保利通回国后，立即设立内务省，亲自担任内务卿，大力推行殖产兴业的政策。政府利用国家的资金，采用引进外国先进技术和设备的方式，创办了一批官营的"模范工厂"，"示以实例，以诱导人民"，目的是把私人资本引向发展近代工业的道路。为加速工业化的进程，政府在 1880 年又发布"官业下放令"，将官营企业转让给同它密切勾结并因而拥有特权的大资本家。在政府的大力扶植和保护下，在日本出现了早期工业革命的热潮，它几乎扩展到一切主要产业部门，特别是以纺织业为中心的轻工业部门发展得异常迅猛。经过 10 左右的时间，近代大工业便首先在这一部门占有了统治地位。

推行"文明开化"举措

文明开化是明治政府在 19 世纪七八十年代推行的学习西方资本主义国家的教育、文化科学、生活方式等，借以改造日本封建文化。建立资本主义精神文明的文化运动。教育改革在文明开化运动中占有非常重要的地位，为培养建设资本主义新国家所需要的政治家、科技人才、产业工人和军人，新政府取消了以儒学为中心的封建教育，效法西方国家建立了包括小学教育、中学教育、实业教育和高等教育的近代学校体系，并努力在全民范围内普及初等教育。在政府的文明开化政策影响下，一些洋学家和思想教育界名流于明治六年（1873 年）成立了研究和传播西方民主思想的学术团体——"明六社"，创办机关刊物《明六杂志》，积极宣传改革思想，提倡自由主义、欧化主义，对日本人民进行启蒙教育。明治政府还采取一系列具体措施，如"改历""易服""剪发"等，以改革中世纪的风俗习惯，提倡西方人的生活方式。

制定宪法和召开国会

明治政府虽然在社会经济和文化教育等领域实行了一系列的资产阶级改革，但它的统治方式却是专制主义的，从而引起社会各阶层的不满。从 70 年代中期至 80 年代后期，在日本掀起一场要求开设国会、制定宪法的群众性政治运动，即自由民权运动。在人民斗争的压力下，明治政府于 1889 年颁布了帝国宪法，1890 年召开了第一届帝国议会。虽然人民还享受不到一般的资产阶级民主，但毕竟确立了有着君主立宪形式的资产阶级国家体制，使统治者在施政时不得不经过一定的法律程序，比之于"朕即国家"的绝对专制还是一个很大的进步。

总之，通过倒幕维新运动，基本上完成了资产阶级革命的历史任务，使日本由封建国家转变为资本主义国家。

自由民权运动

还在明治维新之前，西方启蒙思想已开始传入日本。传播西方启蒙思想的先驱者福泽瑜吉，还在 1866 年就出版了他的《西洋事情》初篇。从 1872 年起，他的《劝学篇》又陆续问世。他以天赋人权的理论为出发点，强调"天不生人上之人，也不生人下之人"。明治政府"求知识于世界"的开放政策，为西方自由思想的大量传入打开了方便之门。自由民权运动就是在这样的意识形态背景下开展起来的。1874 年起，以因"征韩论"失败而下野的参议板垣退助（1837—1919 年）为代表，以广泛的农民起义为背景，以"天赋人权"等资产阶级思想为依据，开展了一场资产阶级民主运动，史称"自由民权运动"。

1874 年 1 月，已经下野了的板垣退助以及后藤象二郎等人组织了以实现天赋人权为宗旨的"爱国公党"。这是自由民权运动开始的标志。爱国公党宣传说，天对万民都赋予了永恒的"通义权理"。人是生而平等的。人民不是政府的奴隶，政府是为人民而设的。板垣、后藤等人还向政府提出了《设立民选议院建议书》。建议书斥责藩阀政权是"有司专制"，主张设立民选议院，给人民以选举权和租税共议权（即由议院控制国家财政）。板垣等人所说的人民选举权并不是西方的普选权。而只是给"士族豪农豪商"以选举权和参政权。尽管如此，这个建议书仍然是要求实行立宪君主制的宣言，虽被政府拒绝，但却产生了重大影响。在禁止结社和没有言论自由的日本首次出现政党，又将建议书在报纸上发表，产生震动是必然的。舆论于是立即活跃起来。各种见解的论战披诸报端，民选议院论逐渐深入人心。

1874 年 4 月，板垣退助和片冈健吉等又在故乡高知创立了"立志社"，也以宣传天赋人权和建立"民会"（即议会）为宗旨。在他们的影响下，全国各地结社如雨后春笋一样蓬勃兴起，各种民间团体纷纷建立起来。1875 年 2 月，以立志社为中心，各团体代表在大阪集会，建立了全国性的民权组织"爱国社"。爱国社主张尊重人权，使人们"各伸张其自主之权利"，同时"增进天皇陛下之尊荣福祉，使我帝国和欧美各国对峙屹立"。这里，他们将民权论和国权论结合了起来。

1877 年 6 月，片冈健吉代表立志社向政府提交了"建议书"，列举专制统治的八大罪状和自由民权运动的三大要求：开设国会、减轻地税、修改不平等条约。1880 年底，向政府提交请愿书、建议书的多达 70 多件，请愿人数高达 24 万人，成为一场名副其实的全国规模的政治活动，终于迫使政府约定在 1890 年召开国会。

在自由民权运动的压力下，明治政府不得不做出了一定让步。1881 年 10 月，它一方面进行改组，将主张早日实行宪政的大隈重信等一派人赶出政府，一方面又以天皇名义颁布诏书，许诺以 1890 年为期，开设国会，公布宪法。在这种情况下，自由党筹备会与国会期成同盟合并，于 10 月底正式成立了自由党，为迎接诏书许诺的国会而进行准备活动。板垣退助当选为自由党总裁。这是日本历史上第一个资产阶级政党。自由党是自由民权运动中较为激进的一派人的组织，代表了中小地主、富农、一般工商业者和急进知识分子的意愿。它的盟约即纲领强调民权、自由和立宪政体，没有提到皇权与国权。1882 年 3 月，运动中较温和的一翼建立了以大隈重信为总裁的立宪改进党（简称改进党），吸收了大资产阶级、城市工商业者和部分知识分子。它反对急进主张，强调主权存在于君主与人民合为一体（即国会）

之中，宣布要谋求"皇室的尊荣和国民的幸福"。

与改进党成立的同时，由政府参议伊藤博文等授意，成立了保守主义的立宪帝政党。这个由士族、僧侣、官员中的保守派组成的党提倡主权在君，"由圣天子独自总揽"，实行"圣天子亲裁"的宪法，限制选举权，国会实行两院制（"设两局"）。

尽管自由、改进、帝政三个政党之间存在分歧，并且在报刊上各自宣传自己的主张，互相论战，但是这毕竟是日本历史上形成政党政治的开端，是开始进入近代社会的重要象征之一。

1889 年 2 月，以天皇"御赐"的形式颁布了《大日本帝国宪法》。宪法关于内阁的条文极为简单，只规定全体国务大臣有"辅弼天皇"的职责即对天皇直接负责。除规定天皇敕令须经国务大臣副署之外，没有提及总理大臣的职责及内阁同议会的关系。这实际上是为了防止出现西方式的责任内阁和政党内阁。

关于"臣民"（宪法不用"公民"提法），宪法规定了在法律许可范围之内的迁徙、信教、言论、著作、出版、集会、结社等自由权利。还规定臣民均可担任各种公职。对臣民的拘捕必须依据法律。臣民的所有权不受侵犯。

显然，《大日本帝国宪法》是一部资产阶级性质的宪法，是日本初步建立起立宪君主制的标志。因此，它是日本进入近代社会的重要体现，有重大进步意义。同时，它又是明治政府对自由民权运动实行的让步和妥协，还保留着明显的专制主义色彩。它体现的不是主权在民原则，而是规定主权在天皇，臣民的权利也是天皇"御赐"的。它规定的政治体制同三权分立、普遍选举、政党政治、责任内阁等比较健全的代议民主制度，还有很大的差距。不同于封建专制制度的日本近代天皇制就是在这部宪法的基础上确立起来的。它在本质上是资产阶级的，又带有浓厚的专制主义、军国主义的色彩。从日本当时社会经济发展的实际水平和明治维新所走过的道路来看，这种现象也是难以避免的。

宪法生效后，1890 年进行了首次大选。在众议院占有多数席位的板垣退助、后藤象二郎和大隈重信领导的各派，试图建立西方式的多数党内阁。而受命为总理大臣（首相）的山县有朋及其同僚们坚决反对这一主张。1891 年松方正义内阁上台后继续与议会发生冲突，并于 12 月解散众议院。此后，议会与藩阀统治的内阁之间不断发生冲突，1892 年上台的伊藤内阁曾在 1893 年 12 月和 1894 年 6 月两次解散众议院。这些冲突反映了要求建立西方式的政党责任内阁制的民主倾向与藩阀统治的专制倾向之间的斗争，尽管民主倾向的要求多次受到挫折，但是它始终存在着，而且不时取得某种进展，虽然十分有限。1896 年，大隈的改进党联合革新党和同志会组成了进步党。此前，伊藤与板垣的自由党已实现了联合。1898 年进步党同自由党合并，组成了统一的宪政党。6 月，在伊藤倡议下，天皇任命宪政党组阁，即隈板内阁，由大隈任首相，板垣任内务卿。这已带有政党内阁的色彩。但是，宪政党和隈板内阁很快就因内部分歧而争吵不休，导致瓦解。1900 年 9 月，伊藤组成了自己为首的政党——立宪政友会，成员多为过去的自由党党员。他要求所有成员放弃对政党内阁的追求。在以后的 10 年中，基本上由政友会掌握了内阁的权力。在伊藤之后领导政友会的是西园寺公望。

日本国内争取政治民主的斗争未能取得重大进展，这是资产阶级的软弱性造成的。日本的资产阶级还远没有强大到足以克服藩阀专制的程度，而且资产阶级的上层即财阀们同官方是密切结合的。另一个重要原因是，日本很快走上军国主义道路，大权转入到了军阀手中。

自由民权运动，是日本人民争取自由民主权利和民族独立的群众性政治运动，是自下而上地要求实行资产阶级改革的社会运动，也是对明治政府资产阶级改革的一次补课，从而加速了日本近代化的历史进程。

近代天皇制的确立

"尊王"与"攘夷"思想，前者源于古代天皇神圣观念，后受儒家大义名分思想影响而成；后者源于华夷之辨思想，都具有浓厚的盲目排外特性。素有副将军之称的水户藩主德川齐昭及其近臣把尊王与攘夷结合起来，作为维护幕藩体制统治的口号。1853 年培理叩关和 1858 年幕府大老井伊直弼未经敕许签订《日美修好通商条约》后，"尊王攘夷"口号成为反对幕府的一面旗帜。

1859 年，井伊直弼杀害了尊王攘夷志士吉田松阴等。次年 3 月，志士刺杀井伊直弼于樱田。志士们袭击和焚烧外国使馆、刺伤使馆人员和商人，并与列强公开进行武装对抗。长州藩志士在下关炮击列强船舰；曾来中国做过考察的高杉晋作组织了奇兵队；萨摩藩与英舰开战。尊王攘夷运动向着国内战争、民族战争方向发展。

长州、萨摩是有与幕府对抗实力的强藩，也有一批杰出的改革派武士。长州藩有高杉晋作、木户孝允、伊藤博文、山县有朋、井上馨等；萨摩藩有西乡隆盛、大久保利通等。1864 年 8 月，英、法、美、荷四国联合进攻下关，幕府下令征伐长州。高杉晋作等人决定放弃盲目攘夷，实行开港倒幕。与此同时，农民起义、城市贫民暴动更加频繁。1867 年 1 月 9 日，15 岁的睦仁继天皇位，掌实权的公卿岩仓具视、三条实美与西南诸藩策划武力讨幕。同年 9 月，长、萨、艺（安艺）三藩倒幕同盟达成讨幕出兵密约。10 月，幕府将军德川庆喜为剥夺讨幕派出师之名，决定向天皇奏请"奉还"大政。明治维新把长期被冷落的天皇重新捧上政权宝座。

1869 年 3 月，岩仓具视提出了进一步改进政治体制问题。他认为，天皇掌握统治大权的国体"万古不易"，但政体则应"观察事势，随其所宜而变易之"，必须"确立一种不待明君贤相，亦自能保持国家之制度"。他的想法不错，但究竟该怎么做并不清楚。岩仓使节团考察了欧美各国的政治体制，1873 年 11 月政府准备制定政规法典。大久保利通和木户孝允很重视这方面的工作，各自提出了长篇意见书。

大久保在《关于立宪政体的意见书》中提出，君主统治是在国民"愚昧无知"的情况下，"一时适用之最佳统治"，但将来"时势发展至半开化状态"，则"不可固守也"。他认为，必须顺应"人情、时势之变化"，改行"君民共治之制，上定君权，下限民权，最为公正，君民皆得而无私。"木户也主张逐步走向"君民同治"。他们在世时，政府忙于解决其他更紧迫的问题，制定宪法尚未真正提上日程。

1874 年自由民权运动的兴起，推动了宪法的制定和议会的召开。自由民权运动开创了日本人民争取自由民主的传统，但却以民权屈服于国权而遭到挫折，以接受钦定宪法而宣告结束。面对自由民权运动，为了显示天皇权威，从 1877 年起，太政官移至宫中，规定政府机要事务由御前会议来决定，还决定每日一名大臣、规定日期一名参议进宫值勤，听取天皇的谕示。

1881 年政府准备制定宪法，这不仅是自由民权运动的推动，也是因为体制方面的破旧改革已经完成，需要和可以制订根本大法。政府在内部征求关于制宪的意见，却出现了严重分歧。大隈重信主张以英国的君主立宪制为样板，并于二年后召开国会。岩仓具视和伊藤博文等人强烈反对，10 月御前会议决定免除大隈官职，史称"明治十四年政变"。这实际上是权力之争，大隈是想以英国式议会来限制萨长藩阀的权力，结果遭到失败。

开设国会的诏敕颁布后，1882 年 3 月，掌握政务大权的伊藤博文率领宪法考察团前往欧洲，以德奥两国为主要考察对象，并认真请教了德、奥的法学教授，充分确立"巩固皇室基础，使大权不致旁落"的大道理，历时一年多回国。法制局长井上毅在国内做准备，求教国学家，研究日本古典文献。然后，在伊藤的主持下，以井上毅和政府顾问、德国法学家罗埃斯特的草案为基础，伊藤、井上等 4 人秘密起草宪法，几经修改基本定稿。民权派曾提出约 20 份宪法草案，含有合理意见，但伊藤等人不予采纳。为准备召开国会，1885 年政府改行内阁制，并采取了一系列措施，以加强皇权和政府，如为皇室设置巨额财产、制定华族令、实行高等文官考试，等等。

1888 年，统治集团内部经过一番争论，决定采取普鲁士式的君主立宪专制政体。为此，政府做了一系列的准备：扩大皇室财产，奠定天皇制政权的经济基础；重申军队直属天皇，加强对军队的直接控制；扩大并加强华族制度，定公、侯、伯、子、男五等爵位，培植维护皇权的特权阶层；改太政官制为内阁制，设宫内大臣掌天皇印玺及宫内事务，设枢密院。

经过头尾三年的闭门起草，在天皇亲临之下，对宪法草案进行逐条审议，参加审议的还有皇族、内阁大臣等。同时制定了皇室典范，对皇位继承等问题做了规定。1889 年 2 月 11 日纪元节这一天，天皇登上宫中三殿举行亲祭，把制定宪法和皇室典范之事冥告皇祖皇宗神灵。明治天皇在颁布宪法时说："朕以祖宗所授之大权，对现在及将来之臣民，宣布此永世不朽之大典。"然后，举行有文武百官及外国使节参加的隆重典礼，在宣读颁布宪法的敕语后，在礼炮的轰鸣声中，天皇把宪法授予内阁总理大臣黑田清隆。这一天，东京和各地的国民包括民权派，欢天喜地，进行庆贺。十分有趣的是，他们谁都不知道宪法究竟有哪些内容。

这部《大日本帝国宪法》通称"明治宪法"，由7章76条组成。比之大久保等人的"君民共治"想法，明治宪法：后退了很多。大久保主张"君民共议，以制定坚如磐石之国宪"，而明治宪法完全排除人民参与制定，纯粹是钦定：宪法。在君民之间，不是共治关系，而是君主与臣民的从属关系，臣民的一切权利并非本该享有，而是天皇恩赐的。

宪法规定，"大日本帝国由万世一系的天皇统治"，"天皇神圣不可侵犯"，举凡一切立法、军事、财政、外交大权皆集中于天皇。宪法还规定，议会采取两院制，贵族院由皇族、华族和"敕选议员"组成，众议院由选举产生；众议院通过的议案，不经贵族院通过不能成立；众议院的议员选举有极严格的限制；内阁的国务大臣职责是"辅弼天皇"，由天皇任命，对天皇负责。

宪法规定，大日本帝国由万世一系之天皇统治之，天皇神圣不可侵犯，总揽统治权。天皇有权裁可法律、发布敕令、召开与解散议会、决定官制、任免内阁大臣和官吏，以及统率陆海军、宣战、媾和及缔结各种条约。天皇几乎拥有一切大权，与专制君主相差无几。而且，天皇的地位和大权不是由于他代表国家和人民，而是作为神的后裔，来自以天照大神为皇祖、国祖的祖先。颁布宪法的诏敕宣称，"朕承祖宗之遗烈，践万世一系之帝位"，"国家统治之大权，朕承之于祖宗，并传之于子孙"。天皇仍然保留着神权专制的权威。

明治宪法又有一定的立宪主义，表现之一是议会有一定的立法权和预算审议权。伊藤博文在《宪法义解》中写道："议会为参与立法者，而非分有主权者，有议法之权而无定法之权。"议会通过的法律，必须由天皇裁可才能生效。同时对天皇也有一定限制，除了天皇有权决定的事项之外，未经议会的"议法"，天皇不能单独"定法","一切法律，须经帝国议会之协赞"。不过，在议会闭会期间，有紧急必要时，天皇可发布代替法律的敕令，以后必须得到下次议会的承诺，敕令方能继续有效。枢密院审议时，有人不同意须得下次议会承诺，伊藤说："取消已实施之敕令，实际上是不可能的。"的确，对天皇的限制有时形同虚设，如1928年修改《治安维持法》就是一例。

宪法还规定，根据天皇大权而确定的"既定岁出"，"非经政府同意，帝国议会不得废除或削减之"，对议会的预算审议权加以限制。又规定，政府预算必须由议会审议通过；如未能通过，可实行前一年的预算。也就是说，增加预算必须议会通过。"新课租税及变更税率，以法律定之"，也即必须议会审议通过。给予议会这方面的权力，伊藤博文认为是"立宪政体实质所必需的"，因为这有关地主资产阶级的切身利害。后来，政党就在议会上抓住预算问题，与政府争得不可开交，让政府感到很头痛，不得不用收买、拉拢议员来摆脱困境。不过，天皇对财政并非不能干预，如甲午战争时以敕令公布了《军事公债条令》。

此外，议会有监督、批评政府的权力。宪法规定，在法律允许的范围内，即在不反对天皇制国家的前提下，臣民享有基本人权，这比幕府时有所进步。

明治宪法所确立的国家体制，是日本传统神权专制主义与近代西方立宪主义的折中、嫁接，具有两重性。宪法制定后，伊藤博文十分得意，写了一首汉诗抒发情怀，其中写道："放眼泰西明得失，驰心上世极精研"，表明了宪法是古今折中、和洋嫁接的产物。在两重性中，以保证和强调天皇的神权专制权威为主，这是为了借以统一、控制人心，即伊藤博文所说的，以皇室为机轴（中心），才能"使人心归一"。在日本的传统文化中，能够最有效地抓住人心的，莫过于神权思想及其赋予天皇的权威了。

为了使"人心归一"，天皇不仅有宪法规定的政治、军事大权，还有文教大权，既为君又为师，有权规定人们的思想和良心，"教育敕语"即为典型表现。政府拨给皇室大量土地、山林和股票，皇室成为日本最大的地主资本家。在后面将可看到，天皇还可用其财力干预国家财政和政务。

明治宪法的一定立宪主义，主要是给地主资产阶级以参政权，确认他们的基本人权，以便协调地主资产阶级的当权派与非当权派之间的分歧和矛盾，也是为了争取一般国民，扩大政府的社会基础。当然还在于向欧美表明，日本已经进入文明领域。

明治宪法所确立的近代天皇制国家，在天皇总揽统治权之下，主要权力机构有内阁、军部、枢密院、议会和裁判所，此外还有可以影响天皇、干预政务的元老、内大臣。

内阁的职责是辅佐天皇行使行政权，只对天皇负责，其成员由天皇任免。总理大臣（首相）没有统辖各大臣的权力，各大臣之间也无连带责任，都分别单独向天皇负责。总理大臣的职责只是通过内阁会议，求得各大臣的协调一致，以保持行政各部门的统一。此外，军令大权即统率权不归内阁、总理大臣所有。

军部是直属天皇的各军事机构的总称，主要机构有五：1878 年设立的参谋本部，是陆军的最高军令机关，其首脑先后称参谋本部长或参谋总长；1893 年设立的军令部，为海军军令机关；同年，改为直属天皇的教育总监部，其职责是负责陆军的教育训练；上述三机构都独立于内阁之外，此外还有内阁的陆军省和海军省。

有关军队调动、作战的军令事项，军部可直接向天皇上奏，即所谓"帷幄上奏权"。主管"军令"的是参谋本部和军令部，内阁无权干涉军令事项，但军令机关上奏天皇裁决后，可下达内阁的陆海军大臣，责令执行。在这种体制下，军部可以独断专行，造成既成事实，此为"先斩后奏"。

在陆海军之上，除了天皇为最高统帅外，没有统一的指挥机构，两者是并列关系，即使成立战时大本营也是如此。在陆海军之间，陆军起主导作用。参谋总长、教育总监和陆军大臣为陆军三长官，后来形成惯例，后继内阁的陆军大臣必须由三长官推荐，陆军一再以是否推荐陆相来干预政务。

枢密院原为审议宪法而设立，后载入宪法，为常设机构。枢密顾问官由天皇任命，都是 40 岁以上，长期效力、忠心不二的文武官僚。其职责是"应天皇之咨询，审议重要国务"，凡是法律草案或修正案、敕令命令、重大行政或会计事项、与外国缔约等都在审议之列。天皇亲临听取审议，一般只听不言，并按枢密院的意见做出裁决。枢密院明为咨询机构，实际上是超越于内阁、议会之上的官僚大本营，可左右政局。

宪法并无元老的规定，而是由天皇分别颁给诏敕，赋予特殊的政治优遇，主要职责为发生内阁更迭时，向天皇推荐后继内阁的总理大臣，有时候也应天皇咨询重要国务。元老有权决定新一届内阁的首相，因此在较长的年代里，日本政治事实上是元老政治。

1885年实行内阁制时，掌管皇室事务的宫内省从内阁中独立出去。同时设置了既不属于内阁也不属于宫内省的内大臣，其职责是"常侍辅弼"天皇，是天皇身边的最亲近的政治顾问，对政局很有影响；1930—1945年任内大臣秘书官长和内大臣的木户幸一，起了特别重大而恶劣的作用。

议会为贵族院、众议院两院制。为准备组成贵族院，1884年制定华族令，设公、侯、伯、子、男五等爵位。这时新增了功勋华族，功臣大久保和木户之子被授予侯爵，伊藤博文、黑田清隆等一批萨长功臣为伯爵。以后，功勋华族的范围、人数不断扩大、增多。这样的华族制度，成为维护皇室的屏障。如以皇族和华族议员为主，组成了贵族院，而宪法规定，一切议案必须获得两院通过，也就是让贵族院牵制众议院，以维护天皇制国家。

众议院议员由选举产生，任期4年。据1890年选举法，年满25岁，每年缴纳直接税15日元以上的男子享有选举权；具有同等纳税资格，年满30岁的男子才有被选举权。1890年首届选举中，有选举权者仅45万人，占总人口的1.24%；选出300名议员，地主议员约占48%，资产阶级及自由职业者议员占27.79%，其余为官吏、军人及其他人。以后，众议院的地主资产阶级性质不变，地主议员的优势保持到19世纪末。贵族院和众议院的保守性是显而易见的，贵族院更为严重。

在1890年首届议会召开之前，自由党重建，立宪改进党恢复活动。众议院一直是地主资产阶级政党的地盘，它们也是参与统治的政治力量之一，尽管它们控制的众议院的权力极其有限。当年政党曾一再改组、重组，频繁改换名称。它们的一贯主张是"内则立宪主义，外则帝国主义"。所谓"内则立宪主义"，是要维护地主资产阶级的参政权和政治发言权。

掌握天皇制权力机构的是天皇制文武官僚，当年起支配作用的是萨长藩阀官僚，他们以萨长元老为首，结成以原来的藩为地盘的帮派势力，把持军政大权。明治年间和大正前期的内阁首相，大多为藩阀官僚，军队中则是萨阀控制海军，长阀控制陆军。官僚只对天皇负责，由天皇任免，他们受天皇之命统治国民。在1873年地方长官会议上，天皇颁布敕语称："诱导斯民，各安其所，本为牧民者之责，其任甚重。"天皇制官僚一直遵循封建专制的"牧民"哲理发号施令。

岩仓具视希望"确立一种不待明君贤相，亦自能保持国家之制度"，他曾为制定定出必须恪守的准则，不久就离开了人世。明治国家体制能够忠实维护天皇大权是毫无疑问的，但它并不能够长久维持天皇制国家。

自由民权运动的先进思想家中江兆民指出，明治国家的权力机构是"一身多头的怪物"。它多头分权，互有牵制，但又权力偏重，制约失衡。议会权力，尤其是众议院的权力之小就不必说了，就连内阁也四肢不全、半身不遂，十分脆弱。每一个内阁大臣都单独对天皇负责，任何大臣的辞职都会造成内阁危机。军部正是利用这一点，可以轻易地操纵内阁。只要陆海军大臣辞职，内阁就垮台；只要军部不推荐陆海军大臣，新内阁就无法组成。1892年6月，军部就以此搞垮松方正义内阁，20世纪上半叶这类事件又多次重演。

军部是天皇制国家的中心支柱，它可以操纵内阁，但却几乎不受任何制约。军部唯一有求于内阁、议会的，是要求拨给扩军或作战经费。如果内阁、议会有异议，军部可以搞垮内阁或以此相威胁，或可利用天皇权威迫使对方让步，或可先挑起战争，再以帷幄上奏权获得天皇批准，迫使内阁、议会不得不承认既成事实。在后来，特别是萨长元老相继去世后，这类事件屡见不鲜。于是，二次大战以前的日本就出现世界上罕见的"二重政府""二重外交"的现象，内阁是一套，军部另搞一套，往往是内阁被军部牵着鼻子走。

为什么会造成多头分权、权力偏重呢？明治领导层有两块心病，一是历史留下的担心幕府再现的恐惧症，二是对未来工农革命运动的恐惧症。因此，要由天皇一手独揽各种大权，要让议会的作用微不足道，要把军政权力分开并直属于天皇，并特地要让内阁偏瘫不全。这一切都来自前述两种心病，特别着力防范未来进步的、革命的政党有朝一日可能控制众议院，甚至进入内阁；他们处心积虑的设计，就是防范万一到了这一步，也不至于损害天皇统治和帝国的存在。

明治宪法的制定，是日本人民和民主势力进行斗争的产物，是日本建设资产阶级国家政权的里程碑，标志着日本近代天皇制的确立。近代天皇制是神权专制与立宪主义相嫁接的国家体制，当局本想借此使日本帝国延续千秋万代，可是这个体制有着致命性的缺陷。应该说，在当年的历史条件下，明治宪法确立、加强了天皇制政权，巩固了日本帝国。但是，明治宪法名为立宪，实际上更多的是千方百计地维护天皇专制权力，天皇的实际权力超出宪法规定的范围，这就给国家体制带来了严重缺陷。

明治宪法的颁布，也标志着明治维新的终结。明治政权从此由一个革新的政权转变为保守的政权，它虽然在一段时间内继续推动国家向上发展，但其反动性、侵略性日趋明显。以天皇为首的神权专制政权，在明治初年的历史条件下，起了一定的积极历史作用。一个超越于各阶级和各种政治力量之上的神权权威，有助于自上而下地、甚至是强制性地推行各种破旧立新的改革。但是，这种神权专制统治过分落后于世界潮流，不足以表明日本的文明开化，不利于修改不平等条约的谈判。而且，明治初年的国内局势和自由民权运动的兴起，表明专制统治和神权权威并不足以协调地主资产阶级当权派和非当权派之间的矛盾，不足以扩大政权的社会基础。

随着自由民权运动的兴起和民族工业的发展，明治政府采取了"远交近攻"的策略，跟西方积极建立外交关系，对邻国则进行实力扩张，确立在东亚的霸主地位。为争取国家独立和发展民族经济，修改不平等条约主要为取消"治外法权"和实行关税自主。当时，井上馨、伊藤博文等执政者采取了极端"欧化"的政策：除穿西装、吃牛排、住楼房、撑洋伞、说英语等效仿西方外，还耗费巨资建造鹿鸣馆。他们西装革履、携妻带女在此与欧洲人跳舞，无非是要使西方人相信日本是和欧美相同的文明国家，借以达到修约目的，故称"鹿鸣馆外交"。人们把这几年称为"鹿鸣馆时代"（1883—1887年）。

1892年，陆奥宗光任外相后，由于国力增强，态度逐渐强硬，提出了完全平等的改约方案，并着重拉拢英国。当时英俄矛盾尖锐，英国也需拉拢日本。1894年7月16日，签订《日英通商航海条约》，废除治外法权，取消部分协定关税。这给日本增加了政治资本和经济实惠，使日本"一扫30年来之污辱，跻身于国际友谊伙伴之中"。此后，日本又相继与各国签订了新约。日本能够废除不平等条约，不是靠谈判，而是靠自身的实力和善于利用国际矛盾。日英新约的签订，既是日本实现民族独立的标志，又意味着发动中日甲午战争的最后准备已告完成。条约签订的第二天，明治政府便在御前会议上决定对中国开战，从而爆发了中日甲午战争。

改写历史的工业革命

工业革命是资本主义发展史上的重要转折。它是由技术革命引起的资本主义工业化的起点，是从工场手工业生产向以工厂制为基础的大机器工业生产的重大飞跃。它改变了整个社会的经济结构，开始摆脱长期以来的传统农业社会，代之以工业化、技术化和城市化的近代工业社会。它极大地提高了社会生产力，建立了真正近代意义上的资本主义经济基础。工业革命是近代社会各种关系存在的条件，它使现代资产阶级和现代无产阶级开始形成。随着工业革命的发展和资本主义力量的增长，资产阶级不断地按照自己的意志来改造世界，它引起了各国经济结构、政治体制的变革，观念的更新，也改变着整个世界的面貌，资产阶级最终在各个领域里确立了自己的统治。

英国是工业革命发生最早的国家，也是工业革命及其后果表现最典型的国家。它的工业革命从18世纪60年代开始，到19世纪40年代完成。步入19世纪时，法国和美国也相继开始了工业革命，随后又有德国、俄国和日本加入。

经过明治维新，日本进入了资本主义发展时期。在亚洲，日本是唯一没有沦为殖民地或半殖民地，并经由本国的资产阶级革命而跨入资本主义时期的国家。当它进入资本主义社会时，西方列强已进行了第一次工业革命，正在开始第二次工业革命并向垄断阶段过渡。同西方列强相比，日本的经济发展的程度无疑是十分落后的。到1913年，日本的生铁产量和钢产量分别只有24.3万吨和25.5万吨，而同年英国的生铁产量是1046万吨，钢是778万吨。同美国、德国相比、差距就更悬殊了。从劳动力构成的情况来看，在19世纪的最后几年。家庭工业的劳动者在数量上还相当于工厂工人的3倍。此外，日本也进入了国际经济领域，但是它对世界贸易格局的影响是微不足道的。19世纪90年代末，它的对外贸易额只相当于英国的6%。

虽然日本的经济发展水平和工业生产集中程度都较欧美先进国家落后，但是，从日本自身的发展来看，其演进则是巨大而迅猛的。明治政府的殖产兴业政策取得了重大的成果。工业革命在轻工业特别是棉纺织工业上进展最快，90年代前期已基本实现了机械化。1884—1891年，棉纱产量增长10倍。重工业的发展则比较典型地体现了日本资本主义发展的道路，即在相当大的程度上依靠国家的力量并借助于某些封建传统进行经营管理。这是同西方国家不同的。西方各国政府对经济事务的干预，更主要的是创造一个有利的发展环境。到垄断资本发展到一定阶段时，才有进一步的干预。国家垄断则是20世纪才出现的，日本则不然，明治政府从德川幕府以及某些大藩那里接收了不少新的西方式企业。政府贯彻富国强兵的口号，对直接管理军火工业、交通通讯业，等等，是很重视的。同时，从加快发展、抵制外国货的竞争、弥补私人资本之不足和引进新技术和新设备等方面考虑，由国家兴办企业也是符合当时的需要的。1868—1880年，政府对工业的投资额平均超过财政收入的5.5%。1880年国有企业已包括3家造船厂、5家兵工厂和10处矿山以及52家其他工厂。这种国家直接投资办厂的政策，无疑加速了日本资本主义早期发展的速度。

然而，在这一政策取得明显实效之后，情况有了变化。国家兴办企业的资金来源是困难的，对于倒幕之后新建的、几乎没有什么财政储备的政府来说，问题尤其

日本的工业革命

显得突出。如果依靠向国外贷款，将使日本经济受制于人，是不可行的。于是就采取了通货膨胀政策，大量印制纸币。这只能奏效于一时，很快就暴露了矛盾。不仅物价上涨，群众不满，而且也使政府岁入的主要来源——地税贬值。因此，1881 年松方正义就任大藏卿以后，便开始整顿财政，并决定出售国营企业，政府只保留军事工业。1884 年起开始的企业出售，价格是很低廉的，而且主要是出售给那些同政府关系密切、幕末时期便已是特权商人的大富豪，这就使一批财阀发展起来，操纵了全国的经济命脉，而且同政府有紧密的关系，后来日本的垄断组织便是以财阀为核心建立起来的。这些财阀多半同时是大地主，又享有特权，对企业的经营管理也带有浓厚的封建色彩，例如三井、三菱等财阀，其公司的股票只卖给与其家族有密切关系的人。在决策上，家族会议的权力大于董事会。对公司也实行宗法式的管理方式。

日本的近代工业一开始就操纵在得到政府特殊保护与扶植的少数特权资本手中。这类特权资本原来就广泛从事商业、金融、运输、工业生产等各部门的活动，以后它们又在对外侵略战争和殖民掠夺中膨胀起来，很快便转化为垄断资本。它们大多采取康采恩的形式，其主要代表是三井、三菱、安田、住友等从事"多角经营"的财阀。例如，三井财阀在 1909 年成立了拥有资本 5000 万日元的三井合名公司，统辖分立的商业、矿山、银行、仓库等直辖企业，还拥有北煤、王子造纸、钟纺、艺浦电气等旁系大企业。三菱财阀则在三菱合资公司下，统辖矿山、造船、运输、银行、地产等直辖企业，以及邮船、明治制糖、日本氮气、富士纺等旁系企业。此外，在生产和资本集中的基础上，也形成了一些垄断组织，财阀系统的企业在其中占据重要地位。在轻工业部门，早在1882年就成立了纺纱业卡特尔——大日本纺纱联合会，1905年又成立了缫丝业卡特尔——蚕丝同业公司，1907年创立了制麻业大托拉斯——帝国制麻，等等。在重工业和化学工业部门，也产生了一系列垄断组织。钢铁业已被八幡制铁所垄断，它在1913年控制了生铁生产的73%和钢的84%。在煤炭工业中，五大公司和海军直属煤矿，在20世纪初垄断了整个生产的54%。在化学工业中，1907年组成了人造肥料联合会，到1910年大日本人造肥料一家公司就完全控制了人造肥料的生产。

19世纪80年代至20世纪初，日本进行的产业革命从以军工生产为主的国营重工业部门开始，带动纺织业为中心的轻工业，然后机械、电力、钢铁等重工业与已实现工业化的轻工业并驾齐驱，最后实现了资本主义工业化。日本完成工业化的速度比英国快一倍多，比美、德、法诸国也快得多。随着产业革命的进展和完成，日本资本主义加速向垄断阶段过渡。由于1907—1908年的经济危机，加速了生产和资本的集中。卡特尔、辛迪加、托拉斯等垄断组织在各个工业部门普遍形成。三井、三菱、住友、安田以及古河、大仓、浅野、涩泽等财阀更达到了康采恩垄断的最高形式。这些财阀巨头，拥资亿万，掌握了日本的经济命脉，左右着日本政局。

日本产业革命的完成，向垄断资本主义的过渡，差不多是在同一个时期里进行的，从而在第一次世界大战前后完成了整个过渡。日本的垄断资本与国内的封建残余密切结合，三井、住友、安田等老财阀，多为封建时代的巨商富贾，他们与明治政府勾结，得到政府的扶植，成为特权资本家，有着浓厚的封建性。由于日本经济发达的程度还远远落后于西方资本主义大国，尤其是还带有较明显的封建色彩，因而它在政治上还不可能迅速走上民主政治的道路，其专制主义和军国主义的特点就体现得十分明显。

殖产兴业中诞生的家族财阀

明治政府于1870年12月设立工部省，负责经营管理从旧幕藩接收的、除军工企业外的一批工厂、矿山。工部省开始实施殖产兴业，主要从事改造、扩大矿山，建筑铁路，经营电信、造船、制铁等事业，但对民间制造业很少予以关注。

岩仓使节团的欧美考察，使明治官员们深切地感受到，兴办近代企业是国家富强的根本之道。考察团回国后，政府根据大久保的建议，1873年11月设立内务省，原属大藏、司法、工部省的劝业、警保等机构划归内务省。大久保任内务卿，主管劝业和治安这两件最重要的大事。大藏卿大隈重信和工部卿伊藤博文作为左右手，协助大久保推进殖产兴业。

1874年，大久保提出了关于殖产兴业的建议书，一开头就明确指出："大凡国之强弱，决定于人民之贫富；人民之贫富，则有赖于物产之多寡；而物产之多寡，又在于人民是否勤勉于工业。但寻其根源，无不依靠政府官员诱导奖励之力。"把政府发挥积极作用视为殖产兴业、国家富强的关键，而政府的作用又主要在于引导、鼓励人民殖产兴业。起初，民间尚缺乏投资能力和投资信心，新旧企业仍以官营为主，但内务省的目的始终在于引导、推动私人投资。1875年，大久保又提出"明确本省事业之目的"的建议书，要求内务省"不做外表之虚饰"，"专在厚殖民产，振兴民业"。

扶植三菱是明治政府扶植私人资本的典型事例。三菱创始人岩崎弥太郎（1834—1885年）是土佐藩的下级武士，凭借结交权势人物和善于经营，在明治初年的大变动中，以经营海运起家。他的商号1873年改称三菱商店，后又称三菱轮船会社，在竞争中压倒了半官半民的邮政轮船会社。1874年，三菱为出兵台湾从事军事运输，深受政府青睐。

当时海上航运是物资运输的主要途径，但沿岸海运和外贸海运均被外国公司所垄断，这也加剧了日本的国际收支赤字。海运还与军事关系重大。日本政府很重视发展海运业，夺回海运控制权。为出兵台湾，政府曾购买13艘轮船给三菱使用。1875年，根据大久保的建议，将这批船只拨归三菱所有，又将倒闭的邮政轮船会社的15艘轮船无偿交给三菱，还决定在15年内每年拨给三菱25万日元的经营补助费，并命令三菱开辟上海航线。此时，三菱有轮船36艘，一跃而为日本的"海运之王"。

在政府的有力支持下，三菱大幅度降低票价和运费，与美、英轮船公司展开不顾血本的竞争。如三菱把横滨与长崎间的上等船票从 30 日元降到 8 日元，三菱到上海航线的 4 艘轮船因降价而一个月亏损 2 万日元。如此竞争很快迫使美国的太平洋邮船公司退出，三菱获得政府的低息贷款 81 万美元，兼并了太平洋邮船公司的上海航线及 4 艘轮船。接着又经过半年竞争，迫使大英轮船公司退出横滨至上海的航线。三菱还开辟了至中国牛庄（在今辽宁省内）、至朝鲜釜山的航线。在国内的沿岸航线上，外国船舶几乎全被排斥。1877 年西南战争中，三菱为政府军承担军事运输，获利 122 万日元。至此，三菱拥有船舶 61 艘，职工 2100 多人。

支持三菱仅是一个典型的事例。总的来说，政府致力于鼓励、帮助民间投资，采取了一系列措施。当然，由于缺乏经验，有的措施几乎没有成效。70 年代，有效的措施主要为以下几项：

一是开办"模范工厂"，进行示范，提供经验，为民间工厂培训工人。这一工作主要由内务省进行，设立了缫丝、纺纱、毛织、制糖等工厂，富冈缫丝所、爱知纺纱所的作用较为显著。如富冈缫丝所采用欧洲先进设备，7 年间进厂的女工 3238 人，来自 1 道 2 府 26 县，不少人返乡后成为新厂的工人骨干。

二是进行财政补助。政府从正常财政支出、财政准备金和起业公债中提取一部分，补助民间企业。1875—1880 年，这类补助金估计约 5000 万日元，而同期平均一年的正常财政支出为 6022 万日元，可见补助数额相当大。此外，对工商业主要征收以酒税为主的消费税，1887 年 7 月前免征所得税，1897 年前免征营业税，这也是一项重大财政支持。

三是广设国立银行，拓宽融资渠道。国立银行由私人出资，按国家的相关法律成立，起初仅 4 家。1876 年 8 月，在发行金禄公债的同时，修改了 1872 年的国立银行条例，规定资本可用年利 4 厘以上的公债充当（金禄公债均为年利 5 厘以上），并可发行同等数额的银行券。这样，1879 年国立银行激增至 153 家。1876—1880 年，政府纸币流通额增加近 2000 万日元，而银行券流通额却增加了 3200 多万日元，融资渠道大为拓宽。

不过，殖产兴业也不可避免地带来一些问题。一是通货膨胀，金融不稳。国家财政、殖产兴业资金靠大量发行政府纸币、银行券来支撑，而两者均不能兑换硬通货。这就导致币值下跌，物价上涨，商业投机盛行，金银继续大量外流。这归根到底不利于殖产兴业，不利于国家的稳定与发展。二是官营企业经营不善，除矿山、铁路、电讯、军工企业外，几乎都陷于亏损状态，成为财政负担。而且，官营企业的存在，不可避免地会在原料采购、产品出售等方面与民争利，不利于殖产兴业的进一步发展。这遭到民间、舆论界的批评，政府也很快认识到了这一点。

1878 年 5 月，大久保与一位官员谈话，把维新事业分为三期，第一期为初创时期，第三期为守成时期，而明治十年至二十年（1877—1887 年）为第二期，"该期乃最重要之时期，整顿内治，繁殖民产，皆在此期，利通虽不才，决心充分尽内务之责"。大久保始终念念不忘"繁殖民产"，可是他的话音刚落，却不幸在前往官署的路上被反动士族刺杀。木户也已先他一年去世了。伊藤博文继任内务卿，与大藏卿大隈重信二人一度是政府的两大台柱。

1880 年，政府把整顿、健全财政金融与出售官营企业、促进民间资本联系起来考虑对策。这一年，伊藤博文就任财政整理委员，与大隈重信共同着手整顿财政，并于 11 月决定把军工、铁道、电讯之外的官营企业出售给民间。1881 年 10 月，松方正义任大藏卿，继续整顿财政金融、出售官营企业。

松方正义认为，民智民力既已开发，就要重视"人民自为之进步"，如果政府仍然"好事贪功，反而挫折人民自主独立之气势，养成百事依赖政府之风习"，"其弊害大不可测"。从 1882—1893 年，出售官营企业 25 处，加上 1874 年的 1 处，共 26 处。其中金、银、铜、铁、煤的矿山 12 处，还有造船、缫丝、纺纱、玻璃、水泥、酿造等企业。出售的价格一般都低于原来的投资额，多数为投资额的 25%—5% 左右，有些甚至更低。而且，价款可在 25—55 年内偿付，不计利息，等于无偿送给私人经营，然后以部分利润偿付价款。出售官营企业为三井、三菱、古河等政商扩大或奠定了经营基础。同时，从官营为主转向私营为主，也使这些企业和整个近代企业界走上正常发展轨道。此后，政府继续以补助金、银行融资、免除关税等支持民间企业。

整顿财政金融的主要措施是：紧缩财政开支，增加税收，以实现财政盈余，从而回收纸币和增加硬通货储备；命令国立银行限期回收银行券，以后都改为普通银行；1882 年成立日本银行作为中央银行，并于 1884 年发行可参与兑换的纸币。80 年代中，通货紧缩结束，财政金融随之恢复正常。

随着财政金融的稳定，资本原始积累的完成，加之国际上银价下跌有利出口的刺激，以及国内交通运输、电讯的扩展，80 年代中期投资兴办企业的热潮首先出现在铁道业，随即扩大到纺织业、矿山业以及其他行业，各种各样的企业如雨后春笋般地冒出来。1893 年，私营铁道会社 15 家，营运铁道 2200 多公里，国营铁道约 900 公里。

同年电信业已架设约 6000 公里的电线。1883—1893 年，纺纱厂从 16 家增至 46 家，纱锭从 4.3 万个增至近 48 万个。器械缫丝成为生丝业的主流，20 年来生丝产量增加了 7 倍半。90 年代中期，以棉纱、生丝部门的机械化发展为标志，基本实现轻工业的工业化，殖产兴业的历史任务基本完成。

在殖产兴业的过程中，可以充分看到日本政府扶植私人资本的苦心和作用。在欧美国家，当资本主义初起时，国家和政府都起过"助产婆"的作用，在后进国家这种"助产婆"更是不可缺少的。

殖产兴业的成就，除了政府的大力支持，离不开民间的努力。幕府末期和明治初年，不仅政治发生大变革，工商界的升降沉浮也很激烈，人称这是一个"经济战国"年代，明治企业家绝大多数是在大变动中崛起的。在殖产兴业大潮中崛起的，大都是新人。一部分是城镇商人和平民，他们事业欲旺盛，富有进取心，在近代企业兴起之初，在最有风险的时候，敢作敢为，抓住了商机，一跃成为新兴实业家，如大仓喜八郎原是小商人，浅野总一郎原是柴炭商，安田善次郎是学徒出身，1865 年才开汇兑店。另一部分是由武士投身工商界的，他们大都是会社（公司）型企业家，在股份公司担任重要职务，其代表是涩泽荣一，有的则是个人型企业家，如岩崎弥太郎、五代友厚等。至于旧富豪涉足近代企业，较早的只有三井、住友等例外的几家，因为他们的掌柜有眼光，紧跟上了时代步伐。一般旧富豪要到 90 年代后期，才不再犹豫观望。

明治初年，虽然涌现出一批有作为的企业家，但工商界的整体状况并不适应国家和时代的要求。人称日本近代实业界之父的涩泽荣一（1840—1931 年）对此深有感触。涩泽出身豪农家庭，青少年时就随父经商，后来取得武士身份，幕末留学法国，并考察了英、意等国。明治初回国，崭露了经商才干，被邀任职大藏省，参与制定了一系列政策和法令，官至大藏大丞，协助执掌财政，经常与商界、企业界打交道。他深感"以今日之商人毕竟不能使日本之工商业得到改良进步"，于是弃官从商，力图以身作则，"提高商界的权利意识"，"谋求工商业之发达"。他长期担任第一国立银行行长、东京商法会议所和商业会议所主要领导人，参与创建了500 多家企业。

巴黎世博会时期的涩泽荣一

涩泽指出了工商界的主要问题，一是官尊民卑思想严重，"旧来卑屈之风尚未清除，对于在官之人只知站正低头，毕恭毕敬"，没有独立自主的意识，依赖思想严重，缺少创办近代企业的进取心。二是不少人"只知争锱铢之利"，目光短浅，缺乏商业道德，甚至"欺诈百出，诬冒万变，以至破产败家者比比有之"。这也是导致社会上尊官贱商的原因之一。

为了提高商界企业界的素养，在政府的支持下，涩泽荣一等人在东京和全国各地成立了商法会议所，其宗旨是"讲商法，议商则，改善一般通商之成规旧惯"。商法会议所后来改为商业会议所。涩泽最重要的活动是毕生不懈地提倡"论语加算盘"。他说自己 1873 年辞官经商时，"心里有所不安，想到今后要在锱铢必较中度过一生，应该有怎样的操守呢？此时我想起了以前学过的《论语》。"

他认为可以按照《论语》关于修己处世的教谕来经商牟利，他在晚年曾自豪地说，40 余年来，"自问这期间我没有违背过《论语》，而且也不曾拨错过算盘。不管怎么说，我的银行也是有着相当的成就，不失为东京市内头号大银行。因此我有资格说，《论语》和算盘完全一致"。

涩泽对《论语》重加解释，以求改变传统儒学重义轻利的思想，以及轻视鄙视商人、买卖的旧风气，致力于提倡"义利合一""义利两全"。涩泽的基本思想是以"公益"即国家和社会的利益，把"义"和"利"统一起来。一方面，国家和社会离不开工商业，"商工乃富国之本"，"欲强国必富国"。他说一家之中最宝贵的不是别的财物，而是生死攸关的米柜。工商业则是当今国家和社会的"米柜"，他就是身体力行这"米柜主义"。他用这个比喻来强调工商的极其重要性，以提高工商界的地位和自尊。他指出，"我国现今之急务，是努力使一班人心拂去谬见，并提高商人品位，驱使人才投向商业界"。另一方面，他认为工商业不能脱离国家、社会而存在，因为"其职分完全是公共性的"，必须为国家、社会效力。只要"谋求社会利益，使国家富强，终究会给个人带来利益"。这才是值得追求的"真利"，这种"利益"是正当的，符合"大义"的。这样做了，也就能"拂去谬见"，提高工商业者的地位。因此，涩泽认为，"公益与私利是同一的。公益即是私利，私利能生公益。不能带来公益的私利，不是真正的私利"。工商业者应当确立商业道德，"正当的利益，正当的富有，必须同道德相一致"。完善的商业道德就是以"爱国家"作为行为准则，否则，任何实业都失去价值。这是一种国家主义的经济观念。

同时他又指出，"所谓实业，无疑以谋求利殖为本旨。若工商业无增殖之效，工商业即无存在意义"。他甚至说，"抛弃利益的道德，不是真正的道德"。这与旧时的重义轻利思想存在明显区别。

涩泽的"论语加算盘"象征着近代日本的经济伦理观念，是国家主义在经济领域的反映，也维护了工商界的应有地位和利益。在当年，富国强兵、维护国家的主权和独立，是日本民族的最高任务，而殖产兴业的事实也证明"国益""公益"与工商业者的利益是合一的。涩泽思想正是这种客观现实的反映，并推动一大批士族和其他人，为"富国强兵"而投身工商业，促进了殖产兴业的发展。

鉴于日本资金不足，为了能与外资对抗，政府一直重视兴办"合本会社"即股分公司，涩泽荣一毕生鼓吹"合本"。在银行、纺织、铁道部门，很多企业都是"合本会社"，其中起带头作用的企业——第一国立银行、大阪纺织会社、日本铁道会社，都是涩泽为主发起创办的。士族在合本会社中起主要作用，在明治年代的全部企业家中，士族出身者占48%，他们不仅本身怀有强烈的国家观念，并影响了整个企业界。

在当年，为国家而殖产兴业的想法，不仅企业界有，在工人中也有。如富冈缫丝所在群马县建成招工时，有谣言说女工要被抽血取油，无人前往。政府便召集武士女儿进厂，许多武士及其女儿都怀着为国家的使命感而积极响应。原松代藩有16名武士女儿应召，其中有原家老（藩的最高官员）的女儿。当她们出发时，一名应召女工横田英的父亲对她叮嘱说："要谨慎用心，不要有损国名、家名。入厂后诸事尽心学习，他日此地建立缫丝厂，可以胜任工作。"她们在厂里是模范女工，横田英回乡后，参与了缫丝的六工社的建立，成为指导女工。当然，各地工厂也往往以"为国家"的名义，要工人加班加点，甚至累得精疲力竭还要拼命干活，恰如电影《啊！野麦岭》所描写的。

由此可见，任何国家的正常经济发展，都不能不受一定道德规范的约束，服从"公益"需要也是共同的要求。当然，在不同的国家和同一国家的不同时期，"公益"的内涵和作用是有所不同的。

在殖产兴业和以后的经济发展中，形成了一批政商和财阀。不了解政商、财阀，也就很难理解日本近现代的经济、政治发展。所谓政商，即与政府相互依存，受到政府特殊庇护的商家。政商一般都发展成为财阀，即日本垄断资本的主要类型。

政商的最初亮相是在戊辰战争期间。王政复古和政府军初战告捷，特权商人看清幕府大势已去，先后转向支持新政府。当时，新政府的财政几乎空空如也，三井、小野、岛田三家大金融商业资本接受了新政府的命令，立即提供了巨额献金、借款，为新政府和政府军解了燃眉之急。提供借款的还有三都的其他特权商人和地方特权商人。后来，三井、小野、岛田三家为明治政府承办汇兑和发行纸币等业务，缓解了新政府的财政困难。

在一段时间里，对于原特权商人，明治政府只是随心所欲地、强制性地加以利用，大部分特权商人都破产、衰落了。1874 年，政府突然决定，三井等三家必须限期缴纳担保财物，数额为每年所办公款的约 1/3。小野、岛田因此破产，三井幸好从外资银行借到款项才渡过了难关。

政府特别加以支持的是一批政商，明治初年就支持三井、三菱，70 年代中期决定选择有足够资金、善于经营的特定商人加以扶持。其中有原特权商人三井、住友等。有在倒幕维新变革期起家的岩崎（三菱）、安田、古河、大仓、浅野、藤田（原长州武士）等，有弃官从商的涩泽、五代（友厚）等。

这些政商，在投资、经营、收益等方面，受到政府的特殊照顾。如三井是开当铺、酒坊起家，后扩大经营绸缎、钱庄和其他买卖，但后来已面临困境，生丝贸易大量亏损。投靠、支持新政府后，三井获得多种照顾，如存储汇兑政府经费、代收代缴地税、代政府输出大米、包销官营三池煤矿的煤炭等，迅速获得巨额利润，又优惠购进了官营的富冈缫丝所、新町纺纱所。三菱受惠之大已如前述，还购进了官营长崎造船所和二家金银矿。

政商们迅速积聚了资本，扩大了投资门类和经营规模，在产业界确立了优势。从 19 世纪末 20 世纪初到一次大战前后，形成的一批财阀，几乎都由政商转变而来。

日本的财阀是以家族资本为中心，支配直系、旁系公司，进行多方面经营的垄断资本。财阀可分为综合财阀，如三井、三菱、住友三家，它们进行多种经营并有大银行；以金融为中心的财阀，如安田、涩泽等；以产业资本为中心的财阀，如浅野、古河、大仓等。三井、三菱、住友、安田为四大财阀，三井在金融、贸易方面的优势突出，三井银行占全国银行存款的30%，三井物产占国内贸易的22%；三菱的主要优势在海运、造船部门；住友的主要产业基础是铜的采炼、制作；安田则以金融力量支配其他企业。

政府大力扶植政商、财阀，遭到了民间和舆论的强烈指责。当年，福泽谕吉不止一次地发表文章，为政府辩护，他写道："西洋之豪商投资我国，欲控制商权，我国唯有扶植豪商与之抗争。"福泽所言确是实情，三菱与美英资本的海运之争就是有力的证明。当时只有政商、财阀才有资本、能力经营金融、贸易、矿山、海运等重要部门，因此这些部门没有被外资及其代理人所控制。

政府为了阻遏棉纱输入，70年代末曾购买10套2000纱锭的精纺机，贷给士族、民间经营，另外还代民间买了3套。因受制于民间资金不多，这些厂规模太小，并使用水动力，经营都不理想，有的倒闭了。1882年，由涩泽荣一发起，华族、政商和其他商人合资25万日元，开办大阪纺织会社。它从国外引进最先进的1万多纱锭的设备，并采用蒸汽动力和电灯照明，日夜两班开工。1883年投产后一炮打响，赢利良好，3年后资本增至60万日元，纱锭达3万个。在它的带动下，激起了投资大纺织厂的热潮，棉纱的输入日益减少，输出不断扩大。这也表明殖产兴业要有成效，必须有足够的资本。

纺织、电力和民营铁道都是靠股份资本发展起来的，很少有财阀资本。但是，当年非政商、财阀的民间资金到底有限，股份公司型企业在明治年代一直居于政商、财阀等家族型、个人型企业之下，到一次大战前后才占有优势。这也是政府扶植政商、财阀的背景。

如此说来，扶植政商、财阀是否就没有问题了呢？并非如此，政商及财阀存在严重的缺陷。其一是家族封闭性。财阀虽然在经营方面聘用族外人才，大都由族外人主持经营，但财阀总公司的资本全部为家族所有，不对外开放。如三井总公司三井合名会社的资本，为三井11家所有，由各家长子单独继承，不得转让也不得分割，11家的三井同族会是最高权力机构；三菱总公司三菱合资会社的资本为岩崎两家及其长子长孙所有，次子、次孙有少量股份，但对经营无发言权。这样做是为了保证祖传家业世代延续，这是财阀的最高准则。其二是进行杂货铺式的经营，看到那里有利可图，就进行投资或兼并，五花八门，缺少内在联系。这样做是为了不冒任何风险。其三是过分依赖政府，只要满足政府的需求，为政府效力，就能使利润、家业得到保证。

因此，财阀都具有很大的保守性。财阀一心只想保持家业，加上家族封闭性限制了调度资金的能力，因此不敢向投资大、有风险的领域发展。明治、大正年间，这些财阀除了有一些矿山和三菱有造船厂之外，几乎没有向其他重工业投资，其产业基础有很大局限性。财阀过度依靠政府，与扩充军备关系密切，养成了注重政府关照的依赖性。财阀的杂货铺式经营，不利于加强其经营基础，并阻碍了一般民间资本的发展，加剧了财阀与民众之间的矛盾。

这些缺陷没有引起财阀和政府的重视。正是上述保守性，促使财阀于20世纪30年代与军部结盟，把日本拖上了大规模对外侵略的危险道路。

六、东南亚各国

约 1500—1914 年

缅甸和遏罗（今泰国）都是 16—18 世纪东南亚重要的王国。葡萄牙和其他欧洲国家通过贸易协定与它们建立了联系，尤其与遏罗。直到 18 世纪法国才宣布占领安南（今越南），而葡萄牙在一开始便控制了马来半岛，并且垄断了香料贸易，这一特权直到 17 世纪才落到了荷兰人手中。通过同欧洲的贸易，许多东南亚国家的经济得到了一次复兴。

除遏罗之外，几乎整个东南亚在 19 世纪和 20 世纪初都成为欧洲列强的殖民地。它之所以能够免受殖民统治，完全得益于国王蒙库和朱拉隆功的英明统治。这两位国王打开国门，接受了西方现代化和工业化的思想。

缅甸与遏罗

缅甸王国曾经有段时间影响及至遏罗。葡萄牙和其他欧洲国家同遏罗签订了不平等的贸易协定。

1287 年，在异教王国灭亡之后，掸族部落在缅甸北部立国，南部则在孟族统治之下。

9—10 世纪，早在缅甸人到来之前，孟族就在那里建立起许多小邦国。1531

缅甸的划船

年，缅甸南部的东吁王朝统一全国。在葡萄牙火器的帮助下，国王德彬瑞蒂征服孟族，并且占领了缅甸中部，分别于 1559 年和 1635 年建都于勃固和阿瓦。1559 年前，他的继任者又征服了北方的各个小邦和掸族人的地区。当时，帝国臻于鼎盛，国王大兴土木建造宫殿庙宇。

17 世纪，英国和荷兰的贸易公司开始在帝国境内建立据点。在中国和暹罗的夹击下，东吁王朝于 1752 年灭亡。

1753 年，缅甸首领雍笈牙统一缅甸。他的儿子孟驳当政期间更是招贤纳士，1765 年，他重建阿瓦并定为首都，1764—1767 年间又大举侵入暹罗。到 1785 年，缅甸已占领了暹罗的大部分地区，后借英国人从印度发起进攻，在第一次英缅战争（1824—1826 年）后将暹罗纳入控制之下。

暹罗的阿育塔雅王朝始于 14 世纪，势力曾经遍及马来半岛直至马六甲，1431 年消灭了高棉帝国。1516 年，国王拉玛铁菩提二世允许葡萄牙人建立贸易点。他的继任者击退了缅甸人，并于 1549 年保住了被缅甸包围的暹罗的大城府。16 世纪以来，国王们就已使用欧洲的火器来对抗缅甸。作为交换，欧洲人获得了非常优惠的贸易协定，暹罗成为来自中国和日本商品的贸易枢纽。暹罗对宗教也采取宽容的政策，使得欧洲文化得以传播。

优雅的安南男子和妇女，彩色木版画。

1662 年，法国开始派遣耶稣会传教士前往信仰佛教的暹罗，1680 年法国东印度公司也来到大城府。然而，由于过多的政治干涉，国王披叻差于 1688 年将法国人驱逐出境。两年后，荷兰迫使国王允许其通过封锁湄南河的方法从而占有了皮草贸易的垄断权。1700 年后，这项贸易为暹罗带来了相当繁荣的经济。在勃罗马可国王时期，泰语文学和艺术都达到了一个高峰。

1770 年起，将军披耶达信重建暹罗王国，并使老挝和柬埔寨成为其附属国。至其去世时，王国势力达到了空前之盛。1782 年，将军披耶却克里登基，称拉玛一世，建立起了却克里王朝，其统治一直延续至今天的泰国。

印度支那与印度尼西亚

法国获得了对印度支那的控制，而葡萄牙和荷兰则为争夺贸易据点在印度尼西亚群岛开战。

1428 年，印度支那半岛的安南处在黎朝统治之下，它由国王黎利（李岱铎）建立，并断绝了同中国的宗属关系。

1471 年，安南在黎圣宗统治期间占领了占婆王国的残余部分。不过，进入 16

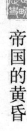

马来群岛地图，摘自皮埃尔·德塞利埃的世界地图，1550 年。

世纪后中央权力衰落，17 世纪时国家主要由阮氏和郑氏两大家族控制，并在很长一段时间里将欧洲人挡在门外。法国于 1787 年同阮福映谈判获得了在这一地区的第一个据点，1802 年阮福映在越南自立为帝，年号嘉隆。

由三佛齐王子拜里米苏拉所建的马六甲港和都城，葡萄牙以该城为贸易基地，地图。

伊斯兰商人和葡萄牙人为获得对印度尼西亚和马来群岛的控制而展开争夺。1511 年，葡萄牙占据马六甲作为根据地，由此，他们先后在爪哇、安汶岛、班达海、特尔纳特岛和其他一些地方建立商埠，垄断了香料贸易。16 世纪，印度尼西亚大部分原本信奉佛教的地区开始转信伊斯兰教。

1602 年，荷兰东印度公司的成立引发了更加残酷的争夺。1610 年，荷兰在雅

爪哇岛万丹沿岸的荷兰贸易中心

加达建立据点，1619 年将之改称巴达维亚，并将其作为行政中心。荷兰于 1641 年从葡萄牙手中夺得马六甲，又于 1666 年夺取了苏拉威西岛（西里伯斯岛），最后于 1683 年获得了安汶岛和特尔纳特岛。1784 年，安南被迫允许英国人在此从事贸易活动。荷兰东印度公司于 1798 年宣告破产，被荷兰政府解散，公司所辖地区的行政也被全面接管。

法国和英国对东南亚的征服

印度支那和缅甸成为法国和英国扩张野心的牺牲品。

1802 年，法国支持阮英击败西山王朝，从而结束了越南当地势力之间的权力斗争。阮氏王朝依照中国模式，实行中央集权统治，并且大大扩张了领土。阮英从 1806 年开始称帝，努力争取大地主的支持以镇压叛乱的农民，但他的继任者明命皇帝却已无力阻止起义的爆发。

明命皇帝对基督教传教士的迫害给了法国和西班牙进攻越南的借口。虽然西班牙撤出，但是法国指挥官在手下军官的支持下继续驻扎并实行统治，由此开始了法国在远东的殖民帝国的创建。到 1867 年，他们已经征服了越南南部的南圻；1883—1884 年，越南中北部的安南和北圻也成为法国的保护地。

处死法国传教士皮埃尔·波利

　　19 世纪上半期，柬埔寨处在暹罗和越南夹攻之下。1845 年，两国终于达成协议，共同管署古老的高棉帝国。在高棉国王纳尔多姆的请求下，对大米和橡胶深感兴趣的法国把柬埔寨变成了自己的保护国。他们支持高棉国王，为他们担任顾问。在法国人的培训下，柬埔寨形成了一个本国的上层行政阶层，国家的基础设施建设有了很大的进步。由越南和柬埔寨组成的"印度支那联邦"成为法国除了在非洲的领地之外最大的一块殖民地。

　　与此同时，缅甸成了英国的目标。当缅甸占领了暹罗的大片领土时，东印度公司利用这个机会扩大其势力范围。

　　在 1824 年由英国攻占缅甸首府仰光而引起的第一次英缅战争中，英国仅取得了很小的一片领土；在第二次英缅战争中，英国得以吞并了稻米出产丰富的缅甸南部地区，由此成为最重要的亚洲大米输出国；1885 年第三次英缅战争后，缅甸完全沦为英国的殖民地。

束埔寨成为法国的保护国，1885 年的油画。

暹罗的现代化与独立

暹罗国王蒙库和朱拉隆功开启国门，接受西方的影响，使国家得以避免了沦为殖民地的命运。

暹罗的查克里王朝面临着英国的扩张野心。因此，1826 年，暹罗与英国签订了一项贸易协定，大大提高了英国在暹罗的商业地位，尽管英国商人早在 17 世纪初已到达了暹罗。这一协定也避免了暹罗完全被殖民地化。

后来的暹罗国王都继承了这一策略：接受西方现代化思想并为己所用，同时保卫国家不被占领。

在越南堕入法国的控制之下的同时，暹罗受到了来自东边的法国和来自缅甸的英国的双重威胁。

由于别无选择，暹罗国王蒙库（拉玛四世）在 1855 年同英国签订了《鲍林条

曼谷的查克里玛哈巴萨宫，拉玛五世时建造

约》。在条约中，暹罗做出了重大的让步，例如允许英国在曼谷设立领事馆，以及依照中国与欧洲国家签订的不平等条约给予英国以特权。曾经是僧侣的蒙库国王发现了对暹罗民族地位相当重要的 13 世纪时期拉玛·坎衡国王的文件，他认真考察了欧洲人的思想观念。

　　1851 年即位以后，他放弃了之前的孤立政策。在欧洲顾问的建议下，他改善了国家的基础设施建设，修建了新的街道和运河，推动了农业的现代化，并且还依照西方模式建立了一支军队。

　　蒙库的儿子朱拉隆功（拉玛五世）在其 1868—1910 年的长期统治中，延续了其父的政治路线。他依照更加严格的中央集权形式对行政体系进行了改革和重组，以欧洲宪政国家和尊重人权的思想为基础，建立起了现代的司法体系。朱拉隆功还废除了奴隶制度。在他统治时期，医院和邮政系统建立了起来，公路工程继续进行，铁路网络也在开工建设。1895 年，英国和法国就其殖民地与暹罗的边界问题开始了谈判。

当时的报纸刊登的法国炮舰向暹罗提出对老挝的领

土要求。

随着法属印度支那的建立，暹罗失去了老挝及在柬埔寨和暹罗本国的大片领土。但是暹罗的中心地区在殖民过程中得以保全，保持了自己的独立地位。

暹罗国王朱拉隆功（拉玛五世）在福里德里斯鲁

拜访奥托·冯·俾斯麦，1898 年

七、非洲各国

约 1500—1914 年

整个 16 世纪列强对阿尔及利亚、突尼斯和利比亚展开了穆激烈的争夺。摩洛哥难以抵挡葡萄牙的征服野心。在当地王朝的统治下，北非各地日渐繁荣和稳定。为了维持统治，埃及大举外款，这造成了国家的财政紧张，但是对欧洲列强来说却是有利可图，尤其是英国，它在 19 世纪末占领了埃及。

16—19 世纪，在非洲形成的各个国家常常被置于欧洲列强的"保护"之下。然而，许多独立的非洲国家仍然能够坚持自己的权利，直到欧洲人开始深入到内陆，并在柏林会议上对非洲进行了瓜分。

16—18 世纪的阿尔及利亚和突尼斯

西班牙和奥斯曼帝国首先对马格里布东部地区展开争夺，土耳其得以长期维持其统治。尽管有宗主国，但这些地区还是获得了很大程度的自治。

1517 年起，叙利亚-巴勒斯坦和埃及就处在奥斯曼帝国的牢固控制之下，但在 16 世纪，阿尔及利亚、利比亚和突尼斯的沿海地区却成为激烈争夺的对象。在地中海地区，西班牙和奥斯曼帝国积极地争夺军事和贸易的优势。

巴巴利海盗也是一大不稳定因素，他们不时地两边投靠，侵扰沿海城镇。这一

被解救的突尼斯基督徒向皇帝查理五世致谢

时期最著名的海盗是哈伊尔·阿迪丁兄弟。哈伊尔·阿迪丁·巴巴罗萨对西班牙船队的攻击激怒了皇帝查理五世，他于1535年派兵占领突尼斯并围困阿尔及利亚。这两座城市都是北非沿岸的重镇。

突尼斯的市集，19世纪的油画。

　　最后，奥斯曼帝国在名义上赢得了对马格里布东部地区的控制权：在1521年获得昔兰尼加；1551年获得的黎波里塔尼亚（利比亚）；1556年获得阿尔及利亚；1574年获得突尼斯。1587—1671年间，阿尔及利亚就一直由土耳其的总督（帕夏）治理，但当地的近卫步兵夺权后推举产生了受命于土耳其苏丹的总督，但这一体制一直持续到1830年法国占领之前。1591年在突尼斯，来自奥斯曼的帕夏也被废黜。

1640 年，哈姆达·伊本·穆拉德夺取政权，建立了穆拉德王朝，一直执政到 1702

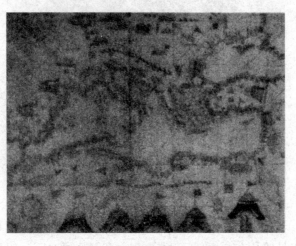

地中海和黑海的海图，1551 年。

年。1705 年，侯赛因·伊本·阿里建立了侯赛因王朝，其统治一直持续到 1957 年突尼斯共和国宣布成立为止。在的黎波里塔尼亚，齐拉曼利王朝作为当地的自治总督从 1711 年一直统治到 1832 年。但是早在 1800 年前，法国就对这一地区虎视眈眈，将它视为一个潜在的殖民地。

摩洛哥的独立与稳定

瓦塔西德王朝和后来的萨阿德王朝、阿拉维王朝都积极捍卫摩洛哥的独立。在穆拉伊·伊斯梅尔苏丹及其继任者的统治时期，贸易被置于重要的战略地位，摩洛哥经历了一个稳定和繁荣的阶段。

摩洛哥虽然没有受到奥斯曼的统治，却被迫抵抗葡萄牙以保卫国家的独立。瓦塔西德家族自 1472 年开始统治摩洛哥，1497 年梅利亚被西班牙所占，1504 年葡萄牙占领了阿加迪尔及沿海一大片地区，1515 年葡萄牙又包围了马拉喀什。1524 年，萨阿德王朝在摩洛哥南部起兵反叛，1554 年推翻了瓦塔西德王朝的最后一代统治者。萨阿德王朝的建立者穆罕穆德·阿马迪自封为苏丹，并且与奥斯曼帝国结盟。他自称是先知穆罕默德的后代（即沙里夫），甚至是伊斯兰教的哈里发。

摩洛哥风光，平原上是一个小村落，背景中是横跨摩洛哥北部的阿特拉斯山脉。

马拉喀什的萨迪尔墓群的装饰细

部，苏丹阿马德·阿曼苏时期所建。

1578年，他的后人阿马德·阿曼苏在凯比尔堡击溃了国王塞巴斯蒂安国王率领的葡萄牙军队。通过严厉的行政手段，他使国家变得相当繁荣。通过实行马卡赞政策，即土地封赏制度，他使国家的上层对自己忠心耿耿。他的两个儿子将国家一分为二，分别在非斯（直至1626年）和马拉喀什（直至1659年）进行统治。

1666年，萨阿德王朝被阿拉维王朝的沙里夫所取代，后者直到今天依然是摩洛哥的统治者。第一任统治者穆拉伊·阿尔·拉希德首先自非斯起兵，通过与土耳其人结盟，他在1669年占领马拉喀什并最终控制了整个摩洛哥。1672年，其子穆拉

穆拉伊·伊斯梅尔在梅克内斯宫中的马厩

伊·伊斯梅尔继承王位，他成为 18 世纪里马格里布地区最叱咤风云的政治人物。这位国王在政治上精明狡猾、好大喜功，并且崇尚暴力，他粉碎了地方酋长和伊斯兰教会的反抗，建立了一支由 15 万黑奴组成的精锐的私人部队，还建造了宏伟华丽的"皇城"——梅克内斯宫。他和众多欧洲国家保持着贸易往来。

　　穆拉伊·伊斯梅尔苦心积累的基业在七个儿子相互争夺王位的战争中几乎不保。不过，他的孙子穆拉伊·穆罕默德使国家恢复了稳定，他对行政系统和国家财政进行重组，通过向法国和美国颁发贸易特许的方式发展了本国经济。穆罕默德的儿子穆拉伊·苏雷曼继续推行这些政策，并对欧洲列强降低关税。1810 年后，他改变了原先的宗教自由政策，转而迫害异派教徒，从而引起社会的动荡。1800 年前后，摩洛哥的繁荣引起了法国和西班牙的觊觎。

穆罕默德·阿里时期的埃及

　　穆罕默德·阿里扩大了埃及的疆域。并开始了现代化的进程。

　　1798 年，拿破仑在亚历山大里亚登陆，开始对埃及的征服，征服的同时还伴随着对埃及考古宝藏的研究和掠夺。

　　法国在金字塔附近打败了马姆路克的军队，这给英国带来了极大挑战，它在北非和奥斯曼帝国有自己特殊的利益关系。

科学家测量吉萨的狮身人面像，这为拿破仑埃及
远征的一项内容。

　　1803 年，奥斯曼将法国驱逐出境，随后埃及实现自治，尽管在名义上它仍然属于奥斯曼帝国的一部分。

穆罕默德·阿里，由其子易卜拉欣·帕夏陪同。

　　穆罕默德·阿里·帕夏是阿尔巴尼亚人，曾作为土耳其军官参加反抗拿破仑的战争，他于 1805 年成为奥斯曼帝国委任的埃及总督。他利用马姆路克上层阶级的弱点，逐渐加强自己的权力，并在 1811 年彻底扫平了他们的势力。接下去的几年里，他投资发展工农业。为了控制商路，他将边界分别向东和向南拓展。1819 年，穆罕默德·阿里之子易卜拉欣·帕夏打败了生活在阿拉伯半岛的瓦哈比人，又于 1820—1822 年间在苏丹、1833 年在叙利亚进一步作战征伐。

几年前，埃及舰队还曾帮助苏丹穆罕默德二世镇压希腊的起义，但在努力实施独立后开始进攻奥斯曼帝国。

1827 年 10 月 20 日的纳瓦里诺海战

由于担心奥斯曼帝国的灭亡会损害到自己的利益，普鲁士、奥地利、英国和俄罗斯插手干涉，埃及被迫停下进兵的步伐。

1827 年，易卜拉欣的舰队在纳瓦里诺海战中战败。1839 年，埃及在第二次进攻奥斯曼帝国时，再次失去叙利亚。从此，埃及成为一个总督领地，穆罕默德·阿里家族被授予世代统治埃及的权力。

埃及国内的发展与欧洲列强的影响

苏伊士运河的开凿及基础设施的建设，导致埃及渐渐陷入财政危机。而国内的苏丹民族起义又使社会不稳定因素增加。英国强占了苏伊士运河，不久又控制了整个埃及。

1849 年，穆罕默德·阿里去世，他的继任者继续推进国家的现代化建设，但这越来越多地受到了欧洲列强的影响。

穆罕默德·阿里的第四个儿子萨依德·帕夏，使国家背上了巨额外债，而他的

1869 年 11 月 17 日，埃及船队首次通过苏伊士运河。

后一任伊斯迈尔·帕夏所进行的发展计划又使负债进一步增加。建造工厂、发展公路和邮政系统，尤其是 1854 年由萨依德·帕夏启动的苏伊士运河开凿工程，使得国家财政不堪重负。不断增长的债务迫使埃及不得不接受由法国和英国官员来担任本国内阁大臣，以换取两国的经济援助。虽然伊斯迈尔·帕夏曾经在埃及南部取得过许多斗争的胜利，并将埃及的霸权一直推进到埃塞俄比亚边境，但却被其子塔夫齐·帕夏废黜。塔夫齐继位后重建了国家财政。

萨依德·帕夏

与此同时，英国一直设法保证控制苏伊士运河。1875 年，英国获得了埃及分配

英国军队强占苏伊士运河

所得的那部分股票。1881 年，埃及国防大臣阿拉比·帕夏属下的一批军官起义，轻松地推翻了塔夫齐的政权。1882 年，亚历山大里亚的基督教徒遭到屠杀，这引起了英国的干涉。英国人粉碎了叛乱，并在 1882 年完全控制了埃及，并派重兵驻防。埃及由此成了英—埃共同管辖的地区，1895—1899 年间苏丹也加入其中。虽然穆罕默德·阿里王朝阿巴斯二世希尔米·帕夏的统治下依然存在，实际统治者却是英国的总督。由于阿巴斯支持人民争取国家自治的斗争，于 1914 年被他的叔叔取代。第一次世界大战中，为了避免埃及像奥斯曼帝国那样投向同盟国阵营，英国宣布埃及为其保护国。

东非、刚果王国与桑海帝国

葡萄牙控制了非洲东海岸的贸易，在刚果建立起了一个基督教王国。但信仰伊斯兰教的桑海帝国顽强地抵制以防被基督教化。

1498 年，也就是达·伽马发现印度的第二年，葡萄牙人踏上了非洲大陆的土地，也由此改变了非洲，尤其是东海岸的发展进程。

葡萄牙的贸易公司肆无忌惮地利用沿海部落的酋长和城邦之间的矛盾破坏当地

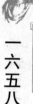

的贸易体系，排斥穆斯林商人，逐渐控制住了整个沿海地区。

包括东非的印度洋地图，16世纪。

与此同时，中非的一些王国得以幸存，阿曼王国管辖下的桑给巴尔成为阿拉伯商人们的交易中心。

在刚果王国，国王恩金加·恩库乌于1482年向葡萄牙国王请求派遣传教士，他自己在1491年皈依基督教，自称"约翰一世"。他和儿子阿方索一世（恩金加·姆贝巴一世）广建教堂和修道院。随着大量基督教商人和工匠的涌入，刚果王国建立起最初的繁荣。不过，王国的基督教上层还参与了罪恶的奴隶贸易，将贫苦的臣民贩卖为奴。17世纪，基督教的刚果王国开始衰落，1668年，首都圣萨尔瓦多在邻近的非基督教部落的不断侵袭中被洗劫和破坏。

贝宁王国是最重要的约鲁巴国家，自1486年起与葡萄牙人进行贸易，并允许他们在国内设立贸易据点。1530年，英国开始对贝宁进行探险活动，并不断地同葡萄牙发生冲突，但王国从奴隶贸易中大大获利。1691年禁止奴隶贸易的命令导致了贝宁王国的瓦解。

1484年，葡萄牙与马里帝国建立外交关系，开始通商。但随着信仰伊斯兰的桑海帝国的扩张，两国的贸易联系在16世纪告终。早在11世纪，桑海就通过与阿拉伯世界密切的贸易往来成了一个非常繁荣的国家。到1464年，桑尼·阿里大帝通

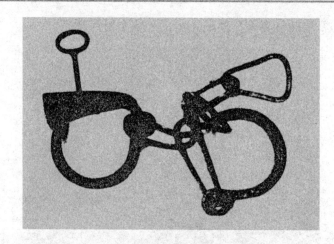

非洲黑奴的手铐

过武力扩张已使帝国成为苏丹首屈一指的强国，1476 年又攻占了内杰古城。1493 年，穆罕默德·图尔创立了阿萨基王朝，组建了一支强大的常备军，使桑海成为北部非洲的一个强国。1590—1591 年，桑海被摩洛哥所灭。

阿萨基王朝穆罕默德·图尔陵墓，位于马里的加奥。

博尔努、非洲西海岸与埃塞俄比亚

博尔努成为一个强大的伊斯兰帝国，而非洲西海岸则落入欧洲列强的商业控制之下。埃塞俄比亚大体上维持了它独立的基督教体制。

1472 年，阿里·杜纳马尼开始统治博尔努帝国，帝国逐渐崛起并取代了乍得湖畔日渐衰落的卡奈姆帝国。阿里依靠属下的铁甲骑兵，四处扩张，同时与北非和西非地区进行贸易。

伊德里斯二世继承了这一扩张和贸易政策，1580—1617 年在伊德里斯·阿鲁马统治时期，帝国的疆域和贸易都达到了顶峰。喀麦隆北部和尼日利亚北部，甚至一些约鲁巴国家都处于博尔努的控制之下，其霸权在 17 世纪开始衰落。

伊斯兰教从 1500 年后开始在一些豪撒和富尔贝人的国家里传播。

位于黄金海岸（加纳）的城堡，约 1750 年的铜版画。

欧洲列强为争夺西非商品展开了激烈的角逐，英国和法国最终占据了上风。18世纪中，英国控制了冈比亚、塞拉利昂和黄金海岸（加纳）的贸易，法国控制了塞内加尔、法属几内亚、象牙海岸的商业往来。而加纳、多哥、尼日利亚、刚果和安哥拉则都是黑檀木贸易的中心。

伊斯兰教在非洲的扩张始于 14 世纪，信奉基督教的埃塞俄比亚皇帝积极地与之相对抗。尽管他们一心维持自身在政治和文化上的独立，但是从 16 世纪起，在与伊斯兰教的战斗中就得到了葡萄牙的支持。从 1527 年开始，阿德尔统治的信奉伊斯兰教的索马里帝国就不断侵扰埃塞俄比亚。1543 年，尼格斯·克劳蒂乌斯在葡萄牙的帮助下彻底将其粉碎。尽管克劳蒂乌斯和他的继任者不遗余力地维护埃塞俄比亚基督教派的独立性，但从 1557 年起耶稣会还是被允许在此传教。

1605 年和 1622 年尼格斯·查·邓格尔和尼格斯·苏斯努斯先后改信了天主教，由此引发的流血暴动直到尼格斯·法西利达斯将所有天主教徒判处死刑并予以驱逐才宣告平息。

宴饮场景，酒器为圆形陶壶，17 世纪的埃塞俄比亚书籍插图。

在贾苏斯一世（大帝）统治时期，埃塞俄比亚于 17 世纪末 18 世纪初再一次达到政治和文化的顶峰，但随后由于宫廷政变和邻近敌对部落的入侵，国家陷入混乱，最终分裂为一些小王国。这种分裂局面一直持续到 1855 年西奥多二世继位才宣告结束。

19 世纪的建国

在西非和东非，由于之前几个世纪进行的奴隶贸易形成的政治格局，这里开始形成一些国家，它们一直延续到殖民时代结束以后。

在 1814—1815 年的维也纳会议期间，欧洲殖民者宣布奴隶贸易为非法，不过拥有奴隶并不在其列；而奴隶贸易在一些西非国家，如阿散提、达荷美和今天的加纳地区，以及东非的桑给巴尔苏丹国，都是非常重要的财政来源。

19 世纪，无数新的国家成立或扩张国土。1822 年，来自美国的自由黑奴在利

英国士兵向非洲居民宣布奴隶贸易已被取消，19世纪的彩色蚀刻版画。

比里亚建立定居点，并于1847年成为一个独立的共和国。

1870年，穆罕默德·本·哈马德完全出于经济目的，在刚果东部地区建立了一个阿拉伯贸易帝国。

利比里亚国徽：太阳、帆船、信

鸽、棕榈树和耕犁。

在阿比西尼亚（今天的埃塞俄比亚），国王孟尼利克二世与意大利结盟，后者在阿比西尼亚发挥了巨大的影响。

但当阿比西尼亚帝国与意大利断绝同盟关系时，意大利向其悍然宣战。

在阿杜瓦战役中，孟尼利克的军队取得了胜利；在 1896 年签订的《亚的斯亚贝巴和约》中，确保了阿比西尼亚的国家独立。

孟尼利克二世在阿杜瓦战役中

在西非，奥斯曼·丹·福迪奥于 19 世纪初号召人们发动圣战，讨伐位于今天尼日利亚北部豪萨城邦的穆斯林。随着军事上的胜利，丹·福迪奥开始建立起一个伊斯兰教的大帝国。数年后，其子穆罕默德·贝洛自立为哈里发，并将帝国分为若干个酋长国。通过四处征服，他最远达到了约鲁巴人的地区，并取得了阿达马瓦（今天的喀麦隆北部）等地；他定都索科托，统治着其庞大的富拉尼帝国。即便在成了英国的保护国后，地方酋长们也没有完全失去权势，帝国一直延续到了殖民时代结束以后。

南非：从布尔人到英国人

在南非，祖鲁人建立起自己的王国。并很快同布尔人发生冲突。英国尽管遭到顽强的抵抗，但还是征服了布尔共和国。

在南非，恰卡建立祖鲁王国，并自立为王，直至1828年被暗杀。事实上，他已成为从开普殖民地到赞比西河的"南部非洲之主"。

祖鲁国王恰卡的纪念碑，建于斯坦格，恰卡的王宫旧址及其被暗杀地。

恰卡通过建立起一个组织严格、行政有效的国家使自己确立了在帝国中的牢固权威。他还进行军事改革，采取新的作战序列，并在近战中采用新式的标枪，大大提高祖鲁人的战斗效率。

通过对广大领土的征服，祖鲁人将班图人，尤其是赫雷罗人和马塔贝勒人征为士兵参加作战。

恰卡的异母兄弟继位后继续推行其政策，但很快便同布尔人——开普殖民地荷兰定居者的后裔——发生冲突。

1806年，英国开始统治布尔人。根据荷兰改革教会的教义，布尔人相信奴隶贸易是由《圣经》预先安排好的。

由于殖民地内部的紧张局势，特别是由于奴隶贸易被取消，1837年，约有5000多名布尔人从开普殖民地启程向内陆迁徙，并同祖鲁人相遭遇。祖鲁人杀害了布尔人的首领彼得·瑞提夫，但在随后的战斗中，布尔人在安德里斯·比勒陀利乌斯的领导下一举消灭了3000多祖鲁人。

胜利之后，布尔人在1839年建立纳塔尔共和国；但它在1843年就被英国所

帝国的黄昏

在婚礼上跳舞的祖鲁妇女，1970 年。

兼并。

19 世纪 50 年代，英国承认了布尔人在纳塔尔共和国灭亡后不久建立起来的两个国家——南非共和国（德兰士瓦）和奥兰治自由邦的独立地位。

随着在开普殖民地和布尔国家边境地区发现钻石，在约翰内斯堡附近发现黄金，英国再次加强了对布尔人的压迫。

1877 年德兰士瓦被吞并后，布尔人起义并击退了英国人。之后几年，1890 年起任开普殖民地首相的塞希尔·罗德斯，出兵包围了布尔人国家，占领罗德西亚和贝川纳兰。

由于英国大军压境，1899 年德兰士瓦总统保罗·克鲁格被迫宣战。

布尔战争初期，英军在纳塔尔和开普殖民地等地，败给了由斯穆茨、博塔和赫尔佐格等将领所指挥的军队。然而，英军在 1900 年占领了奥兰治自由邦的首府布隆方丹；约翰内斯堡和德兰士瓦首府比勒陀利亚先后在 5 月和 6 月陷落。

虽然克鲁格逃到了欧洲，但布尔人继续同英军展开游击战。他们抵抗了两年时

1900 年 5 月后关押布尔人的英国集中营

间，直至被基钦纳勋爵率军击败。他下令破坏布尔人的农场，并设立集中营拘禁妇女和儿童。

1902 年，德兰士瓦和奥兰治自由邦被宣布为拥有行政自治权的英国殖民地。

1910 年，布尔国家被并入了南非联邦，成为英国的自治领。

欧洲各国瓜分非洲

随着亨利·莫顿·斯坦利的探险活动的进行，欧洲列强的殖民活动开始了向非洲内陆的推进。为了避免战争，殖民列强在柏林会议上共同商定了对非洲大陆的瓜分方案。

刚刚进入 19 世纪时，除了沿海地区以外，非洲大陆基本上还没有被殖民。之后，受启蒙运动中产生的新的哲学思想的影响，奴隶贸易引起了广泛的要求维护人权的抗议之声。

在 1814—1815 年的维也纳会议禁止奴隶贸易后，全面禁止奴隶贸易的禁令被写进了维也纳会议的文件中。英国海军在查禁奴隶贸易的过程中发挥了重要作用。以非洲为根据地的欧洲贸易公司因此失去了它们主要的收入来源。尽管如此，非洲西海岸的国家及东非的桑给巴尔苏丹国等地，奴隶贸易一直持续到 19 世纪中期。

此后随着 1869 年苏伊士运河的开通，前往印度的海上航路大为缩短，它们的

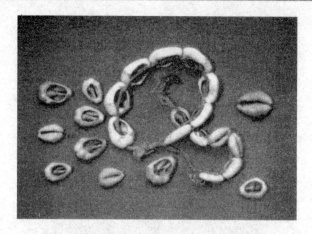

在非洲奴隶贸易中用作支付方式的贝壳货币

比利时国王利奥波德二世

经济价值更进一步萎缩了。

　　亨利·莫顿·斯坦利对刚果地区的探险活动，使欧洲得以深入到非洲内陆地区。1878 年，斯坦利联合比利时国王利奥波德二世，并帮助他建立了受比利时控制的"刚果自由邦",由斯坦利亲自领导和统治。不久之后,列强在1884—1885年的柏林会议上明确瓜分了非洲大陆。

俾斯麦漫画

19世纪80年代工业革命普遍开展后,欧洲国家对原料的需求日益增大,因此殖民地的经济价值再次开始提升,有些殖民地甚至为其欧洲的宗主国带来了巨大的财富。此外,由于深信它们自己的文明具有优越性,欧洲国家想要将它们的理想推行于世界,而完全无视殖民地原有的文化。

殖民大国

法国和英国的扩张地带在埃及南部发生交错,法绍达危机几乎引发了战争。

迪斯雷利在通往印度的捷径苏伊士运河边感叹:"唉,
为什么这条去我家的路并不属于我?"漫画,平版画。

在首相本杰明·迪斯雷利的领导下,英国自19世纪70年代起积极地致力于建立一个世界帝国。其意图是要获取尽可能多的土地，进而是尽可能大的经济利益。

从殖民地获得的原料、劳动力、市场及士兵，使得英国成为一个世界强国。十年之后，法国正处于第三共和国实力最强大的阶段，它也努力想要实现同样的目标。

1882 年，就在英国占领埃及的同一年，法国利用突尼斯困难的经济局势，强行建立起"保护统治"。

突尼斯人民在法国占领后发动起义，约 1910 年的彩色平版画。

法国以沿海的塞内加尔、象牙海岸、达荷美和刚果等地为根据地，在西部非洲建立起了一个庞大的殖民网络，并通过撒哈拉沙漠同北部法国在突尼斯和摩洛哥的殖民地连接在了一起。

法国的征服行动很快导致同英国的摩擦，英国当时正在计划修建纵贯非洲从开普敦至开罗的铁路，从而通过一条铁路线将南起好望角北至地中海的各个殖民地连成一线。1898 年的法绍达危机几乎引起英法之间的一场大战，完全由于双方前线指挥官的克制才使战争得以幸免。

虽然这两个殖民大国互相瓜分了非洲的大部分地区，德国和意大利也试图在非洲攫取殖民地。德国在多哥和喀麦隆拓殖，先是作为私人的贸易殖民地，接着于 1891 年将其并入德意志帝国；此外还有德属东非（坦噶尼喀）和德属西南非（纳米比亚），1904 年和 1905—1907 年，德国在这两地残酷镇压了赫雷罗人起义和马及马及起义。

被处死或战死的赫雷罗人头骨被装箱运往柏林的病理学研究中心，1905 年的照片。

在阿杜瓦战役惨败之后，意大利在东非建立殖民帝国的梦想彻底破灭，于 1896 年被阿比西尼亚人驱逐出境。在 1936 年意大利控制阿比西尼亚大部之前，它在非洲的殖民地仅限于厄立特里亚和意属索马里兰。

八、北美各国

约 1497—1917 年

英、法之间为开拓北美殖民地展开了激烈的竞争。最终以英国占领今天的美国东部，而法国向北发展结束，如今的加拿大地区最终被英法瓜分。在今天的美国东北部，移居此地的清教徒、私营主和殖民公司创建了新英格兰殖民地。1775 年 4 月 19 日，美国独立战争打响，并最终建立起联邦制的美利坚合众国。

内战使这个年轻的国家受到重创。不过，由于北方的胜利，国家保持了统一。内战后，美国开始进入经济和技术的上升期。1917 年，美国宣布参加第一次世界大战，这标志着孤立主义的政策被彻底抛弃。

"发现"新大陆

1492 年 8 月 3 日，旅居西班牙的意大利航海家克里斯托弗·哥伦布（Cristoforo Colombo，约 1451—1506 年）获得西班牙国王斐迪南五世（Ferdinand V）和女王伊莎贝拉（Isabella）的资助，带领 87 名水手，分乘 3 艘探险船，从西班牙的巴罗斯（Palos）港出发，驶入茫茫的大西洋，开始一路向西作环球航行，依据"地圆说"探索通往东方的新航线。

10 月 12 日，经过漫长而又艰苦的航行，哥伦布一行终于登上了巴哈马群岛中

哥伦布（约 1451—1506 年）

的圣萨尔瓦多岛。此后，哥伦布又于 1493 年、1498 年和 1502—1504 年间先后三次航行到美洲沿岸的小安第列斯群岛、牙买加岛、特立尼达岛和加勒比海群岛，进行实地考察。哥伦布是第一个发现美洲"新大陆"的西方探险家。但是他把所到之处误认作是印度，称呼当地居民为印第安人（Indian，意即印度人），美洲土著的名称就是由此而来。

哥伦布"发现"新大陆、开辟出通往美洲的海上航道之后，欧洲各国尾随而至，相继踏上了美洲早期的探险和殖民之路。西班牙和葡萄牙凭借其海上强国的优势，在美洲的探险上捷足先登，很快便征服了中美洲和南美洲，掠得大笔的金银财宝。而北美洲因为缺乏唾手可得的财宝的诱惑，令早期的冒险家们掉头而去。

1497 年 5 月，威尼斯航海家约翰·卡波特（John Cabot）得到英国国王亨利七世（Henry Ⅶ，1485—1509）和布里斯托尔商人的支持，率一艘 50 吨的小船"马修号"出海西行，带领 18 名水手去探寻通往亚洲的捷径。11 周后，他们抵达了现今加拿大的纽芬兰或者是布列吞角岛。

与哥伦布一样，卡波特相信他们到达的地方就是亚洲。次年 5 月，英王再次授权卡波特率 5 艘船、300 人，满载货物去他发现的"东方"开展贸易。不久，其中

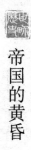

一艘船无功而返，卡波特和另外4艘船则神秘地失踪了。卡波特的航行虽然无疾而终，但却成为英国向北美洲扩张的开始。

16—17世纪的英国是一个版图狭小的农业国，人口大约300—600万。茅舍农和穷人占人口的30%以上，许多人终年劳作却食不果腹，乞丐遍布城乡。人口的持续增长与土地和工作的缺乏，被认为是社会贫困的主要原因。开拓海外殖民地成为英国缓解人口压力和贫困问题的重要措施。

同时，1534—1571年间的英国宗教改革产生了众多的新教（Protestantism）教徒，那些不堪忍受英国国教（Churchof England）迫害的清教徒也开始向"新大陆"寻求生存和发展的空间。

哥伦布登上美洲大陆

在殖民北美的运动中，满怀求富热望的商业公司扮演了主要的推动者和组织者的角色。为了招募移民，这些商业移民公司编发描述美洲如何富饶的各种宣传品，大肆散布去美洲发财致富的消息。16世纪末17世纪初，得到英王的特许状（Colonial Charters）从事殖民活动的商业公司大约有34家。

这些商业公司由自愿购买股份的股东组成，其中由伦敦集团控制的从事向北美殖民的弗吉尼亚公司（Virginia Com-pany of London）有来自社会各阶层的股东1600人。各商业公司的股额都不大，比如弗吉尼亚公司的股份为12镑10先令起价，约为运送一个移民到北美的费用。投资者从公司在北美洲开矿和贸易中分享利润，并且可以按股份得到北美的土地。公司最高权力归股东大会，选举一名总督（Gover-nor）和若干助理管理公司事务。

弗吉尼亚殖民地

1606年12月，英国的弗吉尼亚公司组织了144名移民，乘3艘船，由约翰·密斯船长率领开始第一次向北美洲移民。次年4月26日，移民船到达北美洲东海岸的切萨皮克湾，5月12日在詹姆斯河口附近的一个小岛登陆，建立了以英王詹姆斯一世（James I，1566—1625）之名命名的第一个定居点——詹姆斯敦（James-town）。

第一批移民在弗吉尼亚登陆，并建立了北美第一个定居点——詹姆斯敦。

由公司运来的移民实际上是公司雇用的契约劳工（In-dentured Servant），7年之内必须为公司无偿工作，他们开辟的定居点归弗吉尼亚公司所有。最初的拓荒殖民活动远不像冒险家们所吹嘘的那么轻松诱人。相反，一路远涉重洋，饱受折磨，登岸时很多人已经病弱不堪，而殖民点又疾病流行，缺衣少食，"不服水土"的新移民不断地死亡。转年1月，第一艘公司补给船到来时，詹姆斯敦的第一批移民已经只剩下了38人还在苟延残喘。

1608年又有244名新移民来到詹姆斯敦，但是不久便死掉了144人。1609年到来的300多名移民后来也只活下来不足100人。1610年时移民死亡率仍达50%以上。到1616年时，生活在"新大陆"的英国人仍然只有351人。

在1618—1624年间，据美国学者估计，死于疾病的移民累计达2538人，死于其他原因或回流英国的有1332人。到1624年2月，经过近20年的开拓、发展之后，弗吉尼亚殖民地的人口也不过1275人。

早期来到弗吉尼亚的移民主要是梦想迅速发财的绅士冒险家和莽汉，并不打算定居北美，只想一夜暴富，然后荣归故里。面对艰苦的劳动和恶劣的生活条件，这些移民冒险家牢骚满腹，愤愤不平，或逃往印第安部落，或者悄悄溜回英国。殖民公司逐渐认识到，"新大陆"需要的并不是寻宝者，而是能够脚踏实地、艰苦创业的劳动者。

寻找金银财宝的幻想破灭之后，移民们开始把目光投向肥沃的土地。在弗吉尼亚公司的支持下，移民们先后尝试了种植葡萄、养蚕、制盐和捕鱼等生产项目，但是效果都不理想。最后，由约翰·罗尔夫（John Rolfe）带头开展的烟草种植为弗吉尼亚殖民地带来了第一缕致富的曙光。

1580年代，英国探险家将印第安人的吸烟习俗带回英国，人们相信烟草有药用价值，吸烟渐成时髦，来自美洲的烟草供不应求，优质烟草在英国售价高达每磅3先令。1614年左右，约翰·罗尔夫向英国销售了第一批共4包烟草。1618年弗吉尼亚殖民地销往英国的烟草增加到5万磅，到1626年时销量已达30万磅。

为了支持殖民地的生产，弗吉尼亚公司于1619年运来112头牛、4匹马；1620年又运来200头牛、400只山羊、20匹母马和80头驴。这些从欧洲运来的牲畜很快便繁殖起来，拉开了殖民地畜牧业和乳酪事业的序幕。因为农场对劳动力的迫切需要，从1607年开始便有一批又一批的非洲黑人奴隶被陆续地贩卖到了弗吉尼亚

詹姆斯敦定居点的居民在埋葬死去的同伴

殖民地。

　　为了吸引更多的英国移民前来北美洲，弗吉尼亚公司改革了土地制度。1613年开始，公司分给每户居民一小块土地，并将公司土地划成每份 3 英亩的小块出租，地租为两桶玉米棒。到 1618 年时又开始实施土地私有化，凡 1616 年之前自费而来者每人授予 100 英亩土地，永久免租，如果是公司股东还可额外购买 100英亩土地；1616 年之前由公司出资运来的移民，为公司劳动满 7 年后授予 100 英亩土地，每年须付地租 2 先令；1616 年之后，自费而来者每人授予 50 英亩土地，每年须付地租 1 先令；由公司出资运来的移民，为公司劳动满 7 年后授予 50 英亩土地，每年须付地租 1 先令。

　　与此同时，公司向其派驻殖民地的官员授予大片土地，附送土地上的佃农，7年内实行五五分成的租佃制。总督得地 3000 英亩、佃农 100 人，司库和军事长官分别得地 1500 英亩、佃农 50 人，牧师得地 100 英亩、佃农 6 人。

　　土地私有化和宽泛的授地制度为弗吉尼亚殖民地吸引了更多的移民。1619—1625 年间，约有 4800 名英国移民来到了弗吉尼亚殖民地。但是，此时的殖民地还远不是一个稳定的社会，生活艰苦，人口死亡率很高，与印第安人的关系也在趋于紧张。

1622 年 3 月 22 日，波哈坦（Powhatan）联盟的印第安人在新任酋长奥佩堪卡努的领导下，对白人定居点发动了突然袭击。347 名白人移民被杀，许多村庄和种植园被毁。白人移民进行了反击，杀死许多印第安人，摧毁了很多印第安人的村庄、财产和农作物。

波哈坦联盟的印第安人酋长奥佩堪卡努在战斗中被俘

此后 20 多年里，双方时断时续地彼此残杀，死伤人员超过 1000 人。到 1644 年时，白人移民发展到 8000 多人，实力远在印第安人之上，酋长奥佩堪卡努在战斗中被俘，被白人移民处死，波哈坦联盟被彻底打垮了，詹姆斯敦附近再也没有任何可以构成威胁的印第安人部落了。

然而，弗吉尼亚公司由于经营不善和人事纠纷已经深陷困境，负债累累。1625 年，英王查理一世（Charles Ⅰ，1600—1649）将弗吉尼亚殖民地收归王室所有，由英国政府直接管理。

北美独立战争胜利后，1788 年 6 月 25 日，弗吉尼亚殖民地成为美国第 10 个州。州别名是"老自治领之州"（OldDominion State），州府设在里士满（Rich-mond），第一大城市是弗吉尼亚海滨市（Vir-ginia Beach），州歌是《带我回老弗吉尼亚》（Carry Me Back to OldVirginia），州花是山茱萸花，州鸟是北美红雀，州树是山茱萸，州箴言是"永远打倒暴君"（Thus Always toTyrants）。

普利茅斯殖民地

1607 年，以约翰·鲁滨逊为首的一些英国清教徒从伦敦以北 150 英里的斯克鲁比教区分离出来，组成了一个独立的教派。因为受到当局的排挤，他们于当年离开英国迁徙海外，避居于荷兰的莱顿。

五月花号

为了建立一个独立的家园，他们在 1620 年向弗吉尼亚公司申请到了移居北美洲的土地。并且，从托马斯·韦斯顿等 70 位伦敦商人手中融得 7000 英镑资金，融资条件是移民们将在未来的北美定居点为韦斯顿等出资人无偿工作 7 年。

1620 年 9 月 6 日，36 名清教徒从荷兰的莱顿回到英国的普利茅斯，与来自伦敦和南安普顿的 68 名移民会合，搭乘"五月花号"（Mayflower）起航驶向北美洲。11 月 9 日，移民们终于看到了北美洲东海岸的科德角（CapeCod），他们准备继续航行到哈德逊河（Hudson Rlver），但是遭遇风向改变，被迫折返科德角，一个月后在普利茅斯湾登上了北美大陆。

因为船只未能按计划到达弗吉尼亚殖民地，他们的土地许可状在普利茅斯一带没有法律效力，移民们因而产生了骚动，扬言不服管束。为了避免发生内讧和混乱，移民领袖威廉·布拉德福德（William Bradford）和威廉·布鲁斯特（William Brewster）等人共同协商，为未来的定居点制定了一些管理规则，后来被称为《普利茅斯联合协议》或《五月花号公约》（Mayflower Compact）。

在离船登岸之前，41名成年移民在这份公约上签了字，相约在上岸后组成一个公民社会，制定公正平等的法律，服从合法的权威，推进殖民地的共同利益。这是英国移民在北美洲自愿达成的第一个社区自治协议。

但是，接踵而至的冬天寒冷无比，移民们搭盖的简陋房屋难以抵御风雪，粮食也不足，熬到冬天结束时，贫病交加的移民们只活下来不到50人。

1620年11月11日，移民们在"五月花号"上签署《五月花号公约》。

1621年3月16日，普利茅斯殖民点迎来了一位名叫萨摩赛特（Samoset）的印第安勇士。萨摩赛特属于万班诺阿格部落，他曾跟早年到过此地的欧洲探险家们学会了一些英语。第二天，他又带来了英语讲得更好的另一位印第安人——斯昆图（Squanto）；斯昆图曾经远渡大洋到过英国和西班牙，在英国学会了英语。斯昆图教会了移民们如何采集枫糖和草药、种植玉米、南瓜和蚕豆，以及捕鱼和狩猎。

感恩节是美国人民独创的一个古老节日。第一个感恩节即起源于普利茅斯殖民点。

1621 年秋天，凭借斯昆图和萨摩赛特传授的技术，移民们有了温暖的住房、新建的教堂以及能使他们熬过冬天的玉米的丰收。他们举办了一个宴会来感谢丰收。邀请了斯昆图、萨摩赛特以及派他们二人来向移民们传授技术的部落首领玛沙索特及他们各自的家人。宴会举行了 3 天，由于对印第安人的家庭规模缺乏了解，共来了 91 名印第安人参加庆典。这就是美国的第一个感恩节。从此，这一习俗就延续下来，并逐渐风行各地。初时感恩节没有固定日期，由各州临时决定。1863 年，林肯总统正式宣布感恩节为国定假日，并将 11 月的第四个星期四作为感恩节一届时，家家团聚，奉国同庆，其盛大、热烈的情形，不亚于中国人过春节。

普利茅斯殖民地实行土地私有化，居民可以自谋福利。到 1640 年时，殖民地已经形成了比较稳定的局面。政治上实行自治，总督、副总督及其18位助理均由居民选举产生，当选官员与每个村镇推选的2名代表共同组成"大会议"，负责立法。

但是，这块很小的殖民地一直没有得到英王颁发的殖民地特许状，缺乏合法的地位，前景不明。1691年，英国"光荣革命"后登基的新国王威廉三世（William Ⅲ）整顿北美洲殖民地事务，普利茅斯被并入了马萨诸塞王室殖民地。

马里兰殖民地

宗教改革运动之后，天主教（Catholic Church）在英国失势，备受排挤和贬斥。北美洲的殖民活动也在英国天主教徒的心中勾起了另辟天地的希望之火。

1628年，信奉天主教的英国贵族巴尔的摩男爵乔治·卡尔弗特（Lord Baltimore George Calvert）专程远赴弗吉尼亚殖民地考察，打算为天主教徒建立一个北美洲殖民地。不料，登岸后受到当地英国国教势力的刁难，无法访问弗吉尼亚各地，无功而返。回国后，他极力向英王争取在北美洲建立殖民地的特许状，但是直到1632年4月他去世时仍未获准。

其子塞西尔·卡尔弗特（Cecil Calvert）继承爵位后，终于在1632年6月得到了英王查理一世颁发的殖民地特许状，批准卡尔弗特家族在北美洲东海岸的切萨皮克湾地区建立殖民地。卡尔弗特家族将这块殖民地命名为马里兰（Mary-land），以纪念信奉天主教的英国女王玛丽一世（Mary Ⅰ，1516—1558）。特许状规定，塞西尔及其后人是马里兰殖民地业主，对马里兰殖民地拥有司法和行政权力，但是，须召集殖民地的自由民代表会议，制定的法律须经代表会议通过。

1633年11月22日，首批马里兰移民150多人乘"方舟号"和"灵鸽号"海船从英国出发驶向北美洲。次年2月27日，抵达切萨皮克湾，继续开进到波托马克河，登上河岸后，移民们用几把斧头和几码布从当地的一个印第安部落换得了大片的土地，建立起第一个定居点，命名为圣玛丽斯城（Saint Mary's City）。

由于有弗吉尼亚殖民地的经验可以借鉴，马里兰殖民地的建立和发展比较顺利。移民们带来了更多的生产工具和粮食种子，并且很快便开始了可以稳定创收的烟草种植。到 1639 年时，马里兰殖民地出口的烟草已达 10 万磅之多。人口也增长迅速，1640 年时已达 2000 人左右，1660 年增至 8000 多人。庄园、村庄、县等地方行政单位开始有效地运转。巴尔的摩男爵之弟出任首任马里兰殖民地总督。

为了吸引英国各地不同信仰的移民迁居北美洲，共同建设马里兰殖民地，巴尔的摩男爵在殖民地采取了宗教宽容的政策。因此，从一开始就有大批的清教徒陆续来到马里兰，人数竟超过了天主教徒。1652 年时。清教徒一度控制了马里兰殖民地政府。随后，教友派、浸礼派、长老派、胡格诺派和归正派等各派新教教徒也相继移民马里兰，与清教徒共同构成了马里兰居民的大多数。

随着殖民地经济的发展和本地利益集团的出现，卡尔弗特家族在马里兰殖民地的业主统治、高额税收和宗教矛盾招致了越来越多的不满。1676 年 9 月，卡尔弗特县（Calvert County）爆发了民众反叛，反叛虽被镇压却反映了殖民地的统治危机。

1689 年 7 月，乘英国发生"光荣革命"（Glorious Revo-lufion，1688—1689）、君主易人之机，马里兰殖民地的移民约翰·库德（John Coode）率众起事，声称要推翻天主教业主的不公正统治，拥护英国新国王对马里兰殖民地的主权。起事者攻占圣玛丽斯城，逮捕殖民地总督，召开"联合者大会"，成立了临时政府。1690 年英王吊销了卡尔弗特家族的特许状，将马里兰收为王室殖民地（Roval Colony），任命总督接管了殖民地政府。

1716 年，改宗新教的巴尔的摩勋爵从新登基的英王乔治一世（George I）手中讨回了马里兰殖民地的统治权。然而，卡尔弗特家族一手遮天的时代已经一去不复返了。

北美独立战争胜利后，1788 年 4 月 28 日，马里兰殖民地成为美国第 7 个州。州别名是"战线之州"（Old LineState），州府设在安纳波里斯（Annapofis），第一大城市是巴尔的摩（Baltimore），州歌是《马里兰，我的马里兰》（Marvland, My Maryland），州花是黄雏菊（Black-Eyed Su-san）。州鸟是巴尔的摩金莺（Baltimore

Oriole），州树是白橡树（White Oak），州箴言是"行为果敢，言语温和"（Manly deedS，womanly words）。

马萨诸塞殖民地

1629 年，马萨诸塞海湾公司（Massachusetts Bay Com-pany）从英王手中获得了在北美洲建立殖民地的特许状。与其他殖民公司所得到的特许状不同，马萨诸塞的特许状没有规定公司总部的所在地。因此，该公司没有像其他殖民公司那样将总部设在英国、派员去北美洲管理殖民地，而是将公司与移民一同迁到了北美洲殖民地，这就为马萨诸塞殖民地后来的发展与自治创造了良好的先机。

1629 年 8 月 26 日，受马萨诸塞海湾公司委托，来自英国萨福克的一个清教徒庄园主约翰·温斯罗普（TohnWinathrop）与托马斯·达德利（Thomas Dudley）、理查德·索顿斯托尔等 10 余人签订了《剑桥协议》，决定举家迁徙北美洲的新英格兰地区，共同开辟马萨诸塞海湾定居地。同年 10 月，温斯罗普当选为未来的马萨诸塞殖民地的总督，达德利当选为副总督。1630 年 4 月，约 1000 名移民在温斯罗普率领下乘 4 艘船来到已经有英国移民定居的北美洲殖民点——塞勒姆（Salem），开始创建一个理想的充满基督之爱的"山巅之城"（A City upon a Hill）。

这次移民活动随即带动了一波大规模的英国清教徒移民运动。到 1642 年前后，10 余年间从英国陆续迁来了大约 1.3 万名新移民。这些移民大多数是 30 岁以上的中年人，有能力自己支付迁徙的费用：通常都是举家迁徙，富裕的家庭还带着仆人，有时还是整个教区集体迁徙。因为这些缘故，马萨诸塞殖民地很快便发展成了一个较为稳定的社会。

1630 年时，马萨诸塞殖民地只有波士顿（Boston）周围几公里之内的 7 个定居点，10 多年后定居点的数量已经扩展了近 2 倍。居民主要从事农业和捕鱼业，生活与英国的乡间生活颇为相似。

1636 年，来自英国查尔斯敦（Charlestown）的年轻牧师约翰，哈佛在波士顿创建了美国最古老的大学——哈佛学院（Harvard College），即哈佛大学（Harvard U-niversity）的前身。

哈佛大学校园内的约翰·哈佛铜像

1686 年，马萨诸塞殖民地被英国斯图亚特复辟王朝吊销特许状，丧失了原来的自治权利，并入新建立的"新英格兰领地"（Dominion of New England），归属英王指派的新英格兰领地总督埃德蒙·安德罗斯（Edmund Andros）爵士管辖。1691 年10 月，英国"光荣革命"后登基的新国王威廉三世又将马萨诸塞确定为王室殖民地。

马萨诸塞殖民地堪称是美国文明的摇篮之一。美国的第一个图书馆、第一家报纸、第一所公立学校、第一所高等学府、第一家毛纺厂和第一间铁匠铺都是诞生在这里。1775 年 4 月 19 日清晨，北美独立战争的第一枪也是在马萨诸塞殖民地的列克星敦打响的。

1788 年 2 月 6 日，北美独立战争胜利后，马萨诸塞殖民地成为美国第 6 个州。州别名是"海湾之州"（BayState）和"老殖民地"（Old Colony State），州府设在波士顿（Boston），州歌是《为马萨诸塞欢呼》（All Hail to Mas-sachusetts），州花是"五月花"，州鸟是黑顶山雀，州树是榆树，州箴言是"我们以刀剑寻求和平，但是，只有自由之下才有和平"（By the sword weseek peace，but peaceonly under liberty）。

罗得岛殖民地

罗得岛并不是一个单独的岛屿，而是由36个岛屿及一块被纳拉甘西特海湾分成两瓣的大陆所组成。

1634年左右，马萨诸塞殖民地的一位牧师威廉·布莱克斯通（Williarm Black-stone）不满意当局封闭、排他的宗教政策，迁往普罗维登斯（Providence）以北的波塔基特（Paw-tucket）定居，开启了创建罗得岛殖民地的序幕。

1635年9月3日，马萨诸塞殖民地当局又驱逐了另一位清教的反对派牧师——罗杰·威廉斯（Roger Williams）。威廉斯毕业于英国剑桥大学，1631年为了逃避英国国教的专制统治而来到了北美洲。他因为说了英王没有权力把印第安人的土地送人和应当允许人们自由选择宗教信仰，而遭到了马萨诸塞当局的驱逐。他和他的追随者被迫离开塞勒姆，来到了普罗维登斯；威廉斯为居民们起草了一份建设社会共同体的公约。

1638年，又一位被马萨诸塞殖民地驱逐的清教反对派安妮·哈钦森（Ann Hutchinson）迁到了罗得岛。安妮·哈钦森是一位富有勇气、品格高尚、出身名门并具有办事能力的女人。她否定殖民地总督至高无上的地位，抨击当局推崇的清教主义，主张个人有权选择宗教信仰。马萨诸塞当局驱逐了这位"太放肆的女子"。来到罗得岛后，哈钦森夫人与其信徒一起开辟了朴次茅斯（Portsmouth）定居点。

1639年，哈钦森派的一位分离者威廉·科丁顿离开朴次茅斯，创建了纽波特（Newport）定居点。1642年前后，另一位分离者塞缪尔·戈顿又开辟了沃威克（Warwick）定居点。

向罗杰·威廉斯出让土地的两位纳拉甘塞特印第安人
（Narragansett Indian）酋长是卡诺尼克斯（Canonicus）和米妄图奴米
（Miantonomi）。普罗维登斯的土地基拳上是两位首长赠送给罗杰·威
廉斯的。威康斯坚信应该公正、仁慈地对待印第安人，他鼓励自己的
追随者公平地向印第安人支付购买土地的钱款。1643年，威廉斯出
版了一本阿尔冈奇语字典，这是他促进移民与纳拉甘塞特印第安人更
友善关系的一个努力。

　　罗得岛的这些定居点各自为政，互不相干，都没有得到英国政府的殖民特许
状。为此，罗杰·威廉斯居中联络，商议共建一个统一的殖民地。1644年，罗杰·
威廉斯从英国争取到了一份土地证书，将沃威克之外的罗得岛村镇合并为一个统一
的殖民地。1647年，这些村镇的代表在朴次茅斯集会，通过一系列的立法，组建了
联合政府。1663年，罗得岛得到了英国政府颁发的正式特许状，最终确立为一个自
治的殖民地。

　　北美独立战争胜利后，1790年5月29日，罗得岛成为美国第13个州，全称为
"罗德岛和普罗维登斯种植园州"（State of Rhode Island and Providence Plantations）。

该州别名是"小罗德"（Little Rhody），州府设在普罗维登斯，州歌是《我的罗德岛》（Rhode Island's It for Me），州鸟是罗德岛红鸡，州花是紫罗兰（Violet），州树是红枫，箴言是"希望"（Hope）。

康涅狄格殖民地

随着马萨诸塞殖民地人口的不断增长，居民们开始感到人多地少，空间狭窄。于是，冒险家们开始寻找更好的土地。随后，他们发现了西面较远的康涅狄格河流域，便向殖民地当局申请迁往土地肥美的康涅狄格河谷（Con-necticut Valley）。

康涅狄格一词来自印第安语言（QuinIaethtukqrIt），意思是"受海潮影响的一条长河流经之地"，简称"长河之地"。康涅狄格河是美国东北部最长的河流，由北向南注入长岛海峡。1614年，荷兰航海家爱德里安·布洛克（AdriaenBlock）最早驶入长岛海峡和康涅狄格河，并且在1633年建立了哈特福德（Hartford）贸易点，后来因为英国移民的争夺而撤走了。

1635年，沃特敦（Watertown）、多切斯特（Dorch-ester）和纽敦（Newtown）等地的居民获准移居康涅狄格河谷，但是仍须继续服从马萨诸塞政府的管理。随后，第一批移民在法明顿河（Farmington Rfiver）西岸开辟了温莎（Windsor）定居点。

不久，马萨诸塞最早的移民之一、清教少数派牧师托马斯·胡克（Thomas Hooker）带领众多追随者也迁居到了康涅狄格河谷，并且袭击了邻近的印第安人——佩科特部落，消灭了安居在那里的印第安人。

1638年—1639年，人口迅速增加的康涅狄格召开了居民代表会议，通过《基本法》（Fundamental Orders），组成了一个自治的殖民地。总督、副总督及其他12名殖民地官员由自由民选举产生，任期一年。村镇实行与马萨诸塞殖民地类似的管理体制，居民有更多的参政议政权利。1650年，康涅狄格殖民地建立了北美洲第一座小型水力发电站。

托马斯·胡克

1662 年，已自行运转多年的康涅狄格殖民地得到英国的承认，获得了正式的殖民特许状。同时，特许状还将邻近的另一处由英国移民自行开辟的定居地——纽黑文（NewHaven）划归康涅狄格管辖，组成了"一个名副其实的法人团体和政治实体"。1675—1676 年间，一再遭受欧洲移民排挤的当地印第安部落曾经发动过较大规模的反抗战争。

1701 年，美国名校耶鲁大学在纽黑文创立。纽黑文市也是棒棒糖、软木塞和蒸汽船的发源地。1716 年，康涅狄格殖民地开始生产并且出口钉子。1740 年，该殖民地生产出北美洲第一批锡制品。1768 年建成北美洲最早的造纸厂。

北美独立战争胜利后，1788 年 1 月 9 日，康涅狄格殖民地成为美国第 5 个州。州别名是"宪法之州"（Constitu-tion State），也叫"肉豆蔻州"（Nutmeg State）。

州府设在哈特福德，第一大城市是桥港市（Bridgeport），州歌是《美国佬》（Yankee Doodle），州花是美国山桂，州鸟是知更鸟，州树是白橡树，州箴言是"移居本州，安居乐业"（He Who Transplanted Still Sustains）。

1636 年，胡克率领一些移民从 New Towne（现在的剑桥）到达康涅狄格的哈特福德并成为定居点的领导人。

1603 年，英国航海家马丁·普林（Martin Pring）成为到达这里的第一个欧洲人。1622 年，英国船长约翰·梅森（John Mason）来到这里，命名该地区为新罕布什尔（NewHaLmpshire），借以纪念英国的罕布什尔郡。1623 年起，开始有英国移民来此定居。

1635 年，英国贵族罗伯特·梅森（Robert Mason）获得英王的特许状，在马萨诸塞北面的一片土地上建立了新罕布什尔殖民地。当地经济以伐木业、造船业和海洋渔业为主，人口不多，但是经济生活比较繁荣。1660 年英国斯图亚特王朝复辟后，新罕布什尔被并入马萨诸塞殖民地。1679 年又重新成为一个单独的王室殖民地。重归梅森家族所有。1686 年，新罕布什尔被并入英王直属的"新英格兰领地"。1689 年英国"光荣革命"后，新罕布什尔再次被并入马萨诸塞殖民地。

1691 年，英国政府更新马萨诸塞殖民地的特许状，新罕布什尔被再度确认为一个单独的殖民地。不过，直到1741年之前，其总督均由马萨诸塞总督兼任。

1774年12月，在该殖民地的纽卡斯尔（New Castle）大约有400名居民攻占了英国驻军的一个要塞，缴获了很多枪支和100桶火药。这件事发生在马萨诸塞的列克星敦战斗的4个多月之前，是北美独立运动中最早的反英斗争之一。在《独立宣言》签署前的6个月，新罕布什尔通过了一部州宪法，第一个建立了完全自治的政府。独立战争期间，本地组织了3个民兵团参与抗击英军的战争。

北美独立战争胜利后，1788年6月21日，新罕布什尔成为美国第9个州。当时，新罕布什尔州议会投下决定性的一票，使得原北美13个殖民地批准《联邦宪法》的州首次超过了半数，美国宪法从此开始生效。

该州别名是"花岗岩之州"（Granite State），州府设在康科德（Concord），第一大城市是曼彻斯特（Manch-ester），州歌是《古老的新罕布什尔》（Old New Hamp-shire）和《新罕布什尔，我的新罕布什尔》（New Hamp-shire, My New Hampshire），州花是紫丁香，州鸟是紫梅花雀，州树是白桦树，州箴言是"不自由，毋宁死"（Live Free or Die）。

缅因殖民地

1605年，英国探险家乔治·韦茅斯来到缅因，与当地印第安人开展贸易。缅因的名称来自法国古代一个省名。1607年，英国的普利茅斯殖民公司（Virginia Company of Ply-mouth）将2船移民共120人送到了缅因境内的萨加达霍克河畔，开辟了第一个定居点。但是，因为管理不善，食物缺乏。这些移民在1609年又全部返回了英国。此后直到1620年时，才来了另一批英国移民，在这里永久定居下来。

1639年，费迪南多·戈吉斯爵士从英王查理一世手中得到殖民特许状，在缅因地区建立了一块单独的殖民地。1652年以后，缅因落入马萨诸塞殖民地的控制之中。1691年又被正式并入马萨诸塞殖民地。

缅因是北美殖民地中最东部的地区，每天最早见到太阳。这里森林茂密，是北美洲木材业最早兴起的地方。早年间，英国海军曾经把缅因州所有的直径超过 2 英尺的松树都打上"留用"记号，专门用来制造英国帆船的桅杆和帆杠。实际上，美国的第一艘船也是在缅因州制造的。缅因地区也是北美洲最早种植土豆的地方。

1660 年英国斯图亚特王朝（Stuart Regime，1603—1649，1660—1714）复辟后，北美洲开始了第二次殖民浪潮。在此后的 20 多年里，大西洋沿岸一线迅速开辟出纽约、宾夕法尼亚、特拉华、新泽西、北卡罗来纳、南卡罗来纳和佐治亚等新的殖民地，使英属北美 13 州殖民地最终形成。

1774 年，因为对英国的苛捐杂税和政治压制的不满。缅因居民仿效波士顿的"倾茶事件"烧毁了英国商人的一批茶叶。独立战争期间，在缅因附近的海面上发生了美英之间的第一次海战。

1820 年 3 月 15 日，缅因地区脱离马萨诸塞州而自成一州，列为美国第 23 州。州别名为"松林之州"（Pine TreeState），州府为奥古斯塔（Augusta），第一大城市为波特兰（Portland），州歌是《缅因州歌》（State Song of Maine），州花是白松果（cone and Tassel of White Pine）。州鸟是山雀，州树是白松，箴言是"我来领先"（I lead）。

缅因州的布伦瑞克（Brunswick）是美国著名小说家哈丽特·斯托（Harriet Beecher Stowe，1811—1896）夫人写作废奴主义名著《汤姆叔叔的小屋》（Uncle Tom's Cabin）的地方。位于布伦瑞克的鲍登学院（Bowdoin College）也是美国著名诗人亨利·沃兹沃思·朗费罗（Henry WadsworthLongfellow，1807—1882）和美国文学名著《红字》（TheScarlet Letter）的作者纳萨尼尔·霍桑（Nathaniel Hawthorne，1804—1864）的母校。

纽约殖民地

1609 年，荷兰东印度公司支持英国探险家亨利·哈德逊（Henry Hudson）对哈德逊河（Hudson River）沿岸地区进行了考察。随后，荷兰人陆续来到这里。1614

年至 1618 年，荷兰的新尼德兰公司（New Netherlands Company）在卡尔斯岛建立了贸易站点。1624 年荷兰的西印度公司（WestIndia Company）又在奥尔巴尼建立了贸易站点，逐渐垄断了这里的毛皮贸易。

1626 年，荷兰人用 60 弗罗林的货物从印第安部落换得曼哈顿岛，建立了阿姆斯特丹要塞，荷兰移民随即大量迁来。到 1630 年时，哈德逊河口地区已经发展成约有 300 名居民的新尼德兰殖民地，归荷兰西印度公司管理。

然而，荷兰西印度公司只注重贸易，不重视定居开发，居民也没有在当地定居的打算，以致本地经济长期不能自给，人口增长也远远落后于英属各殖民地。1660 年时。新尼德兰殖民地的人口还不到 9000 人，而弗吉尼亚已有 27020 人，马萨诸塞也有 20082 人。

1664 年 3 月，英王查理二世（Charles Ⅱ，1630—1685）授予其弟约克与奥尔巴尼公爵（Duke of York and Albany）詹姆斯一份北美殖民特许状，将从康涅狄格河西岸到特拉华湾东岸包括纽约和缅因东部在内的大片土地封给他，使其成为北美土地最多、权力最大的业主。当年 4 月，约克公爵任命理查德·尼科尔斯（Richard Nicolls）为代理总督，率 450 名英国正规军士乘 4 艘战船远航北美，前往新尼德兰，夺取他的封地。

未遇有效的抵抗，英军顺利夺得新尼德兰，依约克公爵封号更名此地为纽约。8 月，荷兰人与英国人签订了《新阿姆斯特丹投降协议》，规定本地居民仍为自由民，照旧保有各自的土地和房屋等财产，荷兰居民可以保持自己的信仰、习俗和制度。甚至连荷兰人的总督斯图维森也留了下来，在英国人的统治下安度余生。这种做法为英属殖民地保持宽广的开放性和包容性创造了重要的先例。

为了稳定纽约的局面，尼科尔斯总督召集当地的 13 个英裔村镇和 4 个荷裔村镇的 34 名居民代表开会，通过了有关地方政府、司法、刑事、民事、商贸和印第安人事务等一系列法令，公布后称为《公爵法》（Duke's Law），授予居民选举官员和建立教会等权利。

1673 年，英荷战争期间，荷兰人击败英国人，夺回纽约殖民地。但是，后来英国在欧洲战场获胜，荷兰被迫于 1674 年 2 月再次交出纽约殖民地。1685 年，约克公爵登基成为英王詹姆斯二世（James Ⅱ，1633—1701），纽约殖民地转而成为王室殖民地。

自由女神像作为美国的象征，位于美国纽约市曼哈顿以西的一个小岛——艾利斯岛上，她手持火炬，矗立在纽约港入口处，日夜守望着这座大都会，迎来了自 19 世纪末以来到美国定居的千百万移民。1984 年，它被列入世界遗产名录。自由女神像是法国人民赠给美国人民的礼物，是自由的象征，女神像高 46 米，连同底座总高约 100 米，是当时世界上最高的纪念性建筑，整座铜像以 120 吨的钢铁为骨架，80 吨铜片为外皮，以 30 万只柳钉装配固定在支架上，总重量达 225 吨，铜像内部的钢铁支架是由建筑师维雷勃杜克和以建造巴黎埃菲尔铁塔闻名于世界的法国工程师埃菲尔设计制作的。

1686 年，英国政府为了加强对北美殖民地的统治，增加关税收入，先后吊销了马萨诸塞、新罕布什尔、缅因、罗得岛、康涅狄格、新泽西和纽约等殖民地的特许状，将它们合并为"新英格兰领地"，以波士顿为政治中心，任命前纽约总督埃蒙德·安德罗斯爵士为领地总督，对殖民地进行不设议会的专断统治。

1689 年 4 月 18 日，趁英国发生光荣革命之机，波士顿爆发起义，当地势力夺取政权，逮捕了安德罗斯总督等 20 多位英国官员。罗得岛、康涅狄格和普利茅斯等殖民地也乘势恢复了原来的自治政府。4 月下旬，纽约也爆发了由德裔移民雅各布·莱斯勒（Jacob Leisler）领导的民众起事，吓跑了总督，接管了政权，选举了新议会，莱斯勒出任总督，极力争取英国的认可。1691 年春，英王派来了新任纽约总督亨利·斯劳特（Henry Sloughter），组织了新的纽约政府，将莱斯勒等起义领导人逮捕、处死，纽约殖民地再次回归英王治下。

北美独立战争胜利后，1788 年 7 月 26 日，纽约殖民地成为美国第 11 个州。州别名"帝国之州"（Empire State），州府是奥尔巴尼（Albany），第一大城市为纽约市（New Yorkcity），州歌是《我爱纽约》（I love New York），州花是玫瑰，州鸟是红胸蓝知更鸟，州树为糖槭树，州箴言是"精益求精"（Excelsior）。

卡罗来纳殖民地

1526 年，西班牙探险家拉克斯·爱龙（Lucas Vasquez deAyllon）率领大约 500 名殖民者，搭乘 3 艘船来到北美洲的卡罗来纳，成为此地的第一批欧洲殖民者。但是，爱龙不久便染病去世了，西班牙殖民者随后陆续离开了卡罗来纳，没有定居下来。

1560 年，法国殖民者在此建立了殖民点。1562 年，为纪念法国国王查理 9 世（Charles Ⅸ），法国殖民者按查理的拉丁文拼法 Carolus 命名该地区为 Carolina（卡罗来纳）。

1585 年，英国贵族洛利勋爵（Sir Walter Raleigh）在女王伊丽莎白一世（Queen Elizabeth Ⅰ）的赞助下来到卡罗来纳殖民，在罗诺克岛（Roanoke Island）建立了英国人在美洲的第一个殖民地。然而，这些早期殖民者最终没能生存下来，

此地也就成了所谓"失落的殖民地"。

1663 年 3 月 24 日，约翰·科利顿（John Colleton）爵士、乔治·卡特利特（George Carteret）爵士、约翰·伯克利（John Berkeley）男爵、安东尼. 阿什利. 库帕（AnthonyAshley Cooper）伯爵、爱德华·海德（Edward Header）伯爵、乔治·蒙克（George Monk）公爵、威廉·克雷文（William Craven）伯爵以及弗吉尼亚总督威廉·伯克利（William Berkeley）等 8 位英国贵族结成一个小集团，从英王查理二世手中得到了一张北美洲殖民特许状，获准在后来的北卡罗来纳、南卡罗来纳和佐治亚地区建立殖民地。这些英国贵族计划在这片土地上开辟几个业主殖民地（Pro-prietary Colonies），自己坐镇英国，从售卖土地中大发横财。

安东尼·阿什利·库帕伯爵

北卡罗来纳北部地区最初的白人定居者来自弗吉尼亚殖民地，他们在卡罗来纳的阿尔伯马尔（Albemade）筑屋而居，与印第安人开展贸易。1669 年，安东尼·阿什利·库帕伯爵成为卡罗来纳业主集团的领头人，积极推进殖民地的开发工作，从英国动员来了一批新移民，补充到阿尔伯马尔一带。1670年，又一批英国移民来到阿什利河畔，建立了卡罗来纳南部地区的第一批定居点。

库帕伯爵还邀请英国著名哲学家约翰·洛克（JohnLocke，1632—1704）协助起草了《卡罗来纳基本法》（Fundarmental Constitutions ofCarolina），计划将卡罗来纳建成一个民主制与贵族制混合的政治实体，1/5 的土地留给业主，1/5 的土地授予业主册封的本地贵族，3/5 的土地分给普通居民，土地持有者每年向业主缴纳每英亩 1 便士的代役租。

《卡罗来纳基本法》没有划分南、北卡罗来纳。后来欧洲移民在卡罗来纳北部和南部地区逐步形成了各自为政的两处定居地，两地各有自己的议会和参事会，但是行政上一直归属同一个总督治理。1711 年，南、北卡罗来纳（North Carolina，South Carolina）开始有了各自的总督，成为行政上相互独立的两块殖民地。

1700 年以后，由于人口增长的压力，许多弗吉尼亚人向南迁入卡罗来纳的阿尔伯马尔地区。受弗吉尼亚的影响，烟草种植业逐渐在阿尔伯马尔发展起来。南卡罗来纳地区在经过多年的摸索后，于 1695 年前后开始大面积种植水稻：因为种植水稻需要很多田间劳力，南卡罗来纳逐渐成为奴隶制最盛行的殖民地。南、北卡罗来纳交接的菲尔角（CapeFear）地区因为造船业的兴起，在 1725 年以后吸引了大批的移民来此定居。

1720 年 8 月 10 日，在当地反业主浪潮的推动下，英国枢密院（Privy Council）将南卡罗来纳正式收归为王室殖民地，并派遣了第一位王家总督。在北卡罗来纳，反业主的斗争同样是一波未平一波又起，业主们对殖民地的控制与管理岌岌可危，终于在 1729 年也被收为王室殖民地。

北美独立战争胜利后，1788 年 5 月 23 日，南卡罗来纳成为美国第 8 个州。州别名为"扇棕之州"（PalmettoState），州府设在哥伦比亚（Columbia），州歌是《卡罗来纳》（Carolina），州花是黄色茉莉花，州鸟是卡罗来纳鹪鹩，州树是扇棕榈，州箴言是"做好精神和物资准备；活着，就有希望"。（Prepared in Mind and Resources；While IBreathe，I Hope）。

1789 年 11 月 21 日，北卡罗来纳成为美国第 10 个州。州别名为"黑油鞋根之州"（Tar Heel State）和"老北州"（Old North State），州府设在洛利（Raleigh），州歌是《老北州》（The Old North State），州花是山茱萸花，州鸟是北美红雀，州树是松树，州箴言是"行动而非猜想"（To BeRather Than to Seem）。

宾夕法尼亚殖民地

16 世纪英国宗教改革运动之后，在英国的威斯特摩兰、坎伯兰、约克、兰开斯特和东南各郡出现了一个新教小教派——教友会（The Society of Friends），或译公谊会。信徒称为 Quakers，所以该派也被称为贵格会。

该教派主张上帝面前人人平等，崇尚友爱和平，追求信仰自由，讲求勤劳俭朴，反对种族、性别和阶级差别。他们的主张被英国国教视为异端加以迫害。为了寻求信仰自由的空间，教友会人士很早便来到了北美洲。但是，在马萨诸塞等殖民地，教友会仍然受到迫害。因而，建立一块属于教友会的殖民地便成了教友会人士的共同理想。

1681 年 3 月，一位教友会领袖、实业家威廉·佩恩（William Penn，1644—1718）借助其父亲英国海军上将威廉·佩恩爵士（British Admiral Sir William Penn，1621—1670）与英王查理二世的关系，获得了在北美洲建立一个业主殖民地的特许状。

1682 年，威廉·佩恩来到了他的北美洲殖民地，这里位于马里兰殖民地的北面、纽约殖民地的南面，当年是一望无际的林海，佩恩乍见之下不禁感叹"Sylvania"，意思是"好大的一片森林"，从此这块殖民地便被称为"宾夕法尼亚"（Pennsylvania），意即"佩恩的森林"。其实早在 1643 年时，这里已有瑞典人前来定居。1655 年时，德国人赶走瑞典人。1664 年，英国人又取代德国人，成为定居此地的欧洲移民。

威廉·佩恩成为宾夕法尼亚的业主之后，亲自召集所属各县的代表讨论并通过

威廉·佩恩在到达美洲之前，就为殖民地设计了"政府框架"，这是他高度理想主义的政府和宗教信仰与实用主义的结合。佩恩鼓励与印第安人的友好关系。1682 年，他与特拉华印第安人签署了一个条约（该图表现的是条约签署的场面），这是印第安人与白人签署的第一个条约。这个条约保护印第安人对土地的权利以及宗教自由权利。

了《政府框架》（Frames of Covern-ment）和《四十法令》，还在 1683 年召开了殖民地议会。随后，威廉·佩恩委托他的 5 个私人朋友管理殖民地事务，自己则于 1684 年回到了英国。

在威廉·佩恩的开明政策和大力推动下，宾夕法尼亚殖民地人口增长很快，到 1685 年已达 8000 人。到 1689 年时，宾夕法尼亚已出现了一群颇有实力的社会精英，逐渐控制了本地的政治实权。

1699 年 12 月，威廉·佩恩再次来到时，人口集中的费城（Philadelphia）规模已经比纽约还大，商贸发达，一派繁华。原想整顿殖民地权力的威廉·佩恩被迫与议会中的反对派签订了反映本地精英利益的新《政府框架》，授予议会更多的权力，调整了原来的土地政策，扩大了殖民地的自治权。

这些新政策深受宾夕法尼亚人民的欢迎，在其颁行 50 周年之际，费城专门铸造了一口纪念大钟，这就是后来的"自由钟"（Liberty Bell）。1776 年这口钟再次被敲响，宣告北美 13 个殖民地脱离英国而独立。

北美独立战争胜利后，1787 年 12 月 12 日，宾夕法尼亚殖民地成为美国第 2 个州。州别名为"基石之州"（Keystone State）。州府设在哈里斯堡（Harrisburg）。第一大城市是费城（Philadelphia），1774 年和 1776 年两次北美"大陆会议"均在费城召开，1790—1800 年，费城曾经是美国首都。州歌是《宾夕法尼亚》（Pennsyl-vania），州花是美国山桂（Mountain Laurel），州鸟是松鸡，州树是铁杉，州箴言是"道德、自由和独立"（Virtue，Liberty，and Indepen-dence）。

新泽西殖民地

1664 年 6 月，卡罗来纳业主乔治·卡特利特爵士和约翰·伯克利男爵因为对王室的忠诚，受到英王查理二世的嘉奖和封赏，获得了北美洲东海岸哈德逊河与特拉华河一带的土地。此地原是约克公爵封地的一部分，土肥水美，宜于农耕。

卡特利特爵士以其曾经驻防过的英吉利海峡中的泽西岛（Jersey Island）之名命名这块殖民地为新泽西（New Jer-sey），然后立即开始以优越的条件向移民们提供可以永远保有的小块土地，以便开发那一大片地产。大门一经敞开，英国移民们便纷至沓来，加入了那些已经在哈德逊河西岸建立了若干村落的荷兰移民队伍之中。

第一任总督菲利普·卡特雷特带着大约 30 名冒险家及其仆人在一个叫作伊丽莎白的地方建立了村落。从康涅狄格来的清教徒建立了纽瓦克镇；苏格兰—爱尔兰长老会教徒进入了东部各县；英国教友派则在特拉华河以西的肥沃土地上开始了和平与繁荣的生活。

参照卡罗来纳的管理办法，新泽西实行自由贸易，免除关税，自由移民和服役期满的契约移民都能得到土地，每年每英亩缴纳半便士代役租，信仰自由，建立议会，采行英格兰地方自治体制。

1674年，伯克利男爵为偿还债务而出售了他的土地份额，几经转手后卖到了威廉·佩恩等教友会人士手中。此后，新泽西分成了卡特利特爵士的东新泽西殖民地和教友会的西新泽西殖民地。

1677年，威廉·佩恩又为教友会取得了向西新泽西移民的特许——《西新泽西业主和自由持有者及居民的特许与协议》，在殖民地设立了立法机构，实行信仰自由，按人头授地，保障居民的选举、人身和财产等基本权利。教友会移民随后接踵迁来，使西新泽西成为一个典型的教友会殖民地。

卡特利特爵士去世后，其后人又于1682年将东新泽西卖给了威廉·佩恩等11位教友会人士。但是，新泽西的教友会业主一直没有得到正式的英王特许状。邻近的纽约总督屡屡干涉新泽西事务，使地方事务长期处于混乱之中；教友会的业主们在尽力治理那些喜欢闹事的住户时感到很不愉快，终于感到厌倦，在1702年把殖民地移交给了英王。

英王将东西新泽西合并为一个王室殖民地，由纽约总督兼任其总督，同时仍然承认教友会业主们的土地权利和特殊政治地位。1738年后，新泽西始有单独的总督。

北美独立战争胜利后，1787年12月18日，新泽西殖民地成为美国第3个州。州别名是"花园之州"（GardenState），州府设在特兰顿（Trenton），第一大城市为纽瓦克（Newark），州歌是《我来自新泽西》（I'm From New Jer-sey），州花是野紫罗兰，州鸟是东部金翅雀，州树是红橡树。箴言是"自由与繁荣"（Liberty and prosperity）。

特拉华殖民地

荷兰人是最早来到特拉华的欧洲移民。1609年，英国航海家亨利·哈德逊发现了特拉华湾，便借用弗吉尼亚殖民地的首任总督特拉华勋爵（Lord Delaware）的名

新泽西州州府特兰顿市 1776 年的邮局

字命名了这一地区。1631—1633 年间，荷兰人曾经在此建立了斯瓦伦达尔殖民点。1638 年 3 月，2 艘移民船运载着大约 100 名瑞典人到达特拉华，开辟了永久定居点。1641 年，瑞典人购买了荷兰人在特拉华的全部权益，将特拉华变成了新瑞典殖民地。

但是，到了 1655 年 9 月，新瑞典又被荷兰人攻占，并入荷兰的新尼德兰殖民地。1657 年，荷兰人设立了特拉华殖民地政府，监视瑞典裔居民。同时接纳更多的荷兰和芬兰等地的北欧移民来此定居。到 1663 年的时候，特拉华殖民地已经建立了 110 个生产粮食和水果的种植园。

1664 年，英国的约克公爵派兵夺取了新尼德兰地区，特拉华也顺带成了他的纽约殖民地的一部分。1682 年，威廉·佩恩从约克公爵手中购买了特拉华的土地，特拉华在行政上转而隶属于宾夕法尼亚殖民地，特拉华居民选派代表参加宾夕法尼亚殖民地议会。1702 年，特拉华在立法上分立，单独在纽卡斯尔召开特拉华议会。但是行政上仍然服从宾夕法尼亚总督的管辖。

特拉华殖民地的经济兼具南北特征，既种植烟草也生产粮食，既存在着大量的中小自耕农也有使用很多奴隶的大农场。在地方政治上，特拉华与罗得岛和康涅狄格等自治殖民地一样，因其边缘化的地位而鲜受英国干涉，拥有较大的自由空间。

北美独立战争胜利后，1787 年 12 月 7 日，特拉华在北美 13 个殖民地中率先批准《联邦宪法》，一马当先成为美国的第 1 个州。因为是美国第一个州，特拉华在政治上一直享有特殊的荣誉：每隔四年，当美国新总统举行就职典礼之时，特拉华州的代表们总要走在游行队伍的最前面。

特拉华州别名为"钻石州"（Diamond State）、"第一州"（First State）和"蓝鸡州"（Blue Hen Chicken State），州府设在多佛（Dover），第一大城市是威尔明顿（Wilming-ton），州歌是《我们的特拉华》（Our Delaware），州花是桃花，州鸟是蓝鸡（Blue Hen Chicken），州树是美国冬青树，州箴言是"自由和独立"（Libertw and Independence）。

佐治亚殖民地

16 世纪中期，西班牙人最早来到佐治亚地区。100 年之后，英国人开始与西班牙人争夺这一地区，并以英王乔治二世（King George Ⅱ of England）之名命名此地为佐治亚（Georgia）。

1663 年时，这一地区连同南、北卡罗来纳被英王查理二世授予上文提到的 8 位贵族业主。到 1729 年之前，8 位业主中的 7 位已将其殖民地权益卖还给英王，而卡罗来纳南面的佐治亚地区还远未开发，地位未定。

1732 年 6 月 9 日，英国乡绅、世袭议员和慈善家詹姆斯·爱德华·奥格尔索普将军（Generl James EdwardOglethorpe, Esq.）等人征得枢密院和英王乔治二世的特许，将英国监狱里的债务罪犯释放出来，作为移民运送到佐治亚地区，建立一个可以兼顾抵御南方的西班牙势力的北美殖民地、伦敦的不幸者和失业者的托庇之所，以及珍贵的亚热带产品的来源地。

随后，按照英王的特许状，由奥格尔索普将军等 21 人组成了佐治亚殖民地筹建和托管委员会，委员们没有薪水也得不到土地，完全出于慈善目的为移民们募集资金，组织移民，供应拓植初期补给，制定殖民地法律，并负责殖民地的治理和安

詹姆斯·爱德华·奥格尔索普将军

全防务。

佐治亚殖民地当局无偿授予每位移民 5 英亩宅地和 45 英亩农田，但不准出售或分割。对于自费迁来、有 12 名以上劳工随迁并承诺在必要时应征入伍的移民则无偿授予 500 英亩土地。

1732 年 11 月，经过挑选的 35 个英国家庭共 125 位移民乘坐"两兄弟号"（Two Brothers）海船驶向佐治亚殖民地。1733 年初，移民们到达了奥格尔索普将军事前已选好的定居点——萨维纳河（Savannah River）南岸的一处高地，与附近的印第安部落签订了友好相处条约。

1733 年 5 月，英国下议院拨款 1 万英镑给佐治亚殖民地托管委员会，资助其建立英属北美第 13 个殖民地的移民活动。另外，该委员会还从英国各地的教堂募集了 3000 英镑的赞助。此后，获得资助的移民们一批批地来到了佐治亚，建立了一个又一个的定居地。佐治亚的公共开支都是由个人捐款或英国政府的拨款支付，而这些原本会被因于伦敦监狱或因失业而游荡街头的人们，现在已经成了公共事业的受益者。

埃里·惠特尼

但是，定居者们并不富裕，殖民地也没有呈现一片兴旺的景象。佐治亚发展缓慢的原因在于，这些英国贫民们缺乏开荒种地的工作技能。很快，殖民地的托管人们就不得不承认"在英国无用的穷人，在佐治亚看来也同样无用"。

1739 年，英国殖民者向西班牙移民开战，到 1742 年完全控制了佐治亚地区。1752 年 6 月 25 日，在佐治亚的托管期满之前，托管人们将殖民地特许状归还给了英国政府，佐治亚从此成为单立的王室殖民地。

1793 年，埃里·惠特尼（Eli Whitney，1765—1825）在萨维纳发明了轧棉机，每台机器每天可以为 350 磅棉花脱籽。棉花成了佐治亚的财富源泉，种植业迅速发展，本地人口激增，大批黑奴被贩卖到这里，使这里成了奴隶制最盛行的殖民地。

北美独立战争胜利后，1788 年 1 月 2 日，佐治亚殖民地成为美国第 4 个州。州别名为"核桃州"（Peach State）和"南方帝国之州"（Empire State of the South）。州府设在亚特兰大（Atlanta），州歌是《我心中的佐治亚》（Georgiaon My Mind），州花是"切罗基玫瑰花"（Cherokee Rose），州鸟是褐噪鸫，州树是橡树，州箴言是"智慧，公平，温和"（Wisdom，Justice，and Moderation）。

北美独立战争

走过一路血泪、步步艰辛的殖民春秋，来到 1775 年前后，北美洲的 13 块英属殖民地已经发展成一个颇具规模的社会实体，人口将近 300 万，农业日渐发达，工业开始起步。本地精英阶层羽翼渐丰，辽阔的疆域上潜藏着无限的生机。然而，这些殖民地仍附属于万里之外的英国，时时处处忍受着英王和殖民地业主们的肆意遥控；各殖民地之间又彼此猜疑，一盘散沙，政治前景黯淡无光。

相比之下，在"七年战争"（Seven Years War）之后成为海上霸主的英国，拥有世界上最强大的海军和规模最大的商船队，控制着众多的海外殖民地，国内人口 900 万人，经济上已经发生工业革命，制造业飞速崛起，中央集权强大，货币稳定，号称世界无敌，是当时世界上最强大的"日不落帝国"。

设身处地，谁能想象那些稚嫩而又彼此不和的 13 块英属北美殖民地将要如何战胜其强大无比的母国呢？

"七年战争"的胜利使得大英帝国更加骄横跋扈，其殖民地政策愈加丧失理性。为了偿还巨额的战争债务和支持本土迅猛发展的制造业经济，英国政府无视北美殖民地人民的利益，垄断北美洲的商业，控制北美洲的运输，严禁北美洲人民西迁，扼杀北美洲人民的民主权利，变本加厉地盘剥压榨殖民地人民，一厢情愿地要把北美殖民地变成英国的商品市场和原料供应地，竭力遏制殖民地自身的发展。

哪里有压迫，哪里就有反抗。1774 年 9 月 5 日，北美各殖民地的代表聚集费城，召开了"第一届大陆会议"（First Continental Congress），通过了给英王的请愿书，做出了抵制英货的决议。为贯彻这些决议，各殖民地纷纷成立安全委员会，招募民兵，筹措军火，接管地方政权。马萨诸塞殖民地走在斗争的最前列，成为北美革命的中心。马萨诸塞议会指令所属各镇民兵组成突击队，并在波士顿西北的康科德（Concord）建立了军火库。

1774 年 9 月 5 日—10 月 26 日，第一届大陆会议在费城召开。出席会议的有 56 名代表，代表着除佐治亚之外的全部殖民地。出席者中包括帕特里克·亨利、乔治·华盛顿、塞缪尔·亚当斯以及约翰·汉考克。会议刚开始。就得到了波士顿遭到镇压的消息。塞缪尔·亚当斯坚持在开会之前应该祈祷。会议决定找一个牧师来祈祷。于是，9 月 7 日的会议开始之前，杰克比牧师被找来做了祈祷，祈求上帝支持他们的理想。这些缔造了美国的伟人们包括帕特里克·亨利、理查德·H·李、约翰·杰伊等人在牧师祈祷时都跪了下来。塞缪尔·亚当斯说，在他们恳求上苍的智慧和对这片土地的保护时，他看到了这些人深深的感动和眼含的热泪。

1775 年 4 月 18 日夜，驻防波士顿的英军秘密出发，准备捣毁康科德的军火库。次日清晨，在列克星敦（Lexing-ton），英军遭遇马萨诸塞民兵的阻击，打响了北美独立战争的第一枪。来犯英军有 700 人之众，民兵寡不敌众，8 死 10 伤，分散撤走。但是，英军在捣毁康科德的军火库后，归途上遭到了民兵的沿路伏击，撤回到波士顿时伤亡达 273 人。

列克星敦的枪声如同战斗的号角迅速响彻北美殖民地。新英格兰各地的民兵纷纷赶来，与马萨诸塞民兵共同组成了新英格兰军，包围了波士顿。1775 年 5 月，波士顿的英军得到增援，英国派来了威廉·豪（William Howe）、亨利·克林顿（Henry Clinton）、约翰·伯高英（John Burgovne）三位将军。

1775 年 7 月 3 日，华盛顿在马萨诸塞的剑桥就任大陆军总司令。

适应形势的要求，1775 年 6 月 14 日，"第二届大陆会议"（Second Continental Congress）决定将新英格兰军改组为"大陆军"（Continental Army），并从宾夕法尼亚和马里兰招募新兵。6 月 15 日，任命乔治·华盛顿（George Wash‐ington，1732—1799）为大陆军总司令。

7 月 18 日，大陆军在波士顿附近的布雷德山（Breed'sHill）重创威廉·豪率领的 2400 名英军，打死打伤英军 1000 多人。

8 月初，第二届大陆会议派到伦敦向英王恳求和解的代表被拒之门外，英王对北美的请愿书不屑一顾，于 8 月 23 日宣布北美殖民地处于公开的叛乱之中，声言要绞死北美殖民地的起义者。12 月，英国议会宣布不再保护北美殖民地，禁止与北美殖民地开展贸易，下令查没海上的北美殖民地船只。为了武力镇压北美殖民地，英国还招募德意志雇佣军开赴北美作战。

1776 年 1 月，费城的政论家托马斯·潘恩（ThomasPaine，1737—1809）发表

了《常识》（Common Sense）一书，生动鲜活地分析了北美的形势，旗帜鲜明地指出北美殖民地人民只有拿起武器，与英国决裂，创建独立自主的民主共和国，才能彻底摆脱英国的奴役和压迫。该书很快便风靡北美殖民地，3 个月里发行了 12 万册，极大地鼓舞了殖民地人民的抗英斗争，从思想上武装了人民，在舆论上为独立做了准备。

但是，到 1776 年 1 月 1 日时，大陆军招募的士兵也不过 8000 多人。1776 年 1 月 31 日，华盛顿将军第一次表达了独立的可能性。3 月 17 日，久困波士顿的英军终于坚持不住了，自动撤离而去，大陆军士气大振。4 月和 5 月间，北卡罗来纳、弗吉尼亚、宾夕法尼亚和新泽西的议会代表先后在大陆会议上要求宣布独立。

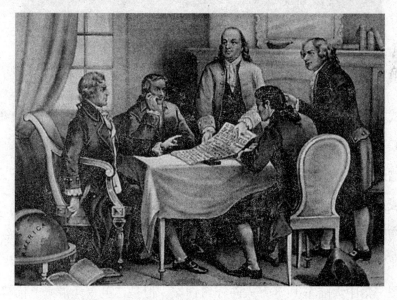

独立宣言起草委员会的 5 名委员：杰斐逊、约翰·亚当斯·本杰明·富兰克林、罗杰·谢尔曼及罗伯特·利文斯顿，这个委员会负责起草一份正式宣言，"列举迫使我们做出这一重大决定的各种原因"。托马斯·杰斐逊被委员会决定为《独立宣言》的起草人。

6 月 12 日，大陆会议任命了由托马斯·杰斐逊（ThomasJefferson，1743—1826）等 5 人组成的独立宣言起草委员会。7 月 4 日，大陆会议投票通过了《独立宣言》（Declarationof Independence），7 月 9 日在费城公布，庄严宣告北美 13 个殖民地脱离英国，成为独立和自由的国家。北美殖民地人民的武装起义从此正式转变为一场民族国家争取独立与自由的国际战争。

《独立宣言》签署

独立战争开始后，北美人民与英军作战的同时，也与殖民地的效忠派（Lovalists）展开了殊死斗争。一些反对独立的效忠派分子要么自组军队，要么加入英军，残酷杀害殖民地人民。1775—1883 年间，约有 10 万名效忠派分子离开美国，投靠英国或加拿大。

战争初期，英军调集 2.5 万人，在 8000 人的黑森雇佣军配合下，企图夺取纽约城，将北部的新英格兰地区与中南部各殖民地分割开来，各个击破。华盛顿将军识破其意图。集中大陆军 1.8 万人防守纽约城。但是，英军凭借海上优势，在长岛（Long Island）登陆，1776 年 5 月 27 日，华盛顿兵败，退守曼哈顿岛。10 月，英军又从大陆军后方登陆，华盛顿被迫再撤，12 月初渡过特拉华河撤到宾夕法尼亚，部队只剩下 3000 人。

为扭转战局，1776 年 12 月 25 日清晨，华盛顿集结 7000 兵力偷袭特兰顿的黑森雇佣军，大获全胜。1777 年 1 月 30 日，突袭普林斯顿（Princeton）。重创英军 2 个团。

初秋时节，双方再次展开战斗。9 月 11 日，英军乘船沿海岸南下，击败华盛顿

《独立宣言》在费城通过之后，传到了波士顿，图
为在位于波士顿的马萨诸塞州州政厅的东阳台上宣读《独
立宣言》的情景。

军，于 26 日占领费城。英军伤亡 558 人，美军伤亡 900 人。大陆会议撤离到宾夕法
尼亚的约克镇。

与此同时，从加拿大南下的英军于 9 月 19 日在弗里曼农庄、10 月 7 日在比米
斯高地连受重创，10 月 17 日被困萨拉托加（Saratoga）的 6000 名英军在约翰·伯
高英率领下投降，来自北方的英军威胁从此消除。

萨拉托加大捷既为北美人民注入了获得最后胜利的信心，也使得犹豫不决、作
壁上观的法国公开站到了美国一边，成为北美独立战争的重要转折点。

在"七年战争"中败于英国的法国一直怀恨在心，时刻伺机报复。北美脱离英
国独立，将会削弱英国的势力，有利于法国抗衡英国，符合法国的利益。1777 年

12月17日，法国公开宣布承认北美合众国独立，并于次年2月签订《法美同盟条约》，保证与美国并肩作战。随后，西班牙和荷兰也相继承认美国，先后于1779年和1780年对英国宣战。美国独立战争变成了一场国际战争。

1777年10月17日。约翰·伯高英将军及其率领下的5700名英军向盖茨将军率领的美军投降。这支英军的士兵随后开往波士顿，在发誓不再参加针对美国的战争后，被送上了返回英国的船只。美国人在萨拉托加取得胜利的消息不久就传到了欧洲，并且推动了对美国人的支持。在巴黎，这个胜利被庆祝，就好像这是法国的胜利一样。随后，法国承认了美国的独立。

1779年10月，乔治·克林顿率英军海陆两面围攻查尔斯顿（Chatteston）。1780年5月12日，本杰明·林肯（Ben-jamin Lincoln）率5466名美军投降，写下独立战争美军最大的败笔。1781年10月19日，被美、法联军围困在约克敦（Yorktown）的英军7157人在查尔斯·康华里（Chades Com-wallis）率领下投降，北美独立战争取得了决定性的胜利。

1782年2月，英国议会以多数票建议结束在北美的战争。4月12日，英、美两国开始在巴黎和谈。11月30日，约翰·亚当斯（John Adams）、本杰明·富兰克林（BenjaminFranklin）、约翰·杰伊（John Jay）和亨利·劳伦斯（HenryLawrence）代表美国与英国代表理查德·奥斯瓦德（RichardOswald）草签了《巴黎和约》（Treaty of Paris）。1783 年这一结束战争的条约在巴黎正式签署，英国正式承认美国独立，并划定了美国与加拿大的边界。

建构美利坚合众国

独立战争的胜利为北美 13 个殖民地敞开了建国之路。但是，初生的美国还只是一个各殖民地的涣散、软弱的联合，要把它建构成一个坚强有力的民主共和国仍有许多困难需要解决。

早在 1776 年 6 月，第二届大陆会议便委托约翰·迪金森（John Dickinson）等人起草了《邦联和永久联合条例》（Article of Confederation and Perpetual Union），简称《邦联条例》，商讨了未来美国的政府框架。

1781 年 3 月 1 日，经 13 个州各自的议会审议通过后，大陆会议宣布《邦联条例》生效，并据此组建了新的中央政府——邦联国会，下设外交、财政、陆军、海军和邮政等 5 个行政部门。邦联国会集立法权、行政权和司法权于一身，拥有招募军队、处理外交、发行公债等广泛的权力，第一次将北美洲分散的各殖民地统一成一个完整的主权国家。但是，《邦联条例》同时也为各州保留了太多的实际权力，致使邦联政府缺乏必要的权威和效率，远不能适应当时紧迫的国内外形势需要。

独立战争期间，大陆会议举借了大量的内外债务。到 1784 年初由邦联政府继承下来的债务达 3900 多万美元，每年仅债务利息就达 187 万美元。而各州向邦联政府缴纳的款项年均只有 50 万美元，连邦联政府的日常开支都不够，致使国债累积越来越重。而大陆会议自 1775 年以来发行的各种纸币也在急速贬值，到 1781 年时大陆币几乎一文不值，国家信誉丧失殆尽，经济极度萧条。人民不堪债务负担以致爆发了 1786—1787 年的谢斯起义（Shays Rebellion）。

面对邦联政体难以应对的种种危机，邦联议会被迫于 1787 年 5 月召集各州代表开会，研究修改《邦联条例》。除罗德岛外，其他 12 个州共 55 名代表出席了这次在费城举行的制宪会议（Constitutional Convention）。会议进行了近 4 个月，联邦主义略占上风，州权主义处于弱势，会议最后废弃了邦联政体，制定了联邦主义的新宪法。

1787 年 9 月 17 日，新宪法草案正式出笼，提交各州议会讨论批准。《联邦宪法》即将取代《邦联条例》的消息一经传开，便在美国社会引起了一场政治大辩论，形成了鲜明对立的联邦党人和反联邦党人两大阵营。詹姆斯·麦迪逊（James Madison）、亚历山大·汉密尔顿（AlexanderHamilton）和约翰·杰伊三人写出了 85 篇拥护联邦体制的论文，后来汇编成著名的美国政治学经典《联邦党人文集》（Federalist Papers）。而以托马斯·杰斐逊为首的民主主义者虽然支持建立联邦，却反对宪法中的反民主倾向，要求增补保障基本人权的《权利法案》（Bill of Rights）。

1788 年 6 月 21 日，新罕布什尔州作为第 9 个州批准了《联邦宪法》，新宪法达到了生效条件。6 月 25 日和 26 日，在当时美国政坛上举足轻重的弗吉尼亚州和纽约州也先后以微弱多数批准了《联邦宪法》，使新宪法终成定局。而北卡罗来纳州和罗德岛州则直到联邦政府成立以后，才先后于 1789 年 11 月 21 日和 1790 年 5 月 29 日加入联邦。1791 年 12 月 15 日，由麦迪逊起草的 12 条宪法修正案的前 10 条经 3/4 的州批准正式生效，统称为《权利法案》，成为美国宪法的重要组成部分。

《联邦宪法》规定了人民主权与共和制政体，确立了限权政府、三权分立与制衡、实行法制、代议制、联邦制、文官控制军队等基本原则，标志着一个统一的民主的多民族的美利坚合众国的正式形成。

为了防止美国政府滥用权力和实施暴政，保障公民个人和弱势群体的权利，《联邦宪法》在美国中央政府中建立了平等而又彼此独立的立法、行政、司法三个部门，分别将立法权授予国会、行政权授予总统、司法权授予各级联邦法院，确立了三权分立而又相互平衡制约的政府结构。

在中央政府的三个部门中，国会居于首要地位。国会实行两院制，由参议院和众议院组成。参议院代表各州，各州不论大小，都配置 2 个参议员席位，以体现各

纽约市游行庆祝《联邦宪法》获得批准

州在联邦中的平等地位；美国 50 州共有 100 位参议员。参议员任期 6 年，每 2 年改选 1/3。众议院则代表人民，按各州人口占全国人口的比例分配到各州，但各州至少应有一个众议院席位。众议员任期 2 年，任期届满全部改选。因此，国会以每两年为一届。《联邦宪法》规定了第一届国会众议院的议员为 65 人，并规定了 13 州中各州众议员的席位数。以后由国会根据每 10 年一次的人口普查结果，重新分配众议院议席。1910 年人口普查后，到 1913 年众议院席位增加到 435 个席位；1929 年国会特别会议决定将众议院席位数固定为 435 个席位。

华盛顿时期

1788 年 7 月 2 日，邦联国会宣布《联邦宪法》生效，并下令举行国会议员和总统选举人（Presidential Electors）选举，同时指定纽约为临时首都。1789 年 2 月 4 日，69 名总统选举人全票选举乔治·华盛顿为美国第一届总统，约翰·亚当斯为副总统。3 月 1 日，第 1 届联邦国会（FirstCongress）召开，91 名代表出席。4 月 30

日，57 岁的乔治·华盛顿在纽约宣誓就任美国总统。

华盛顿总统（1732—1799）。美国第 1 任总统，美国独立战争时期大陆军总司令，华盛顿对美利坚合众国的诞生、发展有着巨大的贡献，被美国民众称为"国父"。华盛顿在其第二次总统任期将满时，决意不再接受要他担任第三届总统的要求。1796 年 9 月 17 日，华盛顿发表了他的著名的《告别辞》，总结了自己一生的政治经验，向他的同胞提出了明智的谆谆忠告。1797 年 3 月 4 日，华盛顿向他的继任者约翰·亚当斯和平移交了权力。从而在这个新国度里，创立了有条不紊地和平移交最高权力的范例，并由以后历届去职总统所信守。华盛顿从此息影政坛，回到弗农山庄，专心致志于他的家庭生活以及种植园的管理工作。1799 年 12 月 14 日，华盛顿因喉部感染与世长辞。

　　7 月 27 日，新政府设立了第 1 个内阁部——外交部（Department of Foreign Affairs），9 月 15 日易名为国务院（Department of State），9 月 26 日任命托马斯·杰斐逊为第一任国务卿（Secretary of State）。次年 3 月 22 日，杰斐逊走马上任，手下只有 5 名职员、2 名信使和 1 名兼职翻译，以后 30 年里仅增编 10 人。

1789 年 8 月 7 日，新政府设立了第 2 个内阁部——战争部（Department ofWar）。华盛顿的老朋友亨利·诺克斯（Henry Knox）于 9 月 12 日被任命为战争部长。9 月 2 日，第 3 个内阁部——财政部（Departmentof Treasury）设立。9 月 11 日，华盛顿的亲密助手亚历山大·汉密尔顿被任命为财政部长。9 月 22 日，新政府设立邮政总局（The Of-fice of PostmasterGeneral）。9 月 26 日，大陆军的老战士塞缪尔·奥斯古德（Samuel Osgood）被任命为邮政总局局长。

1789 年 9 月 24 日，第 1 届联邦国会通过了《联邦司法条例》（Federal Judiciary Act），设立联邦最高法院（TheSupreme Court）、13 个地区法院（District Courts）和 3 个巡回法院（Circuit Courts），并设立联邦司法部（The Office ofAttorney General）。联邦最高法院由首席大法官（Chief Jus-tice）和 5 名大法官（Associate Justices）组成。华盛顿总统任命约翰·杰伊为首席大法官，埃德蒙·伦道夫（EdmundRandolph）为司法部长。

华盛顿总统任期内，美国政府形成了独特的内阁制，确立了宪法的权威，经济上恢复了国家信用，通过与英国签订的《杰伊条约》（Jay Treaty）、与西班牙签订的《平克尼条约》（Pinckney Treaty）保全了美国领土的完整。在外交思想上，华盛顿总统开启了美国"孤立主义"（Isolationism）的先河。1796 年第 2 届任满之后，华盛顿总统拒绝再参加总统竞选，为美国政治生活树立了良好的权力交接传统。

1792 年前后，围绕着汉密尔顿的财政措施所引起的争论、汉密尔顿与杰斐逊在治国思想上的公开冲突，美国政坛上形成了以汉密尔顿为首的联邦党（Federalists）和以杰斐逊为首的民主共和党（Demo-cratic Republicans）两大政治派系，开创了美国党派政治的先河。

1797 年 3 月 4 日，约翰·亚当斯（John Adams，1735—1826）就任美国第 3 届总统。作为联邦党人的中坚力量，亚当斯继续加强联邦党人的统治。但是在改组陆军问题上，亚当斯与汉密尔顿发生严重分歧，最终导致了联邦党人的分裂。在应对紧张的法美关系期间，美国国会于 1798 年颁布了《归化法》（Naturalization Act）、《外侨法》（AlienAct）、《敌对外侨法》（Alien Enemies Act）和《惩治煽动叛乱法》

约翰·亚当斯（1735—1826）。美国第2任总统（1797—1801）。约翰·亚当斯作为一位政治哲学家比作为一个政治家有着更惊人的学问和思想力。"人民和国家是在逆境中锻造的，"他说。毫无疑问，这包含了他个人以及美国的经验。1735年亚当斯出生于的马萨诸塞海湾殖民地。是毕业于哈佛的律师，他参加了第一届、第二届大陆会议，是《独立宣言》的起草人之一。在华盛顿担任总统期间，他一直任副总统。1796年当选为总统。1826年7月4日，在自己位于昆西的农场中去世。

（Sedition Act）等四项摧残人权的法令，招致举国抗议，联邦党人的声誉从此一落千丈。

杰斐逊时期

1800年的总统选举是美国政坛上的一个重要的分水岭，在野的民主共和党与当政的联邦党展开了激烈的较量。1801年2月17日，托马斯·杰斐逊（Thomas Jefferson，1743—1826）经联邦众议院投票36轮，方以微弱多数当选美国第3任总统。

杰斐逊的当选使美国政权首次和平地由一个政党移交给另一个政党、表明美国政党制度的初步形成，同时也开创了总统兼任执政党领袖的先例。

杰斐逊是美国民主制度的主要理论奠基人，他的上台使美国的民主制度进入一个重要的发展阶段。此后，民主共和党连续执政24年，杰斐逊的继任者詹姆斯，麦迪逊总统和詹姆斯·门罗（James Monroe）总统同样来自弗吉尼亚，因而这一段时期也被称为"弗吉尼亚王朝"。

1801年3月4日，杰斐逊在新开辟的美国首都华盛顿哥伦比亚特区宣誓就职，随后任命詹姆斯·麦迪逊为国务卿，艾伯特·加勒廷（Albert Gallatin）为财政部长，亨利·迪尔伯恩（Henry Dearbom）为陆军部长，罗伯特·史密斯（Robert Smith）为海军部长。为了团结下野的联邦党人，杰斐逊在其亲自任命的316个政府职位中任用了130位联邦党人。

上台执政后，杰斐逊整顿了政府工作秩序，明晰总统与各职能部门的职责分工，取消繁文缛节，提高办事效率；重大问题开会解决，每天早上开放总统官邸接待来访。并且，及时废除了亚当斯政府颁布的摧残人权的法令。

为减轻人民的税赋和逐步消减长期积累的国债，杰斐逊提倡节约政府开支，废除了已征收近10年的国产货物税，并实施陆军"纯洁改编"，将美国陆军由3500人减员至2500人，同时削减海军舰只、停止建造新军舰。

在政治上，杰斐逊积极推进公民选举权的扩大。马里兰州和南卡罗来纳州等地修改了州宪法，废止了对选民的财产限制。杰斐逊还推动国会增补了《联邦宪法》第12条修正案（The 12th Amendment），调整了总统选举程序，规定分别投票选举总统与副总统，避免了大选中出现正、副总统平票时必须由国会做出最后裁决的情况。另外，杰斐逊还颁布了《禁止奴隶贸易法令》，在美国历史上第一次对奴隶制实行了法律限制。

为鼓励西部开发，杰斐逊政府于1804年颁布了新的《土地法》，将每人一次最低购地额度由320英亩降低至160英亩，每英亩地价也由2美元降到了1.64美元。1808年，又发布法令将赊购土地的最后付款期由4年延长到5年。杰斐逊的西部土

托马斯·杰斐逊（1743—1826）。美国第 3 任总统（1801—1809）。杰斐逊是美国独立运动的积极领导者和组织者，著名的美国《独立宣言》的起草人。在美国人民的心目中是一位伟大的英雄。杰斐逊主张人权平等、言论、宗教和人身自由。杰斐逊好学多才，兴趣广泛。人们称他是天资最高、最多才多艺的美国总统。杰斐逊一生著述很多，涉及问题很广，后人为纪念他而出版了他的文集，共 20 卷。杰斐逊于 1826 年 7 月 4 日逝世。

地政策使得更多的普通居民有能力购买土地，吸引移民大举西进，有效地推动了西进运动。1800 年时美国政府仅售出 6.7 万英亩土地。而 1818 年时售出的土地已达 350 万英亩。

　　1803 年 4 月 30 日，杰斐逊政府趁法国穷于应付欧洲战争之际，以 6000 万法郎（至多合 1500 万美元）从拿破仑政府手中购买了整个路易斯安那地区。这一地区东起密西西比河西至落基山脉，北起加拿大南到墨西哥湾，总面积达 260 万平方公里，后来成为美国的 4 个州和 9 个州的一部分。交易执行时，美国实际付给法国 1125 万美元用于购地，余款抵偿法国拖欠美国公民的债务。

美国历史上称这一交易为"路易斯安那购买"（Louisiana Purchase），其影响十分深远。美国版图因此一下子扩大了一倍还多，实现了美国变密西西比河为内河的梦想，将法国势力一举清出北美大陆，进一步保障了美国的安全和独步北美洲的优势。随后，仅用了 40 年的时间，美国的西部边疆就横越整个北美大陆、迅速推进到了太平洋沿岸。

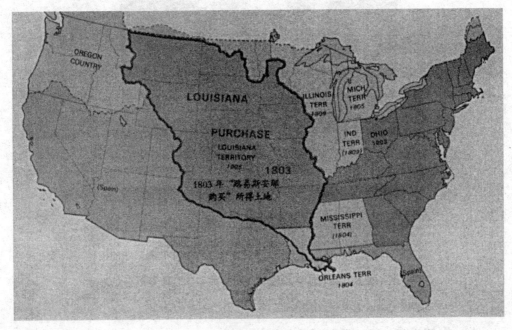

"路易斯安那购买"

1808 年，杰斐逊效法华盛顿，谢绝参加第 3 次总统竞选。民主共和党提名詹姆斯·麦迪逊（James Madison，1751—1836）为总统候选人，结果麦迪逊高票当选。1809 年 3 月 4 日，麦迪逊就任美国第 4 任总统。4 年后，再次以高票连选连任。麦迪逊是美国建国元勋中的最后一位总统，其任内继续推行杰斐逊时期的大政方针。

麦迪逊执政后，积极推进美国的民族工业发展，经济上迫切需要拓展海外贸易，而到 1812 年前后美国的人口也已增长到 725 万。但是，对美国独立怀恨在心的英国却处处作难，一直企图以经济封锁扼杀美国，并且在海上不断抓捕美国的船只、掠夺货物、强迫劳役，致使美英对抗愈演愈烈。1812 年 6 月 18 日，美国对英宣战，爆发了"1812 年战争"（The Was of 1812）。

詹姆斯·麦迪逊（1751—1836）。美国第 4 任总统（1809—1817）。麦迪逊的人权主张和三权分立学说迄今仍是美国宪法的指导原则。他和杰斐逊共同创建和领导了民主共和党，使美国开始形成了两党政治。他担任总统期间领导了"第二次独立战争"，保卫了美国的共和制度，为美国赢得彻底独立建立了功绩。

宣战后，美国首先就近进攻加拿大的英军。1812 年 7 月 12 日，密歇根领地总督威廉·赫尔（William Hull）将军率兵 2200 人渡过底特律河进攻加拿大。然而，当他得悉西北部的印第安人支持英军时，唯恐印第安人切断其后方与俄亥俄州的通道，便于 8 月 8 日逃回了底特律。随后，英军约 2000 人挥师南犯。因为惧怕印第安人会在城破后屠杀妇女儿童，赫尔将军竟然一枪未放就在 8 月 16 日率军献城投降了。与此同时，美国海军旗开得胜，8—12 月间先后击沉、击败数艘英国军舰。1813 年，美军又在五大湖地区连连获胜。

但是，由切萨皮克湾登陆、突袭北上的英军未遇有效抵抗，于 1814 年 3 月 24 日攻入美国首都华盛顿哥伦比亚特区，放火烧毁了国会大厦和总统官邸等建筑。麦迪逊政府及时撤离，没有人员伤亡。英军在华盛顿特区破坏了 2 天之后撤走。

1814 年 4 月，反法联盟在欧洲获胜，迫使法国皇帝拿破仑退位，英国腾出手来增兵北美。7 月，美军在尼亚加拉瀑布（Niagara Falls）附近阻击了英军，双方伤亡重大。9 月，美军又在纽约州的普拉茨堡（Plattsburgh）成功地阻击了英军南下。

1815 年 1 月，安德鲁·杰克逊（Andrew Jackson）将军以少胜多，击毙爱德华·帕克南（Edward Pakenham）等 3 名英国将军、打死打伤 2036 名英军，而美军只有 8 死 13 伤，取得了新奥尔良保卫战（Battle of New Orleans）的胜利。

新奥尔良保卫战，图中右面骑在马上的是安德鲁·杰克逊将军（后曾任美国第 7 任总统）。

战争还在进行之际，美、英双方便在俄国的调停之下，展开了边打边谈的和平谈判。随着英军的节节败退和欧洲局势的吃紧，英国被迫决定让步。1814 年 12 月 24 日，美、英在比利时签订了《根特条约》（Treaty of Ghent），结束战争，恢复战前边界。

1812 年战争具有深远的历史意义，也被称为"第二次独立战争"。这一战彻底打消了英国在北美洲卷土重来、收服美国的企图，巩固了美国的领土主权和北部边疆的安全，同时也让美国放弃了并吞加拿大的念头。1815 年，美英签订通商条约，确立了平等的贸易关系。美国经济取得了真正的独立，打开了通向国际市场的道路，促进了美国经济的发展。

1814 年 12 月 24 日，《根特条约》在比利时签订。图为签字仪式。

在美国国内，战争的胜利进一步扩大了民主共和党的声势，沉重地打击了反战的联邦党人，令其一蹶不振、逐渐销声匿迹，创造了美国建国以来少有的内外和平环境。

门罗主义

1816 年，民主共和党总统候选人詹姆斯·门罗（James Monroe，1758—1831）以压倒优势战胜联邦党人对手，当选为美国第 5 任总统。4 年后，门罗又几乎以全票连选连任。美国政治上出现了一个相对稳定的时期，民主共和党几乎是独步政坛。稳定的政治局面为美国政府大力推进工业革命、发展民族经济、建设公共基础设施、改进交通运输和拓展国内市场创造了良好的机遇。

詹姆斯·门罗（1758—1831）。美国第 5 任总统（1817—1825）。门罗任总统时，正值美国结束连年战争进入和平建设时期，他对内强调国家意识，对外大力开拓疆土，为美国的发展创造了有利条件。1823 年，门罗在国情咨文中提出的美国外交政策方针，世称《门罗宣言》或"门罗主义"。门罗老境凄凉，1831 年，病逝在女儿家中，享年 73 岁。

与美国的稳定相反，这一时期的拉丁美洲却爆发了蓬勃而又广泛的民族解放运动。1816 年 7 月，阿根廷宣告独立。1817 年 1 月，阿根廷起义军越过安第斯山，会合当地革命军解放了圣地亚哥。1818 年 4 月，智利宣告独立。1819 年 12 月，包括委内瑞拉、哥伦比亚和厄瓜多尔等地在内的大哥伦比亚共和国宣告成立。1820 年初，西班牙和葡萄牙先后发生了资产阶级革命，为拉丁美洲的独立运动提供了更加有利的条件。1821 年，墨西哥和秘鲁也相继独立。1822 年，巴西也独立了。

轰轰烈烈的拉丁美洲革命运动使西班牙和葡萄牙的殖民版图分崩离析，改变了当时的世界格局，英、法、俄等欧洲强国蠢蠢欲动，争相摆出染指拉丁美洲地区的架势一在此情势下，美国国务卿约翰·昆西·亚当斯（John QuincyAdams）等人推动和炮制出一整套美国的拉丁美洲政策，由门罗总统在 1823 年 12 月 2 日向国会发表年度报告时公之于世，后世称之为"门罗主义"（Monroe Docrine）。

门罗主义宣布了美国在拉丁美洲问题上的立场，阐述了三个原则。一是"美洲体系原则"，所谓美洲是美洲人的美洲，自成一体，与欧洲相互隔绝；二是"互不干涉原则"。美国不介入欧洲事务，欧洲也不得干涉美洲事务；三是"不许殖民原则"，不许欧洲在美洲建立新的殖民地。

门罗主义标志着美国在对外扩张和登上世界舞台的道路上迈出了意味深长的一步。然而，当年的美国在军事和经济等实力上还远不是欧洲各个强国的对手。门罗主义在发表之后的 20 多年里实际上犹如微风过耳、无足轻重，及至门罗主义成为美国外交政策的基石，在排斥欧洲势力、独霸美洲中发挥作用则要等到 1840 年代了。

这幅卡通画生动地表述了门罗主义的内涵，地上写的是"门罗主义"。

不过，美国的海外扩张却从建国之初便开始了。1801年5月，杰斐逊政府就派遣海军入侵北非的黎波里。1815年3月2日，美国又对阿尔及尔宣战，逼迫阿尔及尔和突尼斯等国签订不平等商约。1822年，美国以武力威胁从西非酋长手中低价购买了西非海岸的一片土地，以门罗总统之姓命名为"门罗维亚"，强迫美国的一些自由黑人迁居这里，建立了殖民地。门罗维亚不断扩大，1838年时改称"利比里亚"。1847年，利比里亚宣布"独立"，由美国总督出任总统，实际上仍受美国控制。

1840年6月，英国发动入侵中国的"鸦片战争"。美国派遣其东印度舰队尾随英国炮舰入侵中国内海。趁火打劫。1842年8月，英国强迫清政府签订了《中英南京条约》。美国随后于1844年7月3日讹诈清政府签订了《中美望厦条约》，首次提出所谓"利益均沾"原则，打开了西方列强瓜分中国之门。1858年4—5月间，美国又伙同英、法、俄国攻陷大沽口，逼迫清政府与四国分别签订了欺诈中国的《天津条约》，加深了中国的半殖民地化。

1853年7月和1854年2月，美国海军两次入侵日本浦贺港，威逼德川幕府在神奈川谈判，于1854年3月签订了《日美亲善条约》，给予美国开港通商、设立领事馆、最惠国待遇和治外法权等权益。

杰克逊时期

1828年，西南边疆的行伍英雄、因坚韧固执而绰号"老胡桃树"（Old Hickory）的安德鲁·杰克逊（Andrew Jack-son，1767—1845）当选为美国第7任总统，给美国政治生活带来了一些新的变化。杰克逊对美国建国以来由社会上层垄断官职的风气不以为然，主张实行官职轮流制，认为只有让官职不断流转，才能保持自由和共和体制的健康与活力。

因此，杰克逊改变以往历届总统很少撤换官员的做法，淘汰腐败昏聩，大量任免官员。打破了豪门贵胄垄断官职的局面，向广大的普通人敞开仕途大门，展现了政治上的平等精神。然而，这种初衷良好的官职轮流制后来与美国的政党政治紧密结合，官职竟成了政党机器对党徒论功行赏的工具，开创了美国政治"分赃制"（Spoils System）的先河。

安德鲁·杰克逊（1767—1845）。美国第 7 任总统（1829—1837）。杰克逊是美国历史上第一位平民出身的总统。出生之前，父即去世。他少年时期住在西部边远地区，在那里度过了独立战争年代。第二次独立战争中，他坚韧不拔，肯与士兵共甘苦，被誉为"老胡桃树"。在新奥尔良战役中，他率兵大败英军，振奋全国，成为举国闻名的英雄。他第一次竞选总统时失败，第二次才获胜，是美国第一任民主党总统。任内大力加强总统职权，维护联邦统一，颇有政绩，史称"民主政治"，几与第三任总统杰斐逊齐名。

这位桀骜不驯的"老胡桃树"在执政不久便搁置了正式的内阁会议，转而向他的一帮政治密友和民间朋友寻计问策，其中包括阿莫斯·肯德尔（Amos Kendall）、艾萨克·希尔（Isaac Hill）、威廉·刘易斯（William B. Lewis）、安德鲁·多纳尔森（Andrew J. Donelson）和达夫. 格林（Duff Green），因为他们常在白宫的厨房里讨论问题而被政敌们讥讽为"厨房内阁"（Kitchen Cabinet）。

"老胡桃树"向普通人开放仕途之路的同时，却将成千上万的印第安人逼上了遍布苦难与死亡的"眼泪之路"。伴随着美国西进运动的迅猛发展，杰克逊政府采取了驱赶和屠杀印第安人的残暴政策。

1830年5月，美国国会通过了历史上第一个《印第安人迁移法案》（Indian Removal Act），授权总统和各州用西部未建州的公地交换东部印第安人的土地，将印第安人迁移到遥远荒僻的西部去。

眼泪之路（The Trail of Tears）。在1838年和1839年，作为安德鲁·杰克逊印第安人迁移政策的一部分，切罗基人被迫放弃自己在密西西比河东面的土地，向位于现在俄克拉何马的地区迁移。由于其灾难性的后果，切罗基人称这次迁移为"眼泪之路"。在这次被迫迁移中，他们面临着饥饿、疾病和劳累。在15000名被迫迁移的切罗基人中，死亡达4000多人。

随后，数亿英亩的印第安大土地被"依法"剥夺，近5万名印第安人被迫西迁。到1842年时，东部和南部地区的印第安人被全部赶出了密西西比河以东地区。

到 1846 年时，西北部的印第安人也几乎全被驱赶和迁走。到 1850 年时，美国政府共与印第安人签订了 245 个割地条约，用 9000 万美元强行买断了印第安人赖以生存的 4.5 亿英亩的土地。

1831 年被迫交出家园、离乡西迁的第一个印第安人部落是居住在密西西比州东部地区的绰克托人。1832 年克里克人被迫西迁。1834 年奇卡索人被迫西迁。1835 年切罗基人被迫西迁。杰克逊政府口头上保证印第安人自愿迁移，实际上却动用军队和民兵驱赶、押解不愿迁移的印第安人，被屠杀、虐待而惨死途中的印第安人不计其数，比如克里克人死在迁徙途中者达 3500 人，切罗基人死亡近 4000 人。

在塞米诺尔战争中，美国军队用大警犬来搜捕塞米诺尔人。第二次塞米诺尔战争（1835—1842）在美国的历史上是最残忍和代价最大的战争。20 万人参战，花费超过 2000 万元。战争的起因是一些塞米诺尔人拒绝离开佛罗里达、反抗《印第安人迁移法》。他们还向逃离佐治亚的奴隶提供庇护，奴隶主和种植园主要求对此立即进行报复。美国军队实施了一些残暴的行为，包括用大警犬搜捕印第安人、在停战期间逮捕塞米诺尔武士 Osceola。战争持续了 7 年多，双方都没有取得胜利，最后，美军撤退，也没有签订任何和平条约。

美国政府的残暴政策不可避免地激起了一些印第安部落的拼命反抗，其中尤以

1832 年的"黑鹰战争"（BlackHawk War）和 1835 年的"塞米诺尔战争"（Semi-noleWar）最为惨烈。1831 年，世代居住在伊利诺伊州罗克河（Rock Riv-er）河口地区的印第安部落索克人和福克斯人被迫迁往西部的密苏里。第二年春天，由于在密苏里缺乏食物和受到敌对部落的威胁，他们在酋长黑鹰的率领下返回故地，引起伊利诺伊边疆白人居民的恐慌。杰克逊政府遂派出军队和民兵追剿这些印第安部落。当黑鹰率部西退、泅渡密西西比河之际，美军发起进攻，对印第安人不论妇孺一律杀戮，写下了西进运动中最惨无人道的一页。1835 年底开始，佛罗里达的印第安人塞米诺尔部落也对美军进行了长达 8 年之久的反抗战争，显示了印第安人不甘屈服的英勇气概。

领土扩张

1783 年，美英签署结束独立战争的《巴黎条约》时，美国的版图只有大西洋沿岸的 80 多万平方英里。1803 年的"路易斯安那购买"使美国版图一下子扩大了一倍还多；举在激起美国扩张领土的欲望的同时，也打通了美国向佛罗里达、得克萨斯、新墨西哥、加利福尼亚、俄勒冈和阿拉斯加扩张的道路。

1810 年 10 月 27 日，经过对西班牙统治的佛罗里达地区的多年渗透之后，美国总统麦迪逊宣布兼并密西西比河与珀迪多河（Perdido River）之间的西佛罗里达地区，并入美国的奥尔良领地（Orleans Territory），下令美军实施占领。1819 年 2 月 22 日，内外交困的西班牙与美国签订《佛罗里达条约》，以 500 万美元的售价将密西西比河以东的全部属地和对俄勒冈地区的要求权一并卖给了美国。1821 年 2 月 22 日，条约正式生效，东、西佛罗里达共 5.8 万多平方英里的土地并入美国版图。

对于美国的领土扩张，《美国杂志和民主评论》（TheUnited States Magazine and Democratic Review）的创刊人兼主编约翰．奥沙利文（John L. Osullivan）在 1845 年 7、8 月间率先推出了所谓"天定命运"（Manifest Destiny）的扩张主义理论。振振有词地宣称，美国的创建是天定命运，美国的扩张是上天的安排，美国负有天赋使命传播民主制度，有义务强行拯救邻近国家。

"天定命运"论适应了美国扩张领土的需要，成为后来美国并吞得克萨斯、俄勒冈、侵略墨西哥和古巴、购买阿拉斯加以及吞并夏威夷的重要理论依据。

早在 1800 年之前，美国人就开始了向得克萨斯地区的渗透。1821 年墨西哥摆脱西班牙的殖民统治成为独立国家，得克萨斯成为墨西哥的一个省。但是，墨西哥的独立并不能阻止美国人的扩张和侵蚀。到 1827 年时，定居在得克萨斯的美国人已达 1 万人，而且美国人还带来了大量的黑人奴隶，使墨西哥的得克萨斯成为一个蓄奴省。

1835 年，墨西哥军队与因关税政策而肇事的得克萨斯人发生了武装冲突。1836 年 3 月 2 日，在美国人的授意下，得克萨斯人召开代表大会，宣布脱离墨西哥独立，建立"得克萨斯共和国"（Republic of Texas），并征召了一支 6000 人的军队，由杰克逊总统的朋友萨姆·豪斯顿（Sam Hous-ton）任总司令，与墨西哥军队作战。

4 月 21 日，在美国军队的协助下，豪斯顿取得圣哈辛托战役（Battle of San Jacinto）的胜利，俘虏了墨西哥总统桑塔·安纳（Santa Anna），迫使他签订了承认"得克萨斯共和国"的条约。

10 月 22 日，豪斯顿就任"得克萨斯共和国"总统，并向美国提出加入联邦或承认其独立的要求。1837 年 3 月 3 日，美国承认了"得克萨斯共和国"。但是，因为美国南北方的奴隶制之争，直到 1845 年 12 月 29 日，面积达 39 万平方英里的得克萨斯才并入美国，成为美国的第 28 州。

美国人对俄勒冈地区的觊觎和争夺同样是由来已久。面积约 55 万平方英里的俄勒冈地区约为原北美 13 州的 1.5 倍之大，包括现今加拿大的不列颠哥伦比亚特区和美国华盛顿州的一部分以及蒙大拿州、爱达荷州和俄勒冈州。

历史上，参与争夺此地的有西班牙、英国、俄国和美国。1820 年 12 月 9 日，根据来自弗吉尼亚的国会议员约翰·弗洛伊德（John Floyd）的提议，美国国会组织了一个调查太平洋沿岸拓殖情况及如何占领哥伦比亚河的专门委员会，弗洛伊德

墨西哥总统桑塔·安纳被俘。1836 年 5 月 14 日，得克萨斯共和国临时总统伯内特和墨西哥总统桑塔·安纳签署了《韦拉斯科条约》。该条约包括公开条约和秘密条约。公开条约（墨西哥撤退并宣布结束战争）签订后立即得到了实行，秘密条约要在公开条约得到满足后实行。秘密条约规定桑塔·安纳承认得克萨斯独立，以交换对他的立即释放。然而，不久双方就都违反了条约。得克萨斯军队并没有像条约中规定的那样释放桑塔·安纳，同时，墨西哥政府宣布在桑塔·安纳被囚禁期间，他所有的行为都无效。所以，在得克萨斯共和国存在期间，双方一直处于战争状态。

被任命为委员会主席。因其对争夺俄勒冈的贡献后来被誉为"俄勒冈之父"。随后，美国人加紧了对俄勒冈地区的拓植活动。

1834 年 7 月 5 日，美国殖民者和传教士在威拉米特河谷（Willamette Valley）的香波爱格成立了俄勒冈领地临时政府。1844 年时俄勒冈地区的美国人已近 6000 人，英国人约 750 人。1846 年 6 月 15 日，英美两国签订《俄勒冈条约》，以北纬 49 度为英美在俄勒冈地区的分界线，美国获得了 285500 平方英里的新国土。1848 年 8 月美国设立俄勒冈领地政府。1853 年分出北半部地区单列华盛顿领地。1859 年 2 月 14 日，俄勒冈正式加入联邦，成为美国第 33 州。

位于俄勒冈南面的加利福尼亚原是墨西哥共和国的一个省。1841 年开始有美国

拓荒者进入此地。到 1846 年时，在南北绵延 500 多英里的加利福尼亚谷地，美国商人和殖民者至多约为 500 人，而当地的墨西哥人约为 8000 多人，印第安人 2.4 万多人。

得克萨斯"独立"后，墨西哥不满美国的侵略行径而与之断交。但是，美国仍对墨西哥步步紧逼，不断提出割让土地的无理要求，伺机侵略加利福尼亚。1845 年 11 月，美国总统詹姆斯·波尔克（James Polk，1795—1849）派往墨西哥要求割让领土的特使被拒之门外，美军随即进兵美墨边界的争议地区。

1846 年 4 月 24 日，抗议无效的墨西哥也出兵越过格兰德河，进入争议地区，并与一支有 60 多人的美军骑兵遭遇，美军战死 3 人，其余被俘。美国立即抓住开战借口，于 5 月 13 日正式对墨西哥宣战。7 月 7 日，美国太平洋舰队攻占蒙特雷（Monterey），数日后又攻占了旧金山（SanFrancisco）。1847 年 1 月，美军占领洛杉矶（Los Angels）。

1847 年 9 月 7 日，美军攻占墨西哥首都。1848 年 2 月 2 日，美墨签订《瓜达卢佩—伊达尔戈条约》（Tteary ofGuadalupe Hidalgo），墨西哥割让出 55% 的领土给美国，包括如今的加利福尼亚州、内华达州、犹他州、亚利桑那州、新墨西哥州、科罗拉多州和一部分怀俄明州在内的 52.9 万平方英里的土地；美国付给墨西哥 1500 万美元补偿费。

1853 年 12 月 30 日，美国又用 1000 万美元购买了梅西拉河谷（Mesilla Valley）2.964 万平方英里的墨西哥领土。

南部奴隶制与废奴运动

美国独立战争前夕，北美殖民地已有约 60 万黑人，占总人口的 1/5，其中约 55 万是黑人奴隶，他们大多数居住在南部地区，在马里兰到佐治亚的各地烟草种植园和农场中劳作。

随着独立战争的爆发，人权思想逐渐在美国流行开来。加上烟草种植到 18 世

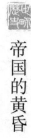

图为指挥美军攻入墨西哥城的斯科特（Winfield Scott）少将。

纪末 19 世纪初期已变得无利可图，奴隶制在美国开始日渐衰微，走向没落。

不料，19 世纪初美国南部又兴起了棉花种植业，竟然带动奴隶制起死回生，再度风行南部地区，并且急剧地膨胀起来，疯狂地向西部地区扩张领地，建立起更多的种植园和新的蓄奴州。奴隶需求量猛增，价格飞涨，奴隶贸易也卷土重来。

为了遏制奴隶制在美国的蔓延，1807 年联邦国会通过了《禁止国际奴隶贸易法令》；然而，走私奴隶仍然不绝于途，国内奴隶贸易更是有增无减，比如，弗吉尼亚州在 30 年间竟然繁殖、出口了近 30 万奴隶。

1819 年，位于中西部的新州密苏里申请加入联邦，引发了美国南方与北方之间第一次重大的公开的政治冲突。当时，美国南方和北方各有 11 个州。在国会中各有 22 名参议员，政治势力旗鼓相当。密苏里作为蓄奴州还是自由州加入联邦，成为政治上举足轻重的大事。

1619 年，荷兰船员用从西班牙的船上抓来的黑人向詹姆斯敦的定居者交换食物。

经过 1 年多的斗争，直到 1820 年从马萨诸塞州分离出来的缅因也申请加入联邦时，南北双方才达成了美国历史上著名的《密苏里妥协案》（Missouri Compromise）。为了维持美国参议院的均势，密苏里和缅因分别作为蓄奴州和自由州加入了联邦。同时，还规定其余西部未建州的领地以北纬 36 度 30 分为界，界限以南保持奴隶制，界限以北禁止奴隶制。

南部奴隶制社会的真正统治者是一伙总计不过几千人的大奴隶主。这些有权有势、专横暴虐的大奴隶主们主宰着包括北卡罗来纳、南卡罗来纳、佐治亚、佛罗里达、亚拉巴马、密西西比、得克萨斯、阿肯色、密苏里和田纳西州等广大南部地区的经济命脉、政治事务和社会生活。

处在奴隶制之下的黑人奴隶只是奴隶主会说话的"财产"，可以随心所欲地处置和买卖。奴隶主用于管制奴隶的刑具从鞭子、锁链、口衔、拇指夹、颈手枷到猎刀、警犬和枪械等等无所不有。每逢奴隶主和监工丧心病狂之时，奴隶们之凄惨和痛苦的处境真正是远不如普通的家畜，被活活打死、烧死、绞死的男女奴隶屡见

被弃置路旁、等待死亡的奴隶。奴隶贩子们在贩卖奴隶的路途中，将那些无法跟上大队步伐的奴隶用木枷锁住，弃置路旁。据说，他们这样做不是由于特别嗜杀，而是因为这种情景会刺激那些生存者忍受路途中的艰难，而且只要还有前进一步的力气就不敢放弃。

不鲜。

不难理解，逃跑成了奴隶们抗争悲惨命运的自然选择。1810—1850 年间，从美国南部逃到北部和加拿大的奴隶达 10 万多人。主张废除奴隶制的进步人士也在暗中帮助和组织奴隶们逃跑，并且逐渐形成了被称为"地下通道"的帮助奴隶逃往北方的交通网络。据估计，参与"地下通道"工作的废奴主义者和奴隶同情者约有 3200 人，他们成功地组织和护送了 7.5 万奴隶逃到了北方。

与此同时，美国的废奴运动也在如火如荼地发展着。1821 年，新泽西州的教友派商人本杰明·伦迪创办了著名的废奴主义报纸——《普遍解放思潮》。1831 年，伦迪的学生和助手威廉·劳埃德·加里森（William Lloyd Garrison）又创办了驰名远近的废奴刊物——《解放者》。1833 年，加里森与其他废奴运动领袖阿瑟·塔

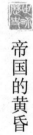

这幅创作于 1852 年的油画表现的是美国一个奴隶市场的情景。奴隶的最大的恐惧之一就是被卖掉以及与所爱的人分离。当时的一位报社记者说：站上拍卖台的每一位奴隶脸上的表情几乎都是一样的，其痛苦和苦闷是语言所无法表达的。

潘、西奥多·韦尔德、詹姆斯·伯尼等人组织了全国性的"美国反奴隶制协会"（AmericanAnti—Slavery Society）。到 1838 年时，该协会设立分会 1350 个，会员达 25 万人，推动废奴运动在美国北部迅速发展。这期间，哈丽雅特·比彻·斯托夫人的《汤姆叔叔的小屋》也在美国成为脍炙人口的废奴主义作品。

1840 年，废奴主义者还在纽约州的奥尔巴尼成立了美国第一个废奴主义政党——自由党（Liberty Party），并且提名詹姆斯，伯尼参加了当年的美国总统大选。

1854 年 5 月，公然违反《密苏里妥协案》的《堪萨斯—内布拉斯加法案》（Kansas—Nebraska Act）在国会获得通过，蓄奴州和自由州开始争先恐后地向堪萨斯地区移民，以便在所谓"居民自决蓄奴与否"的斗争中占据优势。

1856 年 5 月 21 日，750 名奴隶主暴徒袭击了堪萨斯地区的劳伦斯镇，绑架自

由移民领袖，烧杀抢掠，无恶不作。5 月 24 日，著名的白人废奴主义者约翰·布朗（John Brown）率领他的儿子和战友投入堪萨斯人民的反奴隶制战斗，处决了 5 名奴隶主暴徒。此后直到 9 月 15 日，自由移民与奴隶主分子的流血冲突不时发生，先后约有 200 人丧生，历史上称为"血染堪萨斯"（Bleeding Kansas），或"堪萨斯内战"（Kansas Civil War）。

1859 年 10 月 16—18 日，约翰·布朗在弗吉尼亚州发动了震惊全国的反奴隶制起义（John Brown's Raid）。虽然起义被很快镇压了，但是，布朗和他的战友们却用鲜血和生命为南方的奴隶制敲响了丧钟。

美国内战

1860 年的美国总统大选是一次具有鲜明地域色彩的选举。主要代表北方工商业资产阶级的共和党反对向各领地扩张奴隶制，但是却不准备干涉各州的奴隶制；而主要代表南方奴隶主阶级的民主党则坚决维护奴隶制，并且不惜以南部各州退出联邦相威胁。

亚伯拉罕·林肯（1809—1865）。美国第 16 任总统（1861—1865）。他入主白宫后，在奴隶制等问题上，政界发生倾轧，国家出现分裂，遇到了很多困难。他说："政府不能容忍一半是奴隶，一半是自由人……"。在日常工作中他不顾个人安全，每天挤出大量时间接见群众，听取申诉，尽力解决他们的问题。林肯于 1865 年 4 月 15 日遇刺身亡。人们称赞他为"新时代国家统治者的楷模"。

　　1860 年 11 月 6 日，共和党总统候选人亚伯拉罕·林肯（Abraham Lincoln，1809—1865）没有得到南部 10 个蓄奴州的任何选票，但是赢得了 18 个自由州中 17 个州的多数票，最终以绝对优势当选为美国第 16 任总统。

　　林肯的当选令美国南部的奴隶主们惊恐不安，沮丧绝望。1860 年 12 月 20 日，狗急跳墙的蓄奴州南卡罗来纳率先铤而走险，宣布退出联邦。1861 年 1 月，密西西比、佛罗里达、亚拉巴马、佐治亚和路易斯安那等州相继宣布退出联邦。2 月 1 日，得克萨斯州也宣布脱离联邦。

2月4日，在南卡罗来纳州的提议下，密西西比、佛罗里达、亚拉巴马、佐治亚、路易斯安那和南卡罗来纳6个州的42名代表在亚拉巴马州的蒙哥马利市集会（Montgomery Convention）。2月8日，会议宣布成立"美利坚诸州同盟"（Con-federate States of America），简称"南部同盟"。2月9日，推选密西西比州参议员、种植园奴隶主杰斐逊·戴维斯（Jefferson Davis，1808—1889）为南部同盟的临时总统（Provisional Presidentof the Confederacy），并通过了维护奴隶制度的《同盟宪法》（Confederate Constitu-tion）。

1861年3月4日，林肯宣誓就任美国总统的当天，便接到南部叛军围困南卡罗来纳州萨姆特要塞（Fort Sumter）的消息。4月12日，南部叛军向萨姆特要塞发起炮击。2天后，联邦守军撤走，要塞陷落，美国内战正式开始。

杰斐逊·戴维斯。1861年2月9日，杰斐逊·戴维斯被选为南部同盟的临时总统，他毕业于西点军校，是美国陆军的前军官。

内战之初，南部诸州宣称为建立一个"大奴隶制共和国"而战，北部则宣布为恢复联邦的统一而战。在双方的力量对比上，北部占有绝对的优势。拥有全国34个州中的23个州，占有全国3/4的领土，自由人口约2200万人，掌握着差不多全部的美国军火、钢铁和纺织等轻重工业，仅纽约一州的工业产值就4倍于南部诸州的总产值；而南部只有 545 万自由人口和 352 万奴隶，但是，当时南部拥有更多的军事人才，其独裁体制也比北部的民主政治更易于进行战争动员，还占有在南部土地上作战的地利之便。

尤利塞斯·格兰特。1862 年 2 月 6 日，尤利塞斯·格兰特将军夺取了亨利堡，10 天之后夺取了道纳尔逊要塞。

7 月 21 日，仓促南进的联邦军遭遇南部同盟军的猛烈阻击，招致布尔河战役 (Battle of Bull Run) 失利。联邦政府上下震惊，打消了 3 个月内速胜的预想，准备长期作战。7 月 24 日，林肯总统授权乔治·麦克莱伦 (George BrintonMcClellan, 1826—1885) 指挥华盛顿军区。麦克莱伦随即对波托马克军团 (The Army of Potomac) 进行扩编和集训。但是，他拖延畏战，一连数月按兵不动。10 月下旬，联邦军又在波托马克河一线连遭重创。11 月 1 日，温菲尔德·斯科特 (Winfield Scott, 1786—1866) 退休，政治上保守、军事上缺乏建树的麦克莱伦又被提升为陆军总司令 (General-in-chief)。

1862 年 2 月，西部的联邦军在尤利塞斯，格兰特 (Ulysses Simpson Grant, 1822—1885) 将军率领下接连夺取了亨利堡 (Fort Henry) 和道纳尔逊要塞 (Fort Donelson)，控制了田纳西州。4 月 6 日，格兰特部又在西洛 (Shiloh) 击败南军，进一步扩大了西部战场的战果。在南部战场上，本杰明·巴特勒（Beniamin F. Butler，1818—1893）将军在联邦海军的配合下于 5 月 11 日攻占了南部重镇新奥尔良（New Orleans）。

1862 年 9 月 17 日，是美国军队历史上最血腥的一天。罗伯特·李将军和南部同盟的军队在马里兰的安提塔姆受到了由麦克莱伦率领的数量占有优势的联邦军队的阻击。到当天夜幕降临时，死亡、受伤或者失踪者达 26000 人。罗伯特·李随后撤往弗吉尼亚。这是死在位于安提塔姆的农场主米勒的 40 英亩玉米地的围栏旁的南部同盟的士兵，当时，密集的枪炮火力将每一棵玉米都齐根斩断，"就像用镰收割的一样"。

而东部战场上的麦克莱伦依旧畏惧不前，林肯总统气愤地解除了他的陆军总司令职务，但仍令其指挥波托马克军团。迫于压力，麦克莱伦挥军南下。6 月 26 日至 7 月 2 日，波托马克军团与罗伯特·李（Robert Edward Lee，1807—1870）和托马斯·杰克逊（Thomas Jonahan Jackson，1824—1863）指挥的南军在里士满（Richmond）城外进行了"七日战役"（Seven Day's Battles），结果联邦军战死 1734 人，负伤 8062 人，失踪 6053 人；南军战死 3478 人，负伤 16261 人，失踪 875 人。南军乘联邦军溃败之机，乘胜渡过波托马克河，北进马里兰州，威胁首都华盛顿。

9 月 17 日，兵力 2 倍于敌的联邦军在安提塔姆（Anti-etam）阻击南军，双方伤亡惨重，联邦军战死 2018 人，负伤 9549 人；南军战死 2700 人，负伤 9029 人。昏聩的麦克莱伦未使用预备队，致使南军得以维持战线并于 18 日安然撤走。10 月 6 日，林肯总统命令麦克莱伦追击，但是麦克莱伦寻找借口拖延不前。11 月 7 日，林肯总统免除了麦克莱伦的指挥权。

1862 年 10 月，林肯总统在安提塔姆慰问麦克莱伦将军

随着内战的深入，联邦政府通过了一系列进步的立法。1862 年 3 月 10 日，国会以压倒多数通过了禁止使用军队捕捉和引渡逃亡奴隶的法案。4 月 16 日，国会通过了在首都地区禁止奴隶制的法案。5 月 20 日，林肯总统签署了《宅地法》（Homestead Act），规定自次年元旦起，凡年满 21 岁的美国守法公民只要交纳 10 美元登记费，就可以领到 160 英亩的国有土地，耕种满 5 年后就可以得到这块土地的所有权。《宅地法》堵塞了奴隶制向西部扩张的道路，得到了广大民众、特别是西部人民的热烈支持。

6 月 19 日，国会又宣布在各准州和所有未来新领地上废除奴隶制，进一步限制了奴隶制的发展。7 月 14 日，国会宣布接纳西弗吉尼亚（West Virginia）加入联邦，并在该州逐步废除奴隶制。7 月 17 日，国会又通过了《没收法案》（Confiscation Act），规定没收叛乱者的所有财产，其奴隶解放为自由人，并授权总统可以使用被解放的奴隶去镇压叛乱。同日通过的《民兵法案》还规定，凡逃人并投效联邦军队的叛乱者之奴隶，其本人和家属都解放为自由人。

9月22日，借安提塔姆战役胜利之机，林肯总统在内阁会议上宣读了他早已修改多次的奴隶《初步解放宣言》（Preliminary Emancipation Proclamation）。9月24日，又将这份《初步解放宣言》公之于世。1863年1月1日，林肯总统正式颁布《解放宣言》（Emancipation Proclamation），宣布当时仍在叛乱各州及地区的所有奴隶都应永远获得自由。《解放宣言》发表后，南部黑人大批逃亡北部，并踊跃参军。到1863年10月，联邦军共组建了58个黑人军团，黑人士兵达3 7482人，成为一支英勇顽强的战斗力量。

自由之骑——逃亡的奴隶（A Ride for Liber七y——The Fugitive Slaves）。这幅油画描述的是一个黑人家庭逃向自由，抱着孩子的母亲不安地看着后面可能的追捕者。

1862年11月7日，麦克莱伦被解职后，安布罗斯·伯恩塞德（Ambrose Everett Burnside，1824—1881）接任波托马克军团司令。伯恩塞德的战略重点仍然是进攻里士满，而不是打击罗伯特·李统帅的南军主力。使得罗伯特·李从容调兵，于12月13日在弗雷德里克斯堡（Fredericksburg）以7.5万南军击溃11.3万联邦军。

1863年1月25日，约瑟夫·胡克（Joseph Hooker，1814—79）取代伯恩塞德

出任波托马克军团司令，继续执行进攻里士满的战略。5月2—4日，胡克的13万大军在昌斯勒维尔（Chancellorsville）被罗伯特·李不足6万人的南军击败。联邦军1575人战死，9594人受伤；南军也付出了惨重的代价，战死1665人，9081人受伤，"石壁将军"（Stonewall）托马斯·杰克逊被自己人误伤致死。

1863年3月3日，联邦国会通过了《征兵法》（En-rollment Act），规定凡年龄在20—45岁、身体健全的男子均有服兵役的义务，将美国的志愿兵役制改变为义务兵役制，为战争的最终胜利提供了充足的兵源保障。到当年底，联邦兵力增至91.8万人。相比之下，南部同盟早已感到兵源枯竭，1862年4月既已实行义务兵役制，但是逃避兵役和军中开小差者比比皆是，累计多达几十万之众。同时南部各地黑奴起义不断，内战期间逃亡北部的黑奴多达50余万人。

在内战开始，大量美国黑人涌向联邦军队，但被拒绝了。林肯总统怕引起边境地区各州及北方的大多数白人的反对，他们不想与黑人并肩战斗。但是，随着《解放宣言》于1863年1月1日的颁布，联邦军队招募美国黑人成为合法的了。尽管种族隔离依然存在，但是，全部由黑人组成、由白人担任军官的部队还是建立起来了。这张照片中的人来自美国第4有色人步兵部队的E连。他们是担负保卫首都任务的特遣队之一。

1863年6月3日，罗伯特·李率领7.3万名南军乘胜北进宾夕法尼亚。林肯总统指示胡克集中力量打击李军，但是胡克坚持进攻里士满并以辞职相抗。于是，林肯总统调派乔治·米德（George G. Meade，1815—1872）接替胡克，率军寻敌作战。6月30日，两军在葛底斯堡（Gettysburg）遭遇，随即展开美国内战中最惨烈的葛底斯堡大会战（Bat-tle of Gettysburg）。鏖战至7月3日，南军战死3903人，负伤和失踪约2.4万人，损失兵力1/3。罗伯特·李下令撤退。林肯总统指示米德追击，力争彻底歼灭李军。但是天降大雨，米德追击不力，李军渡过波托马克河，逃回了弗吉尼亚。这一战，联邦军也付出了沉重的代价，3155人战死，约2万人受伤和失踪。不过，这一战成为美国内战的决定性转折点，联邦军从此开始全面反攻。

葛底斯堡大捷的次日，1863年7月4日，格兰特将军攻克了密西西比河上的重镇维克斯堡（Vicksburg），俘虏南军3万多人，全面控制了整条密西西比河，将南部同盟拦腰切断，阻断了西部地区对南部同盟的一切补给。在外交上，葛底斯堡大捷和维克斯堡大捷使欧洲各强国认识到南部的失败已成定局，从而令南部同盟在国内外陷入了彻底的孤立。

葛底斯堡大会战中横尸于战场的联邦军队士兵的尸体

1863年11月19日，为了祭奠葛底斯堡战役的英灵，林肯总统来到葛底斯堡战场，发表了著名的《葛底斯堡演说》（Gettysburg Address），赞扬了阵亡的将士们，并激励人民为"自由的新生"（New Birth of Freedom）和"民有、民治和民享的政府"（Government of the people，by thepeople，and for the people）的永存而奋斗下去。

1864年3月9日，新任陆军总司令格兰特将军指示威廉·谢尔曼（William T. Sherman，1820—1891）将军挥师10万"向海洋进军"（March to the Sea），打进南部，消灭南军有生力量，摧毁南部的作战资源。5月7日，谢尔曼大军从查塔奴加（Chattanooga）出发，轻装快进，绕敌前进，迅速突进佐治亚，令南军措手不及、据守失据、一路溃退。9月2日，谢尔曼军攻占南部重镇亚特兰大（Atlanta）。休整之后，谢尔曼大军于11月16日再次大举南进，所到之处烧毁粮食、杀死牲畜、拆除铁路桥梁、捣毁机器厂房、扫荡一切作战物资。12月22日，谢尔曼军占领萨凡纳（Savan-nah），完成了对南部同盟在经济和战略上的毁灭性打击。

1865年4月9日，罗伯特·李将军在阿波托马克斯的麦克林宫（McLean House）签署投降文件，率军向格兰特将军投降。

1864年11月8日，林肯总统战胜民主党总统候选人麦克莱伦，再次当选为美国总统。1865年1月1日，在林肯总统的极力推动下，联邦众议院通过了《宪法第13条修正案》（Thirteenth Amendment of Constitution），以宪法的形式确定了解放奴隶的措施。到当年底，该修正案获得3/4以上州的批准而正式生效，奴隶制在美国被彻底埋葬了。

1865年2—4月，谢尔曼大军从萨凡纳北上，再次横扫南、北卡罗来纳。与此同时，格兰特大军11.5万人在3月中旬将罗伯特·李的5.4万南军主力围困在彼得斯堡（Pe-tersburg）。4月2日，李军突围、逃出彼得斯堡，南部同盟首都里士满陷入混乱，奴隶主们争相逃命。4月3日，联邦军开进里士满。4月8日，李军残部约3万人在距离里士满80英里的阿波托马克斯（Appomattox）再度陷入7万联邦军队的包围。4月9日，大势已去的罗伯特·李率军向格兰特投降。

4月18日，约瑟夫·约翰斯顿（Joseph Eggleston John-ston，1807—1891）率3.7万南军在北卡罗来纳州达勒姆（Durham）向谢尔曼将军投降。5月10日，南部同盟总统杰斐逊·戴维斯在佐治亚被俘。5月26日，南军最后一支部队在新奥尔良投降。至此，美国内战以联邦政府和北部工业资产阶级的全面胜利而告终。

1865年4月14日，林肯总统和他的妻子正在华盛顿特区的福特
戏院观看演出的时候，约翰·威尔克斯·布思向他的头部开了枪。

4月11日，林肯总统发表了他生前的最后一次公开演讲，重申了对战败的南部实行宽容的政策。提出只要有1/10的南部白人宣誓效忠、组成州政府便可以重新加入联邦，甚至对内战主犯戴维斯及其内阁成员也全部赦免，主张不要迫害或杀害过去的敌人。4月14日，在他的最后一次内阁会议上，林肯总统再次重申了对南部的宽大政策，并做出取消对南部封锁的决定。当晚，林肯总统偕夫人来到华盛顿的福特戏院（Ford's Theater）观看演出《我们美国兄弟》（Our American Cousin），

22 点 15 分，一个支持南部叛乱的演员约翰·威尔克斯·布思（John Wilkes Booth，1838 安布罗斯·伯恩塞德 1865）混进了林肯总统的包厢，从背后开枪刺杀了林肯。不省人事的林肯总统被转移到对街的一处私宅，次日清晨 7 点 30 分逝世。

1865 年 4 月 19 日，林肯总统的送葬队伍通过华盏顿特区的宾夕法尼亚大道。

在 1860 年至 1898 年这不到 40 年的时光里，美国实现了空前的跳跃式大发展，历史学家援引马克·吐温（MarkTwain）的同名小说称这一时期为"镀金时代"（The Gild-ed Age）。通过内战，美国解决了南部与北部两种社会制度的冲突，废除了奴隶制，为自由资本主义在美国的全面发展扫清了道路。重新统一后的美国，在实现第一次工业革命后又迅速实现了第二次工业革命，从农业国顺利转变为工业国，经济飞速发展，跃居世界前列，为现代美国的到来奠定了坚实的基础。

南部的重建

1865 年 4 月 15 日，林肯总统逝世的当天，副总统、民主党人安德鲁·约翰逊（Andrew lohnson，1808—1875）成为美国第 17 任总统。5 月 29 日，约翰逊总统公布《重建宣言》（Reconstruction Proclamation），赦免拥有 2 万美元以下纳税财产的所有叛乱者，恢复其奴隶之外的所有财产权利。至于不在赦免之列的叛乱者，须要

提出申请后由总统予以特赦。随后，约翰逊特赦了提出申请的 1.5 万人中的 1.35
万人，几乎宽恕了所有的叛乱者。

为了避免国会的干预，约翰逊总统利用国会休会期间加紧推行其排斥黑人的南
部重建计划。到 1865 年末，南、北卡罗来纳、佐治亚、密西西比、得克萨斯、亚
拉巴马和佛罗里达等 7 个州在完全排斥黑人的情况下，选出了联邦参议员、众议
员，制定了州宪法，组成了由南部同盟旧官员和种植园主操纵的州议会和州政府。

安德鲁·约翰逊（1808—1875）。美国第 17 任总统（1865—
1869）。约翰逊生于北卡罗来纳州，年幼时家境贫寒，未受过正规
教育，当过徒工，后来做过裁缝。1864 年大选时当选为副总统。林
肯总统被刺身亡后由约翰逊继任总统。接任后，约翰逊面临对于分
裂主义分子如何惩治和奴隶的选举权问题。对前者，约翰逊采取了
宽大政策，对后者，则实行严厉政策。1875 年，约翰逊返回到田纳
西参议院，几个月之后去世。

南部政治出现了某些反动和倒退，逃亡的奴隶主重返故地，索回被没收的财
产。南部各州在批准《联邦宪法第 13 条修正案》的同时，又先后制定了限制黑人
自由与民主权利的《黑人法典》（Black Codes）。规定黑人没有选举权、参政权和

陪审权等，黑人不得拥有土地，无权自由选择职业，不得从事独立的经济活动，不许自由迁徙和选择居住地点，等等。其中，黑人不得随意接近白人，不得以表情、言语和行为"侮辱"白人等种族隔离规定，后来又演变成臭名昭著的"吉姆·克劳法"（Jim Crow System）。

《哈泼周报》上刊登的这幅卡通画，准确地描述了南部重建时美国黑人的处境。戴面具的是三K党徒。三K党最初是指在1865年由南方联盟的老兵建立的一个"白人至上"的秘密暴力组织，但该组织于1880年被解散。使用同一名称的第二个团体是于1915年在亚特兰大成立的，以反对罗马天主教徒、犹太人、黑人以及向美国的移民为目标，该组织于第二次世界大战期间被解散。在1960年代，反对《民权法》的组织被人们称为三K党。现在，虽然三K党这个名字被大多数美国人所痛恨，但仍然有一些小型组织使用这一名称。

　　1866年夏季，田纳西州的一些原南部同盟退伍军官又组建了白人种族主义恐怖组织——三K党（Ku Klux Klan）。后来成为南部民主党支持的半军事组织，以前南部同盟官兵为骨干，专门杀害黑人和南部进步力量。约翰逊政府对南部地区不断发生的残杀黑人事件置若罔闻，令南部的反动势力有恃无恐。

针对南部诸州的反动行为，联邦国会中的共和党温和派和激进派提议并推动国会于1866年3月14日通过了《公民权利法案》（Civil Rights Act）。规定除不纳税的印第安人以外，美国所有的合法居住者不论种族、肤色、居住地和是否曾为奴隶，均视为美国公民并享有平等的公民权利：任何州与任何人均不得以任何法律、规章或惯例为借口剥夺公民的正当权利。法案提交白宫后，被约翰逊总统以"偏袒黑人"为由否决了。4月9日，国会又以2/3多数驳回了总统的否决。6月13日，国会又通过了以《公民权利法案》为基础、经过修改的《联邦宪法第14条修正案》（Fourteenth A-mendment of Constitu-tion）。

1868年3月13日，美国参议院审理对约翰逊总统的弹劾案，这是美国历史上第一次对总统进行弹劾一。

1867年6月，顽固、偏狭的约翰逊总统为了加强南部的州权，竟然违反《军队指挥权法》（Commandof the Army Act），直接向南部5个军区发布了削弱司令官权力的命令，随即又罢免或调离了同情和支持进步力量的军区司令。8月12日，约翰逊总统又违反《官职任期法》（Tenure of Office Act），罢免支持进步力量的陆军部长埃德温·斯坦顿（Edwin M. Stanton，1814—1869），斯坦顿拒绝离职。1868年1月13日，美国参议院驳回了约翰逊总统撤换陆军部长的决定。2月21日，约翰逊总统无视国会的决议，强行任命洛伦佐·托马斯为临时陆军部长，令其接管陆军部，然而，斯坦顿拒不离职。

1868 年 2 月 24 日，被约翰逊总统激怒的国会通过决议，启动了对约翰逊总统的弹劾（Impeachment of John-son）。3 月 4 日，众议院向参议院提交了弹劾文件，指控约翰逊违反《官职任期法》《军队指挥权法》和蓄意藐视国会等 11 项罪行。3 月 5 日，由最高法院首席大法官萨蒙·蔡斯（Salmon Portland Chase，1808—1873）主持，参议院开始审理弹劾案。5 月 16 日和 26 日，参议院进行了两次表决，最终以 1 票之差、不足 2/3 多数弹劾失败，宣判约翰逊无罪。

1868 年 11 月，46 岁的美国内战英雄尤利塞斯·格兰特（Ulysses Simpson Grant，1822—1885）将军当选为美国第 18 任总统，成为当时最年轻的一位总统。然而，这位战场上的名将，在政治上却很无能。格兰特政府对南部的反动势力依旧是一再地退让，经济上又是贪污舞弊案、腐败丑闻接连不断，执政 8 年鲜有建树，乏善可陈。

1876 年，拉瑟福德·海斯（Rutherford Birchard Hayes，1822—1893）当选为美国第 19 任总统。海斯就职后，根据大选中与民主党达成的秘密政治交易"海斯—蒂尔登妥协"（Hayes-Tilden Compromise），立即从南卡罗来纳、路易斯安那和密西西比州撤出联邦驻军，将三州政权拱手让给民主党，致使民主党重新掌握了南部各州的政权，南部的重建工作以南北双方的妥协而结束。

重建后的南部，种族主义势力依然强大，种族隔离依旧严重，黑人处境甚少改变。农业上盛行谷物分成制，走上了缓慢而痛苦的"普鲁士式"的资本主义农业发展道路。工业上对北部垄断资本的依赖不断加强。整个经济结构缺乏弹性与活力，使得南部经济远远落后于全国。1880—1900 年间，南部的人均收入及全国人均水平的 51%。

高速发展的美国经济

内战结束后，美国加快了工业化的脚步，经济开始出现前所未有的高速增长。

1860年代初期的美国，基本上还是一个经济上依附于欧洲的农业国。但是，到了1890年代末期，美国的工业产值已经跃居世界首位，并且形成了比较完整的工业体系，经济形态开始向垄断资本主义过渡。

内战期间，1862年5月20日，林肯政府颁布的《宅地法》对战后美国经济的起飞发挥了巨大的作用。首先是在经济上迅速地展开了广大的西部疆域，吸引众多人口大举西迁，形成了大批的西部宅地农场主，既为工业发展提供了原料和粮食，又极大地延展了国内市场，使整个的美国经济体得以快速、成倍地放大。其次，还直接地推动了美国工业的迅猛发展。美国政府对各家铁路公司和土地投机公司馈赠了大量的土地，这些赠地被大公司高价转手零售，由此获得的巨额资本金又被投入铁路铺设或西部矿山开发，或者转而投资于东部的制造业。

西迁途中，向西部迁移的民众。

同样也是在内战期间，1864年2月25日，联邦国会通过了《国民银行体系法》（Act of National BankSystem），使美国历史上第一次出现了统一的通货，初步建立起一体化的金融体制。此前，美国各地滥设私立银行和州立银行，致使通货混乱、储蓄缺乏保障、信用不良、金融不稳。此后，大多数州立银行均转变为由国会颁发执照的国民银行，使金融市场逐步稳定下来。1869年以后，美国银行的资本积累率高达每10年45—60%的增幅，吸收外国资本也从1869年的15亿美元增至1897年的

34 亿美元，有力地缓解了美国经济高速发展所带来的资金短缺。

1860 年以后，联邦政府又将外贸关税大幅度提高，并长期保持高关税壁垒，排斥欧洲工业品的竞争，扶持民族工业占领国内市场。同时，拆除各州之间的贸易壁垒，鼓励国内竞争与商品的自由流通，提升国货的质量与国际竞争实力。1879 年以后，美国国际贸易开始以顺差为主，并且出现了农产品和原料出口下降、工业品出口上升的贸易结构变化；说明美国经济已经开始摆脱对欧洲工业的依赖，转而逐渐形成自己的工业体系。

在纽约艾利斯岛上，一些未满足美国移民条件的移民将要被驱逐出境。

另外，1864 年《移民法》（Immigration Act）通过后，大量的青壮年移民源源不断地涌进美国，平均每年 37 万人之多，到 1900 年时累计吸纳新移民 1300 多万人，使美国人口从 1860 年的 3150 万人猛增至 1900 年的 7600 万人，超过了当时的主要欧洲大国，既为美国经济储备了充足的劳动力资源，也为美国经济的国内市场容量和对外经济扩张准备了巨大的潜力。

同时，联邦政府还对工业技术的自主研发与国外引进倾注了不懈努力。1880—1900 年间，美国专利局每年签发的技术专利特许证书都保持在 1.5—2.5 万件。1883—1900 年间，美国每年签发给外国人的专利证书也在 1200 件以上，积极地引进外国的先进技术。完备而又高效的专利制度保障了美国工业技术的快速进步，不仅不落后于欧洲，而且在许多领域引领世界之先。尤其是以电力为代表的一系列新兴工业的崛起，使美国在 19 世纪末完成第一次工业革命的同时，又率先展开了第二次工业革命的浪潮。

1892 年 10 月 18 日，亚历山大·贝尔在纽约与芝加哥电话服务正式开通的仪式上进行第一个试音。他说的是："喂，芝加哥。"

1870 年，托马斯·爱迪生（Thomas Alva Edison，1847—1931）创办了爱迪生公司。1879 年 10 月 21 日，爱迪生研制成功世界上第一只白炽电灯泡，随后他又发明了发电机、馈电线和配电系统。1882 年 9 月，世界上第一座中心发电站在纽约建成，美国成为电力工业的故乡。

1775 年，康涅狄格州威斯莱阳大学创建了美国第一座农业试验站。随后各州纷纷仿效，对美国农业技术的发展起到了巨大的作用。

1876 年 3 月 10 日，苏格兰侨民亚历山大·贝尔（Alexander Graharm Bell，1847—1922）及其助手在波士顿研制成功世界上第一部实用电话机。1880 年贝尔电话公司成立，开始大规模推广电话事业，使美国很快便成为世界上电话使用最普遍的国家。1896年无线电通信也走出实验室，进入实际应用领域。通信技术的进步使美国经济结合得更为紧密，推进了集中与垄断企业的形成。

乔治·威斯汀豪斯

1886年，另一位重要的美国发明家和企业家乔治·威斯汀豪斯（George Westing-house，1846—1914）改进了交直流变电和高低压变电等电流电压应用技术，为电力的长途输送与广泛应用打开了广阔的前景。到1890年代末，美国的主要城市全都兴建了发电厂，大企业普遍应用电力作为能源。铁路上也采用了电力信号系统，城市生活中出现了电灯、电话、电车、电扇和电动缝纫机等等家用电器。电力技术的突破与电的广泛应用加快了美国的工业化进程，并且使之迅速赶上和超过了使用蒸汽动力的英、法、德等老牌欧洲工业国。

1893年9月21日，杜里埃兄弟研制成功美国第一辆单汽缸内燃机汽车。1896年，亨利·福特（Henry Ford，1863—1947）研制出时速25英里的汽车。1903年福特汽车公司成立，1909年开始大规模生产"T型汽车"（Model T），美国汽车工业逐渐形成。

亨利·福特和他的 T 型车

伴随着新技术在各个经济领域中的广泛应用，美国经济取得了惊人的发展。1860 年时，美国的工业产值还不到英国的一半，在主要工业国中排名第四。而到了 1890 年时，美国工业产值已经世界第一，约为世界工业总产值的 1/3 弱，钢铁、石油和煤炭等产量均高居世界前列。国民人均产值也从 1870 年代的 531 美元增长到 1900 年的 1000 美元。1884 年美国工业产值首次超过农业，开始从农业国转变为工业国。全国铁路网从 1870 年的 5.3 万英里猛增到 1900 年的近 20 万英里，约为当时世界铁路总里程的 1/3，超过欧洲铁路里程的总和。

二十世纪初叶的美国

伴随着第二次工业革命的全面展开和迅速完成，美国基本实现了工业化、城市化和向垄断资本主义的过渡，从一个新兴的资本主义国家崛起为世界一流的经济大国和军事强国，并且越过大西洋和太平洋向全球扩张，逐步取代昔日霸主英国，成为新的世界霸主。

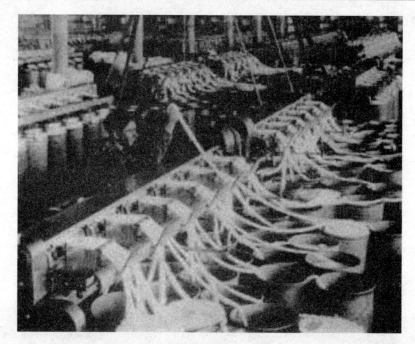

1880 年代佐治亚州的大奥林匹亚棉纺厂（GreatOlympian CottonMill），已经实现了机械化。

工业革命的完成是 20 世纪初叶美国的主要特色。这首先体现在动力上的变革。1860 年时，美国经济中非人力动力的 2/3 依然是畜力，而 1890 年时美国总动力的 60%已经是改进了的蒸汽动力，到 1900 年时电力和内燃机开始成为主要的动力。1919 年时，电力构成了全国总动力的 1/3。

与此同时，钢铁、石油、化工、汽车和通信等现代工业的全面展开也成为工业革命的骄人成果。1899 年美国生铁产量占到世界总产量的 1/3，钢产量则占到 43%。1900 年美国石油产量达到 6362 万桶，炼油技术取得突破性进展，相关的化学工业成为独立的工业部门。汽车工业开始迅速崛起，1909 年每辆汽车售价降到 360 美元，1920 年仅福特汽车公司一家年产汽车即达 125 万辆，成为世界上最大的汽车公司。1910 年无线电广播出现，电子管时代来临，这一年美国的电话保有量达到 700 万部。

工业革命的完成使美国成为世界上机械化程度最高的国家。1865—1900 年间，美国工业产值增长了 500%。1890 年工业产值首次超过了农业产值，1900 年工业产值已是农业产值的 2 倍还多。1894 年，美国工业产值首次跃居世界第一位。1902年，美国研制成功第一台汽油拖拉机。随后的 10 多年里，各种农业机械都被陆续发明和应用到农业生产之中。到 1910 年时，美国小麦产量已达 1632 万吨，成为世界上最大的小麦供应国。同时，玉米、棉花、乳牛、家禽和蔬菜、水果等产量也高居世界前列。

在企业形式上，大企业也迅速取代小企业成为美国经济的主导力量。到 1900年时，大企业生产了美国工业品的 2/3。1882 年，美国出现第一家企业托拉斯——美孚石油公司（Standard Oil Company），控制了美国产油区的各大铁路，拥有四通八达的输油管道和巨型仓库、码头、油轮，掌握了全美国 90% 的石油。随后，榨油、炼铝、酿酒、烟草和屠宰等行业也出现了托拉斯。

1898 年奥蒂斯电梯公司几乎生产了世界上所有最高建筑物的电梯。1900 年 3家最大的人寿保险公司拥有全美同业资产及保单的 50% 以上。1901 年银行家约翰·皮尔庞特·摩根（John Pierpont Morgan, 1837—1913）组建美国钢铁公司（United States Steel Corporation），控制了美国 60% 的铁路、66% 的钢铁生产和 50%的钢铁预制品，成为美国第一个资产达到 10 亿美元的公司。

1904 年时，7 家最大的托拉斯握有全美 1/3 的资金，占企业总数 2.2% 的大型企业产值占制造业的 49%，雇佣了业内职工总数的 1/3。1910 年，4 家铜业托拉斯生产了全美 75% 的铜产品。1913 年，福特汽车公司生产了全美 50% 的汽车。

而美国最有实力的八大财团也在 20 世纪初期形成了。这八大财团是：摩根财团、洛克菲勒财团、库恩—罗比财团、梅隆财团、杜邦财团、芝加哥财团、克利夫兰财团和波士顿财团。依附于这八大财团的还有一些中小财团。掌握着美国经济命脉的八大财团的形成，标志着美国垄断资本主义的基本确立。这些财团不仅支配着美国的国民经济，还干预政治，操纵政府，将其触角伸向全社会的每一个角落。

与经济上的集中化相伴，美国的人口也向城市集中，城市化进程到 1920 年左右便初步完成了。1860 年时，美国总人口 3149 万人中只有 620 万人居住在城市里，占 19.8%；而 1900 年时，7590 万美国人中已有 3010 万为城市人口，占 39.7%；

1920 年时，10570 万总人口中 5410 万为城市人口，占 51.2%。星罗棋布的美国大中小城市已经逐步变成了美国政治、经济、社会和文化活动的中心。

美西战争

20 世纪初叶，在经济实力和军事实力上已经跃居世界首位的美国重整旗鼓、雄心勃勃地踏上了对外扩张之路。临近美国的加勒比海地区和太平洋地区首先成为美国的扩张重点，而老牌殖民强国西班牙则成了美国扩张道路上的直接障碍。

1895 年，古巴人民发动了反对西班牙殖民统治的起义，次年被西班牙镇压。美国政府开始打着同情古巴人民的旗号，向西班牙提出抗议，伺机夺取西班牙的海外殖民地。1898 年美国借口保护侨民，派遣"缅因"号战舰（Battle-ship Maine）进入哈瓦那港（Havana Harbor）。同年 2 月 15 日，"缅因"号战舰在哈瓦那被水雷炸沉，350 名美军官兵伤亡，美国随即掀起声讨西班牙的浪潮。

美国总统威廉·麦金莱（William McKinley，1843—1901），因为目睹了内战的残酷，不喜欢战争。以西奥多·罗斯福为代表的主战派们对麦金莱缺乏战斗精神感到很不耐烦。罗斯福抱怨说，麦金莱的"脊梁骨软得像巧克力蛋糕"。一天，一位参议员怒气冲冲地闯进国务院，大声叫着："你们的总统不知道宣战的权力在哪里吗？告诉他，如果他还无动于衷，国会就会撇开他，行使宣战的权力。"

好战的喧嚣不断地在全国蔓延，最终这种喧嚣也强烈地感染了麦金莱。4 月 11 日，麦金莱总统要求国会授权使用武力，以保证古巴获得自由。4 月 19 日，国会通过决议，授权总统武力迫使西班牙放弃对古巴的统治。4 月 24 日，西班牙对美国宣战。4 月 25 日，美国正式对西班牙宣战。

1898 年 5 月 1 日，美国太平洋舰队在菲律宾的马尼拉海湾（Manila Bay）击溃西班牙舰队，随后联合菲律宾起义军攻占了马尼拉。6 月 14 日，美国陆军在古巴登陆。7 月 3 日，美国海军在古巴的圣地亚哥港（Santiago）击溃西班牙加勒比海舰队。7 月 17 日，美军攻占圣地亚哥，被困的 22 万西班牙守军投降。不久，美军又

在美西战争中的 1898 年，美国军队在古巴的德奇里海滩登陆。美国在美西战争中的胜利，使之成为世界强国。

轻而易举地夺取了波多黎各（PuertoRjco）。8 月 12 日，战败的西班牙请求停战。12 月 10 日，美国与西班牙签订《巴黎和约》（Treaty ofParis），西班牙放弃古巴并承认古巴独立，割让关岛、波多黎各给美国，同时将菲律宾群岛的主权以 2000 万美元的代价转让给美国。

1901 年 3 月 2 日，美国国会通过《普拉特修正案》（Platt Amendment），规定古巴不得向美国之外的其他国家转让土地，美国有权在古巴建立军事基地，并维护古巴"独立"。

向太平洋地区扩张

美西战争的胜利拉开了美国向海外大举扩张的序幕，军事上开始从大陆扩张转向海上扩张，外交上从孤立主义转向扩张主义。1901 年 9 月 6 日，麦金莱总统在纽约遇刺身亡后，西奥多·罗斯福（Theodore Roosevelt, 1858—1919）于 9 月 14 日接任美国总统。罗斯福这位狂热的扩张主义者将门罗主义加以发展，在外交上提出了以强大的军事力量为后盾的"大棒政策"（Big Stick Diplomacy）。其任内大力发展海军，使美国海军实力从世界第 7 位快速上升为第 2 位。

1909 年上台的威廉·塔夫特（William Howard Taft, 1857—1930）总统又为门

1901 年 9 月 6 日，麦金莱总统在纽约州布法罗出席泛美博览会时，被枪击身亡。下午 4 点刚过，麦金莱总统在博览会的音乐堂刚要与人握手，两声枪声响彻了大厅。第一枪击中了麦金莱的胸部，第二枪击中了腹部。暗杀者是一名叫列昂·柯佐尼茨的波兰籍无政府主义者，他是用一支隐藏起来的左轮手枪向总统射击的。总统立即被送往医院进行手术。在弥留了一个星期之后，于 9 月 13 日逝世。他说的最后一句话是："再见各位，再见。这是上帝的旨意。他的愿望实现了。"

罗主义添枝加叶，提出了所谓的"金元外交"（Dollar Diplomacy）。实质上就是以武力为后盾，用金元开路，对世界上的弱小国家进行资本输出和经济侵略。

1913 年，伍德罗·威尔逊（Woodrow Wilson，1856—1924）成为美国第 28 任总统。这位曾任普林斯顿大学校长的"学者总统"，又提出了以道德原则而非经济利益或强权政治来处理国际关系的所谓"使命外交"（MiSsionaryDiplomacy），为美国的扩张主义政策披上了一层伪善的外衣。

美国取代西班牙在太平洋地区的势力后，进而继续向亚洲地区扩张。1898 年 6 月 12 日，菲律宾独立运动领导人艾米利奥·阿奎纳多（Emilio Aguinaldo）宣布菲律宾独立，成立菲律宾共和国，并当选为总统。8 月 13 日，美军进占马尼拉市区，菲律宾独立运动起义军则控制其他地区。1899年2月4日，马尼拉爆发反美起义，很快被美军镇压。随后，美军不断向菲律宾增兵，镇压菲律宾人民起义。到1901年，美军在菲律宾建立了639个据点。3月23日，阿奎纳多在北吕宋岛被俘并呼吁停止反抗、接受美国统治；但是，其他菲律宾起义军领导人继续顽强地进行着反美游击战争，直到1906年在萨马岛战役中最后失败。

菲律宾战争中的美军战壕（1899年）

镇压了菲律宾的独立运动、实现了对菲律宾的占领之后，美国又将侵略之手伸向夏威夷群岛。1898年7月7日，美国国会无视夏威夷当地人民的主权，自行通过了关于归并夏威夷群岛的联合决议。8月12日，美军入侵夏威夷群岛，将其并入美国领土。9月，美国从西班牙手中取得了关岛。1899年12月2日，美国又与德国、英国签订《分割萨摩亚群岛协定》（Partition of Samoa），取得了萨摩亚群岛。

继侵占菲律宾、夏威夷和关岛等地之后，美国又将侵略的目标瞄向了中国。1899年，美国国务卿海约翰（JohnMilton Hay，1838—1905）首次向英、法、德、

1898 年 8 月 12 日，伊哦拉尼王宫（Ioani Palace）上的夏威夷王国的旗帜被降下，以升起美国国旗，象征夏威夷被并入美国。夏威夷领地正式建立于 1898 年 7 月 7 日，1959 年 8 月 21 日成为美国的一个州。夏威夷领地在第二次世界大战期间的 1941—1944 年实行了军事管制，期间，民选政府被解散。

俄、日、意等西方强国发出了所谓"门户开放"（Open Door Policy）照会，要求各国对在华利益一体均沾，不得独占。1900 年。中国爆发义和团运动（Boxer Revolt），美国参与八国联军入侵中国。7 月 3 日，海约翰向西方列强发出第二次"门户开放"照会，强调"保全中国领土与行政完整"（PreserveChinese territorial and administrative entity）和对华实行"门户开放"原则，以便初来乍到的美国能够与早先入侵中国的列强们共享在华利益。

向拉丁美洲扩张

1899 年 1 月 1 日，在西班牙撤出后，古巴获得了在美国军事占领下的独立。美国对古巴实行"统治而不兼并"的军事占领制度。1900 年 9 月，在美国总督伦纳德·伍德（Leonard Wood）将军的导演下，古巴召开制宪会议，制定了宪法并在法律上确认了美古关系；1901 年 6 月 12 日，古巴又被迫将美国强加的《普拉特修正案》列入古巴宪法，规定美国有权干预古巴内政和在关塔那摩建立美军基地。1902年 5 月 20 日，美军撤离古巴，古巴共和国成立。1903 年，美国在古巴的关塔那摩和翁达湾建立了军事基地。

曼努埃尔·阿马多尔·格雷罗博士（1833—1909），巴拿马共和

国第一任总统。

1906 年，不堪忍受美国控制与压迫的古巴人民爆发 8 月起义，美军重返古巴镇压起义，并再次实行军事占领制度，直到 1909 年最后撤离一此后，美国又分别于1912 年和 1917 年对古巴进行军事干涉。迫使古巴长期处于美国保护国的地位。

美西战争后，美国还根据与西班牙签订的条约，夺取了西班牙的殖民地——波多黎各。1900 年 4 月 12 日，美国国会通过《福拉克法》，组建了统治波多黎各的专门委员会，包括一名总督和 6 名行政长官。并任命 5 名最高法官负责波多黎各的司法工作。1917 年，波多黎各居民得到美国公民资格。

美国对拉美扩张的另一重要行径，是强占巴拿马运河（Panama Canal）开凿权。1899 年 3 月 30 日，美国国会授权行政当局调查开凿巴拿马运河的可能性。

1900 年，美国国务卿海约翰与英国驻美大使庞斯福德签订了一个有关条约，但未获国会批准。1901 年 11 月 18 日，《海约翰-庞斯福德条约》（Hay-Pauncefote Treaty）再次签订，美国获得了开凿、管理和防卫中美洲运河的独占权，同时容许其他国家的船只因为和平目的而通过该运河。

1902 年 6 月 29 日，西奥多·罗斯福总统批准修建巴拿马运河。1903 年 1 月 22 日，美国强迫哥伦比亚（Colombia）在其巴拿马省划出一条 15 英里宽的地区，租给美国 99 年，用于开凿运河。美国一次性付给哥伦比亚 1000 万美元，以后每年另付 25 万美元租金。哥伦比亚共和国以侵犯国家主权和补偿太少为由拒绝了美国的要求。

11 月 3 日，美国策动、并派遣军舰支持巴拿马省实行"独立革命"（Panama Revolt）。次日，召开群众大会，宣布巴拿马省脱离哥伦比亚而独立，由巴拿马省省长、分离主义者曼努埃尔·阿马多尔·格雷罗（Manuel Amador Guerrero，1833—1909）出任"巴拿马共和国"（Republic of Panama）第一任总统。

1914 年 8 月 15 日，在巴拿马运河首航的 Ancon 号汽船，当时，第一次世界大战刚刚在欧洲爆发。

11 月 18 日，美国与巴拿马签订《海约翰-比诺-瓦里亚条约》（Hay-Bunau-Varilla Treaty），规定巴拿马划出 10 英里宽及两端延伸入海 3 英里的地峡归美国永久占领、使用和统治；美国承认并保护巴拿马独立，同时一次性支付 1000 万美元给巴拿马政府，9年以后每年支付25万美元给巴拿马。12月2日，巴拿马批准该条约。

1904年2月23日美国批准该条约。同年，巴拿马运河动工开凿。1914年，巴拿马运河竣工，8月15日，一艘美国军舰首航巴拿马运河。1915年春，巴拿马运河全线通航，河宽152—304米，长约82公里。

1904年，西奥多·罗斯福总统借口清偿债务，派兵入侵多米尼加（Dominica）领海，迫使多米尼加接受美国对其税收和财政的监管。1907年，进一步迫使多米尼加将海关征税权交给美国50年，多米尼加税务官及其助理均由美国总统直接任命。1916年，美国出兵占领了多米尼加首都和其他城市，实行军事占领制度。

1912年，为了维护亲美的尼加拉瓜（Nicaragua）政府，美国出兵镇压该国的反政府起义，对尼加拉瓜进行军事控制。1914年8月5日，与尼加拉瓜政府签订条约，授予美国在尼加拉瓜开凿运河和建立丰塞卡湾军事基地的权利，并有权长期租借加勒比海的科恩群岛。

1914年12月，乘海地发生内乱之机，伍德罗·威尔逊总统派遣美国海军陆战队登陆太子港，劫走海地国家银行价值50万美元的黄金储备。1915年7月27日，海地新总统在群众暴乱中丧生，美国立即借口保护侨民利益出兵占领太子港等重要港口，将海地置于美国的军事控制之下。8月12日，美国操纵海地选出亲美的新总统。9月16日，迫使海地签订条约，准许美国监督海地的海关和财政，在美国官员领导下建立地方警察。1917年，美国又为海地制订了新宪法，确认美国的占领，并准许美国在海地取得土地所有权。

九、拉丁美洲

约 1500—1914 年

玛雅文化以及阿兹特克和印加文明在地域分布上极为分散，它们在中南美洲建立起面积广阔、行政高效的帝国。但是 16 世纪时，在西班牙的征服中它们迅速土崩瓦解。在西班牙和葡萄牙的统治下，促使印第安人改变信仰的主要是传教士。在耶稣会的领导下，建立起了半自治的印第安人保留地。

拿破仑占领伊比里亚半岛后，拉丁美洲的西班牙和葡萄牙殖民地将这看作是它们实现民族自决的大好机会。之后大多数南美国家都取得了独立。在大多数拉美国家，独立后的很长一段时间里内战和国内政治斗争接连不断。这些国家的政治体制在君主制、独裁制和共和制之间变换。

玛雅帝国晚期

玛雅帝国晚期分裂为许多互不统属的国家。这些国家在 15 世纪时由于政治上的纷争而力量减弱，并于 16 世纪被西班牙征服。

古老的玛雅城市建筑最早建成于公元前 6 世纪。15—16 世纪，玛雅文化传播地域广泛。高效的农业系统使得人口增长迅速。

987 年，来自坎佩切地区并与古玛雅人融合的托尔特克人，在尤卡坦半岛建立起新的玛雅帝国，其他城邦纷纷加入。1204年，可能来自墨西哥的马雅潘王国的科科姆王朝攫取了帝国的领导权。

1441年，一些玛雅部落在乌斯马尔的希乌领导下，起兵反抗暴政。

乌斯马尔的农民

由于这十八个小国相互征战，尤卡坦半岛再也没有恢复政治统一。瘟疫、自然灾害也早在西班牙人到来之前就大大地削弱了这些国家的力量。

在今天危地马拉的高原地区，都是受到托尔特克影响的一些国家，包括奎契、卡齐奎尔、苏都伊，它们分别定都于乌塔特兰、伊克辛切和阿提特兰。托尔特克部落还分布在今天的尼加拉瓜、洪都拉斯西北部和萨尔瓦多等地。

虽然政治势衰，但玛雅文化在前哥伦布时代得到了高度发展。玛雅人使用的象形文字、数学在当时都是领先于世界其他地区的，其历法比16世纪欧洲的格里高利历要精确得多；人生活在拥有石砌房屋和平坦道路的大城市中；人们大量种植玉米，以获得的盈余支持高雅的艺术活动和精巧的手工业；社会等级划分严格，贵族和教士为统治阶层。奴隶主要来自于战俘或债务奴隶。

虽然玛雅人经商的足迹遍及各地，但对冶金和轮车一无所知。

趁着玛雅帝国的政治分裂，西班牙先后在1525年和1541年轻易地征服了危地马拉和尤卡坦半岛，但在1697年前，西班牙没能完全控制危地马拉。

玛雅的占星历，又称特洛一科特斯手卷，可能由尤卡坦半岛的象形文字写成，14世纪。

雨神查科外形的玛雅香炉，彩陶。

阿兹特克帝国

借助与其他城市结盟，阿兹特克人定都于特诺奇蒂特兰，并建立起一个强大的

帝国，但是在 16 世纪。他们迅速被西班牙征服者征服。

阿兹特克人大约于 1100 年移居到墨西哥。他们最初依附于特帕内克人，后来逐渐壮大实力。1375 年，他们建都特诺奇蒂特兰，接着于 1428 年起兵反抗。通过联合特佐科和特拉特洛科，他们于 1430 年推翻了特帕内克帝国。

阿兹特克武士，印第安画像。

阿兹特克的统治者蒙特祖马一世、阿萨雅卡特尔和亚威佐特在 15 世纪下半叶将帝国大举向东北扩张，而向南一直到危地马拉都向他们纳贡称臣。

他们自称为托尔特克的后裔，并将他们的战神维兹洛波奇利尊为太阳神，由此在宗教上使其征服政策合法化。阿兹特克帝国继续与两个盟邦保持同盟关系，而被征服的人民则被迫向这三个国家提供大量的供奉和奴隶。在西班牙征服之前，帝国由 38 个省组成。

1502 年，蒙特祖马二世继位，在他统治时期，帝国达到了鼎盛，接着又迅即败亡。他征服了奥查科高地的米斯特克，又在 1516 年吞并了盟国之一的特佐科。蒙特祖马把首都特诺奇蒂特兰建成美洲最恢宏壮观的城市，人口达到约 30 万。在宗教的庇护下，阿兹特克的经济得到了长足的发展。经济的发展进而推动了阿兹特克人的教育、科学研究、天文学、历法、文字、艺术各方面的发展。社会等级界限分明，宗教法律使得统治者高踞于人民之上。贵族多为世袭，但武士也可凭战功进入贵族阶层。

蒙特祖马二世

　　1519 年，蒙特祖马热情地迎接赫尔南·科特斯带领下的西班牙人，因为有一个预言称会有羽蛇神降临。然而，科特斯背信弃义地把蒙特祖马抓为俘虏，并以他为人质令其手下臣服。1520 年，西班牙镇压了当地人为抗议破坏印加宗教遗址的叛乱，其间蒙特祖马被投石击毙。到 1521 年，西班牙陆续占领了阿兹特克全境。

赫尔南·科特斯摧毁阿兹特克祭祀场所，1520 年。

印加帝国的兴起

　　15 世纪。印加人定都库斯科，即今天的秘鲁，建立起南美最大的帝国。其政府高度中央集权化，生活的方方面面无所不管。

　　1100 年前后，随着安第斯山脉中部（今天的秘鲁和玻利维亚局部）的蒂亚瓦纳科文化的瓦解，当地的太平洋沿岸地区的一些文化兴起，形成了无数小国。

定居库斯科山谷的印加在首领曼科·卡帕克的统治下逐渐占据了上风，根据印加传统，曼科·卡帕克于1200年前后从的的喀喀湖迁移而来。

位于秘鲁马丘比丘的祭祀用石日晷

"印加"最初是指统治家族，后来指统治者，最后成为整个民族的代称。1438年，第九任印加国王帕恰库特克·尤潘基继位，他对外大举征战，为印加帝国的统治打下了基础。首都库斯科发展迅速，在马丘比丘等其他城市也建有许多雄伟的宗教建筑。帕恰库特克之子托帕·尤潘基征服了玻利维亚高地，挺进到今天阿根廷的西北部，征服了奇穆帝国的沿海地区，将印加的领地向南推进。他派遣木筏远航太平洋，最远可能到达加拉帕戈斯群岛。16世纪初，在瓦伊那·卡帕克统治下，帝国进一步扩展，囊括了今天哥伦比亚的大部分地区，并达到了政治和文化上的鼎盛时期。有"四部帝国"之称的印加帝国是古代美洲最强大的帝国，周围的各个民族都在它的统治之下。

印加帝国拥有严密的中央集权化统治和完善的经济体系。国王被称为"印加至尊"，又被尊为"太阳之子"。在帝国严格的等级体系中，印加人是贵族，被征服的民族则被奴役为劳工；所有臣民都被纳入若干行政单位，必须服从国家利益，担任特定的劳役和军役；大小事件都以"结绳文字"的形式被记录下来；在山区之间建立了良好的道路网络，确保了军队、消息和货物在城市之间的快速运输。与玛雅文明一样，印加人也不知道冶金或轮车。帝国使用了通用语言凯楚亚语以此简化行

印加国王，16 世纪的木版画。

印加结绳文字，1430—1532 年。

政。公民的参政意识强烈，每 10000 名居民中就有官吏 1330 名，他们依据各自能力被选拔，接受训练，担当特定的职责。

印加帝国的社会结构与西班牙的征服

印加帝国的土地都处于帝国的统一管理之下。印加文化一度辉煌。由于西班牙的入侵，再加上内部的仇杀战争，印加帝国迅速地被征服。

在印加社会，土地属于村社共同体所有，按照家庭大小分配一定数量的土地。每个家庭以农业收成为生，但整个村庄必须缴纳赋税，承担统治阶层、祭司及修建公共建筑的花费。个人还必须耕种村社公有地，以赡养老人、病患及其他没有劳动能力的人。森林和牧场属于公有，供所有成员所有；住宅和农田则为家庭的财产。收获的盈余存入公有粮仓，以备饥荒。

印加梯田灌溉，约 1560 年的木版画。

通过梯田耕种、水利灌溉以及使用鸟粪等肥料，农业生产效率得到了很大的提高。美洲驼等动物养殖以及沿海捕鱼业，在印加经济中也占有重要地位。

统治者及其国家的绝对权威建立在神权之上，而且从未受到任何质疑，这使得政治结构非常脆弱，也使后来的西班牙征服变得轻而易举。

阿塔瓦尔帕，瓦伊那·卡帕克之子。

1527 年，瓦伊那·卡帕克还没来得及指定继任者便去世了。他的长子瓦斯卡和最宠爱的儿子阿塔瓦尔帕分别在库斯科和基多宣称拥有继承权，由此导致了一场自相残杀的战争，严重削弱了帝国力量。

在此情况下，西班牙人在弗朗西斯科·皮萨罗的率领下征服了印加帝国。

西班牙人先是帮助阿塔瓦尔帕，使得瓦斯卡战败被俘并被杀害。1533 年，皮萨罗把阿塔瓦尔帕囚禁起来，并将其勒死，以致帝国陷入瘫痪。

1539 年，印加帝国大部分地区都被西班牙征服了。

1535 年以后，反抗西班牙人的斗争在边境省份比尔卡班巴继续展开，领导者曼科·卡帕克二世来自印加王室，1533 年被西班牙人立为国王。他于 1544 年被杀，但比尔卡班巴地区的抵抗活动一直持续到 1572 年。

1565 年，最后一次试图恢复古代宗教的印加起义失败。

阿塔瓦尔帕被皮萨罗的士兵俘获，1532 年。

尽管遭到压制和同化，但是印加文化仍然得以保存下来，并对占据这片古老帝国的欧洲殖民者产生了一定的影响。

西班牙与葡萄牙在美洲的统治

1500 年后，西班牙与葡萄牙在"新世界"开始殖民统治。从非洲运来的大批黑奴，在殖民者的种植园和农场工作。

西班牙人和葡萄牙人一到达美洲，就宣布这片土地是自己的领土。1498 年，克里斯托弗·哥伦布首次到达美洲大陆（今委内瑞拉）；次年，亚美利哥·维斯普西在哥伦比亚沿岸登陆。

哥伦布在美洲登陆，1498 年。

随后，欧洲人进一步深入，征服了大陆的大部分地区：墨西哥地区于 1519—1521 年被赫尔南·科特斯征服；秘鲁于 1529—1534 年被弗朗西斯科·皮萨罗征服；智利于 1535 年、巴拉圭于 1536 年、玻利维亚于 1538 年先后被征服。1535 年，西班牙国王查理五世任命安东尼奥·德·门多萨为"新西班牙"总督，辖地包括了今天的墨西哥和中美洲的大部分地区。1543 年，又设秘鲁总督，管辖整个西属南美洲和巴拿马。虽然有人对美洲的征服行动冠以了"传教活动"的称号，但这在神学家中长期存在争议。

1500 年，在佩德罗·阿尔瓦雷兹·卡布拉尔率领下，葡萄牙人抵达巴西，并建立贸易据点。1534 年，葡萄牙王室宣布巴西为其领土。1549 年起，巴西由王室委任的总督管辖。

王室把贸易和殖民地收入作为宗主国的一项主要收入。传教士通过传教使印第安人皈依基督教，有时还会采用强制手段。1542 年，传教士强制推动了反对强迫印第安人为奴隶的禁令；同年，有"印第安使徒"之称的多明我会神甫巴托罗缪·德·拉斯·卡萨斯草拟"新法"。这些法令使印第安人获得了平等地位，并

印第安人和葡萄牙人的战斗，约

1550 年的彩色铜版画。

且免受强制劳役之苦。但是，教会却对黑奴的状况保持沉默。非洲黑奴被大量输送到南美和加勒比群岛上的种植园做苦工。到 1850 年奴隶制被废除时为止，仅巴西就输入了大约 400 万到 1000 万的非洲黑人。

圣方济会修士向印第安人布道

最初，印第安部落被欧洲人带来的传染病感染而整批的死亡。随着时间的流逝，在南美洲出生的欧洲人（克里奥尔人）、印第安人（梅斯提索人）和在"新世界"降生的非洲黑人（穆拉托人）逐渐混血融合。但欧洲人仍然是上层统治阶级。

印第安人保留地

17 世纪，印第安人在耶稣会的领导下，建立起自治的印第安人保留地。18 世纪，克里奥尔人在政治上逐渐觉醒。开始努力摆脱宗主国，实现独立。

在 1544 年任恰帕斯主教的拉斯·卡萨斯领导下，多明我会及后来的耶稣会开始了使印第安人改宗基督教的工作。

他们首先从危地马拉的丛林开始，建立起传教保留地，由西班牙国王认可的部落酋长主管。后来在墨西哥也建立起类似的保留地。

多明我会修士为印第安人施洗，约 1600 年。

地方殖民当局常常无视对印第安人的保护法令，如劳动报酬补偿、规定的工作和休息时间等。

1601 年，西班牙王室颁布敕令确立了这些规定的法律效力，但仍然没有得到应有的重视。

1604 年，耶稣会士成功地争取到了对巴拉圭省的控制权。1609 年，他们建立起一个瓜拉尼人的保留地作为半自治的印第安人定居点。印第安人生活在管理严密的定居点，每周有两到三天在公有地耕种，收成用来向西班牙纳税及支付教会建设的费用。每周的其他时间，印第安人在自己的土地上劳动，收入归自己的家庭所有。所有孩子都可以接受教育，其中包含某种手艺的训练。耶稣会拥有自己的武装，用来防御来自邻国巴西的奴隶贩子的侵袭。在厄瓜多尔、玻利维亚北部、墨西

耶稣会士在巴拉圭印第安人中传教所制的
图释的布道文，17 世纪的羊皮文书摘录。

哥西北部也建立了类似的保留地，但在 1759—1767 年间，随着耶稣会被逐出巴拉圭之后，保留地的情况大为恶化。

18 世纪下半叶，西班牙的查理三世施行开明君主制，在美洲推行改革。改革措施包括：提高印第安人的法律地位，对他们与克里奥尔人及来自欧洲的西班牙人在法律上平等对待，担任政府官职不受歧视。

尽管如此，拥有最好的土地和担任官员的仍然是克里奥尔人的特权。这一阶层逐渐熟悉了启蒙运动和法国大革命的思想。

西属美洲将 1808 年把拿破仑占领西班牙及西班牙王室的垮台看作实现独立和确立自治的良机。在西蒙·玻利瓦尔的领导下，展开了争取解放的英勇斗争。

印第安人阻止西班牙官员进入保留地，17世纪的木镶嵌画。

南美独立战争

西蒙·玻利瓦尔领导了委内瑞拉和哥伦比亚的独立战争，而何塞·德·圣马丁则解放了智利。两人合兵后共同将西班牙人驱逐出了秘鲁和南美大陆其他地区。

拉丁美洲独立战争的领袖之一西蒙·玻利瓦尔（1783—1830年）生于委内瑞拉加拉加斯的西班牙裔贵族家庭。九岁时，母亲去世；之后他在西班牙生活了数年，并对查理四世的朝廷留下了糟糕的印象。

他在大革命期间的法国生活了两年后回到了委内瑞拉，但不久又赶回巴黎参加拿破仑·波拿巴称帝的加冕仪式。

1811—1812年，他帮助"南美独立之父"弗朗西斯科·德·米兰达从西班牙手中解放了委内瑞拉，尽管后来西班牙又恢复了统治。

他由新格拉纳达（包括今天哥伦比亚）再次起兵，使委内瑞拉于1817年再次获得了自由。1819年，玻利瓦尔宣布委内瑞拉与新格拉纳达合并为大哥伦比亚，由他担任首任总统。1821年和1822年，巴拿马和厄瓜多尔先后加入大哥伦比亚。

再往南，拉普拉塔联合省的地方贵族利用拿破仑西班牙中央政府的弱点，于

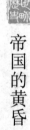

里约热内卢附近佩德罗城的皇宫，建于 1845 年。

西蒙·玻利瓦尔

1810 年将总督赶下了台。

　　1816 年，图卡曼会议宣布拉普拉塔联合省（今天的阿根廷、乌拉圭、巴拉圭和玻利维亚）独立。

　　经过一系列战役，当地西班牙武装被逐出了这一地区的西北部，何塞·德·圣马丁旋即率军出发解放智利和秘鲁。

　　圣马丁和智利革命者贝尔纳多·奥希金斯一起翻过安第斯山脉。1817 年，起义

何塞·德·圣马丁铜像揭幕，1909 年。

军在查卡布科击败西班牙军队，并在 1818 年宣布智利独立。当圣马丁向秘鲁进发到达利马的时候，西班牙人早已放弃了利马，于是秘鲁于 1821 年宣布独立。圣马丁成为总统，并与从北部进入秘鲁的玻利瓦尔的军队联合起来。1824 年在秘鲁进行的胡宁和阿亚库巧战役标志着西班牙在南美以大城市为中心的殖民统治的终结。

独立后的发展

在实现独立之后。许多新的南美国家都经历了政治动荡和军事独裁。

1830 年，秘鲁和委内瑞拉脱离大哥伦比亚，玻利瓦尔旋即辞职，国家也分裂为大格拉纳达（1861 年改称哥伦比亚）、玻利维亚和厄瓜多尔。1828 年玻利维亚内战期间，秘鲁将军安德烈斯·桑塔·克鲁斯上台，并于 1836 年强行将玻利维亚与秘鲁联合。但不久，阿根廷和智利便拆散了这个同盟，并废黜了桑塔·克鲁斯。

在接下来的几十年里面，拉蒙·卡斯蒂利亚将军使秘鲁得以保持了稳定。国家经济复苏，鸟粪和硝石等原料出口带来了大量财富。

不过在玻利维亚，国内稳定依然难以实现。血腥的内战严重动摇了国家。

在其他许多新独立的南美国家也都发生了类似的斗争，这些冲突的核心是对国

西蒙·玻利瓦尔

家政治结构的不同意见。

19 世纪 40 年代的布宜诺斯艾利斯，独立的阿根廷首都。

在阿根廷，由于胡安·曼努埃尔·德·罗萨斯将军通过独裁手段以寻求国家统一，他的政策给国家带来了较为长期的稳定。1852 年，胡斯托·乌尔基萨将军推翻了独裁统治，他在联邦宪法生效后就任阿根廷共和国总统。巴托罗梅·米特芮将军率领在内战期间被迫接受宪法的布宜诺斯艾利斯省于 1861 年起兵，就此登上了总统的宝座。1879—1880 年，儒里奥·阿根提诺·罗卡发动针对印第安人的"征服沙漠行动"，获得了潘帕斯草原上大面积的农业用地。他与智利达成了分割火地岛的协定。美国仲裁处理了因 1895 年阿根廷占领巴西的部分领土而引发的争议；

1902 年，在英国（它于 1833 年占领了福克兰群岛）的调停之下，阿根廷从智利手中获得了巴塔哥尼亚地区。

世界最南端的城市乌斯怀亚，建于 1868 年，位于
阿根廷火地岛的比格尔海峡。

智利到 1826 年才设法赶跑了最后一批西班牙军队。在 1859 年前，华金·普利埃多将军推行的复辟宪法一直遭到自由派的反对，但并未成功。普利埃多及其后的政府都积极地创造了一个稳定的国内政局，从而带来了经济和文化的复兴。铜、银和硝石等矿产的开采，农产品市场的开放，船运和铁路网络的发展以及教育的改善，共同构成了经济振兴的基础。1891 年，代总统何塞·曼纽艾尔·费尔南德兹被推翻，随后的内战以首都圣地亚哥城破方才结束，死亡人数超过 1 万人。

19 世纪的墨西哥

墨西哥取得了独立战争的胜利。随着王国和共和国的交替执政，墨西哥出现了渐进的自由主义化和经济的发展。

在新西班牙（墨西哥），实现独立和民族自决的要求与西属美洲的其他地方相似。

1810 年，一个名叫米格尔·伊达尔戈·伊·科斯蒂利亚的乡村神甫，号召人们起来反抗西班牙人。

阿古斯汀·德·伊图尔雏德将军签署墨西哥独立宣言。

　　1813 年，墨西哥独立宣言发表，共和国宪法颁布，但国家并未正式独立。至 1821 年，克里奥尔人军事首领阿古斯汀·德·伊图尔维德联合起义领袖维森特·格雷罗，宣布建立独立的王国。克里奥尔人上层与高级教士阶层联合格雷罗一起阻止通过一部自由的西班牙宪法。

墨西哥革命期间，革命者艾米里亚

诺·萨帕塔的支持者在行军。

　　伊图尔维德以墨西哥皇帝阿古斯汀一世的名义统治一小段时间后，于 1823 年被安东尼奥·洛佩兹·德·桑塔纳赶下台。

　　1824 年，一部共和制和联邦制的宪法被实行，瓜达卢佩·维克托里亚当选为总统。这个年轻的共和国由于中央集权制与联邦制两种政体的不同支持者之间的矛盾而出现了分裂。

1833 年，维克托里亚被桑塔纳驱逐并取代，后者长期保持了对国内政治的影响。

1838—1839 年，包括了今天大部分中美洲国家的中美洲合众国脱离了墨西哥共和国。

1848 年，在同美国之间的一场战争之后，墨西哥被迫割让出其在格兰德河以北的领土。美国还干涉其内政，支持自由派的本内托·胡亚雷斯反对保守势力。

在担任总统期间，胡亚雷兹计划发展国家经济，并试图拖延支付外款利息。在获得这个消息后，英国、西班牙和法国等相关国家于 1863 年入侵墨西哥城，并扶植奥地利大公马克西米利安为墨西哥皇帝。尽管如此，胡亚雷斯重新占领了国家，并根据军事管制法在 1867 年处死了马克西米利安。

墨西哥总统波菲里奥·迪亚兹

1876 年，波菲里奥·迪亚兹通过政变上台，进一步推动国内和平和经济发展。在他执政期间，无地农民的愤怒开始爆发，导致了 1910 年由艾米里亚诺·萨帕塔、弗朗西斯科·维拉和维努斯提阿诺·卡兰萨领导的墨西哥革命。

随着革命的成功，卡兰萨成为墨西哥总统，并于 1917 年推行了一部自由主义的宪法。

19 世纪的巴西

巴西是拉丁美洲唯一一个通过和平方式取得独立的国家，它于 1822 年脱离葡萄牙。

19 世纪初，巴西是葡萄牙国王约翰六世的逃亡地，被拿破仑驱逐后，他在英国海军的护卫下来到了巴西。

里约热内卢的柯巴卡巴纳区，约 1915 年。

他以里约热内卢为葡萄牙王国的首都。他在里约热内卢实行对外开放。发展国际贸易，建立起内阁各部门和政府的其他机构。他还在里约热内卢进行了大规模建设，包括医院、剧院、图书馆、海陆军军事学院及一所医学院。

维也纳会议后，约翰六世于 1821 年回到欧洲在里斯本施政，而其子佩德罗则留在巴西代为摄政。然而，佩德罗反对葡萄牙议会试图将巴西再次变为殖民地的计划，而亲自担当起巴西独立运动的领导人。此举是因为他受到了遍及拉美大陆的自治运动和自由思想的影响。1822 年 9 月，他在圣保罗的伊普兰加河畔宣布独立，同年加冕为巴西皇帝佩德罗一世，巴西成为一个立宪君主制国家。在英国海军上将科克伦伯爵的指挥下，新组建的巴西海军与葡萄牙打了一仗，葡萄牙被迫撤出了巴伊亚。1825年，葡萄牙承认巴西独立。

一个巴西奴隶惨遭鞭打

1825—1827年间与阿根廷的战争中，巴西战败。在1828年的《蒙得维的亚和约》中，巴西失去了拉普拉塔河以北的省份，即后来的乌拉圭。对外战争的失利以及议会与主要社会阶层之间的冲突，迫使佩德罗一世于1831年退位。

巴西的咖啡种植

在 1840 年后佩德罗二世领导的自由派政府执政期间，国家开始稳定了下来。

随着大量欧洲移民的涌入和咖啡的广泛种植，经济得到了稳定的发展，尤其是在巴西南部。

国内最大的问题是奴隶制问题。虽然在一个势力很大的反对派团体要求废奴后，佩德罗二世于 1888 年废除了奴隶制，但并没有对奴隶主给予补偿。他因此将这个强大的集团推向了共和派的阵营。

1889 年，里约热内卢驻军发动起义，在曼努埃尔·德奥多罗·达·丰塞卡的领导下，巴西成为一个共和国，丰塞卡为第一任总统。

1891 年，制宪会议召开，决定成立巴西合众国。同年，丰塞卡被弗罗里亚诺·佩索托罢免下台，此后是一系列独裁者的统治。

到第一次世界大战前，巴西通过与邻国签订的一系列条约，领土大为扩大。在大战期间，随着新市场的开放和国内基础建设的加强，巴西开始了工业化的进程。

十、大洋洲与澳大利亚

16—18 世纪

长期以来，澳大利亚、新西兰和大洋洲的岛屿上的土著居民形成了其古老的文化。16—17 世纪，欧洲的航海国家到达了澳大利亚大陆及周围诸岛，但一直到 18 世纪，欧洲人全面的探险活动才真正展开。在欧洲探险家眼中，由于和谐的生活方式和缺乏私有财产，南太平洋诸岛的居民堪称"高贵的野蛮人"。在失去了北美殖民地后，英国人把澳大利亚作为流放和监狱因犯的殖民地。

西班牙舰队横渡太平洋

公元 1519 年，葡萄牙麦哲伦率领的西班牙世界周航探险队，通过南美大陆南端的麦哲伦海峡，进入广大的太平洋。后来，他们被饥饿、缺水、坏血病困扰着，途中通过了波利尼西亚的两个小岛，接着，到达马里亚纳诸岛中最大的关岛。公元 1521 年 3 月 16 日，他们在菲律宾的萨马岛登陆，数周后，麦哲伦因同马克坦岛的土著居民交战而死。剩下的船，由麦哲伦的副官、西班牙人埃尔·卡诺率领，出发去香料诸岛。公元 1522 年 9 月，返回西班牙的船只是出发时五只中的一只。

曼达尼到达马尼希基诸岛

最初定居东波利尼西亚的马尼希基诸岛的是公元前 2 世纪来自萨摩亚的移民者。他们食用鱼、龟、海鸟等为生。之后，开始农作物的栽培。另外，他们在石制土台上建家居住，在附近的神殿进行祈祷。波利尼西亚岛中欧洲人最初探险的是马尼希基诸岛，公元 1567 年，西班牙的探险家曼达尼从秘鲁的卡亚俄开始以太平洋各岛为目标出航，次年到达所罗门群岛。他想建立在圣克里斯托瓦尔的殖民地，计划失败后回到卡亚俄。重新组织远征队的曼达尼，公元 1595 年 4 月，率领乘有 380 名男女殖民者的船出发了。7 月，远征队在马尼希基群岛没发现，到达桑塔·库尔基群岛，结果，他的殖民计划以失败告终。

大洋洲土著居民的 "梦的时代"

欧洲人横渡太平洋时，找到当时最快最安全的新航线，到达了太平洋的各岛屿。荷兰航海家罗盖芬公元 1722 年在波利尼西亚东端的复活节岛登陆。17 世纪，澳大利亚已有欧洲人登陆，但大陆的广度仍不知道，并且不了解它是一块独立的大陆。所以，在此大陆的一角，当地土著居民仍像 4 万年前一样过着平稳的生活。

土著居民相信有创造世界万物的运动，这创造过程通过 "梦的时代" 传播。土著居民就 "梦的时代" 创作了很多歌和神话，世代相传，口头流传下来。他们认为这些歌可再生创造主的灵，仪式时常用无言剧形式将梦的时代的故事通过跳舞表现出来。土著居民的歌，歌唱了由先祖创造、现在依旧侍奉先祖的风景。他们为不失去和先祖的一体感，为追求这种风景去长途旅行。

在 4 万年的长时期里，土著居民过着与所在土地相适应的平稳生活。他们狩猎、采集，过着自在的流浪生活，没有进行作物栽培、家畜饲养和都市集贸。即使这样，他们的生活大都很好，历史上无战争的痕迹，部族之间和平共处。对土著居民来讲，部族就是家族的扩大。他们平时狩猎、捕鱼、采集果实，继续着流浪生活，在成人仪式上，部族成员聚集到一起进行庆祝。

英国宣布新西兰为英国领土

这个时期，英航行家库克三次航海太平洋。他的足迹从波利尼西亚的各岛开始，遍及南极洲、澳大利亚东海岸，北方的白令海峡。公元1788年英国将犯人运到澳大利亚，开始在那里的殖民事业。到19世纪，欧洲各国对于太平洋各岛的王国开始干涉。英国、德国、法国将太平洋的几个岛合并，成为他们的保护国。夏威夷诸岛被新王朝统一。几个世纪居住着毛利族的新西兰岛，英国殖民者开始定居；不久他们与毛利族间因购买土地而发生对抗。

公元1642年，荷兰探险家詹斯佑恩·塔斯曼受荷属东印度公司的派遣，在南太平洋进行航海探索，首次发现了新西兰岛。在此基础上，荷兰人又对新西兰岛进行了探索，到达新西兰。公元1769年，英国人库克受命率远征队乘"努力"号船去南太平洋的塔希提岛完成观测金星的任务。之后，他受命进一步探索南太平洋。公元1769年10月7日，库克看到新西兰海岸，两天后"努力"号船在贫穷湾停泊，库克上岛，与当地一个叫图比亚的毛利人酋长有所接触。这一地区就是后来的新西兰北岛。后来他又向南航行，到达图纳盖恩角，然后返航。库克以英王的名义将他在这次航行中所到过的地方，全部宣布为不列颠领地，从此，新西兰处于英国的殖民统治之下。

库克船长太平洋探险

詹姆斯·库克（公元1728—1779年）是18世纪英国著名航海家和探险家。公元1728年他出生于英国约克郡的贫困家庭，参加海军，七年战争时因制作加拿大附近的海图而扬名。公元1746年开始航海生涯，作为航海家，他很严格，非常注意饮食及卫生，保证乘员健康，受到大家的尊敬。库克从英国航海协会接受南太平洋学术调查的委托，于公元1768—1771年进行了初次航海。首先到达塔希提，接着环新西兰航行一周，在澳大利亚上陆。这时他描绘了澳大利亚东海岸的地图。第二次航海（公元 1772—1775 年），为探险想象中的南方大陆（特拉·阿斯托拉利斯），调查南冰洋，将新喀里多尼亚、诺福克岛等各岛记入地图。公元 1776—1779 年的第三次航海，他寻找西北航线，从塔斯马尼亚北上太平洋，到达白令海峡。公元 1779 年，在第三次探索环太平洋沿岸航道的归途中，他在夏威夷与岛民混战中身亡。

毛利人起义

新西兰的毛利人部落在首领侯拉·何克的率领下，公元 1845 年 3 月 11 日发动了对英国殖民者的武装斗争。起义的原因是英国殖民者违反了 5 年前签署的《瓦伊唐几条约》，干涉毛利人的土地买卖，而殖民者则抱怨他们在购买土地时与毛利人的复杂的部落风俗相冲突。

卡麦哈麦哈一世统一夏威夷群岛

长时间里，夏威夷群岛被许多统治者（指导者）分别统治着。这些指导者中的一个儿子出生于夏威夷，是卡麦哈麦哈。还是青年的他，在公元 1770 年后的 10 年里，作为外交官而被其叔父卡麦哈麦哈王录用。叔父死后，公元 1790 年左右，他平定陷于内战状态的夏威夷岛，此后又征服夏威夷群岛的其他岛屿。公元 1810 年，征服考爱岛的他，成为支配夏威夷群岛全体之王。从那开始，卡麦哈麦哈实行和平政策，各岛设立知事，委托政治给他们，自己作为绝对君主统治，定期召开会议。另外，政府独占外国大量需要的白檀贸易，致力于确保征收来航外国船只的港湾税等财源，并奖励各岛产业，建立王国基础。

第八章　疯狂的世界

——两次世界大战

一、第一次世界大战

1914—1918 年

20 世纪初，资本主义国家的两大军事集团——以德国和奥匈帝国为主的同盟国和以英、法、俄为核心的协约国，为争夺世界霸权、重新瓜分殖民地和划分势力范围，在全球范围进行了一场帝国主义战争，史称第一次世界大战。有三十多个国家和地区，约 15 亿人口卷入战乱，给人类带来空前的灾难。然而，战争促进了亚非民族独立国家的形成和殖民地人民的觉醒。战争后期，俄国爆发了十月革命，建立了世界上第一个社会主义国家——苏维埃俄国。

萨拉热窝事件

萨拉热窝原是塞尔维亚的首都，位于巴尔干半岛西部博斯纳河上游附近，是一座群山环抱、风景秀丽、气候宜人的城市。如今，这里已经成为世界闻名的古城。然而，它的闻名于世，并不是因为优美的风景。而是由于其在人类近代史上的重要影响。1914 年 6 月 28 日，发生在萨拉热窝的刺杀事件开启了人类历史上一个血与火的时代。

20 世纪初时，欧洲列强开始了对巴尔干的扩张，激起塞尔维亚族的极力反抗，塞尔维亚民族解放运动日益高涨。被奥匈帝国占领的波斯尼亚和黑塞哥维那企图摆脱奥匈帝国的控制，同塞尔维亚合并，建立大塞尔维亚国。奥匈帝国竭力反对塞尔维亚扩大，并在德国的支持下图谋吞并塞尔维亚。塞尔维亚得到俄国的支持，因此，奥塞冲突成为两大军事集团斗争的焦点，巴尔干成为欧洲的火药库。

斐迪南大公是奥匈帝国皇储，奥皇弗朗茨·约瑟夫一世的侄子。

奥匈帝国皇储弗朗茨·斐迪南是一个积极主张进行战争的军国主义代表人物，他极力地鼓吹对塞尔维亚进行战争，因此被塞尔维亚的民族主义者视为凶恶的敌人和压迫者，对其深恶痛绝。

1914 年 6 月 28 日，奥匈帝国皇储斐迪南夫妇到波斯尼亚的首府萨拉热窝进行访问，顺便在波斯尼亚临近的塞尔维亚边境地区检阅一次大规模的军事演习。这次军事演习非同寻常，它是奥匈帝国为了向塞尔维亚炫耀武力，进行威胁，并以塞尔维亚为假想敌人。同时，6 月 28 日是塞尔维亚和波斯尼亚联军在 1389 年被土耳其军队打败的日子，演习选定在这一天是具有挑衅意味的。

这天早上，阳光灿烂，9 点刚过，一支长长的汽车队向波斯尼亚首府萨拉热窝市区缓缓驶去。在一辆带有保镖的敞篷汽车中，坐着奥匈帝国皇储斐迪南大公和他的夫人。也就是在这天的清晨，"青年波斯尼亚"组织在奥匈帝国皇储所要经过的大街上布置了数名刺客。

萨拉热窝事件是第一次世界大战的导火索。图为斐迪南夫妇被埋伏的塞尔维亚族青年刺杀时的情景。

斐迪南夫妇在前往市政厅的路上遭遇了炸弹的袭击，但有惊无险。市政厅的欢迎仪式是在紧张的气氛中进行的。仪式结束后，斐迪南等人又乘车返回。当他们的车队来到拉丁桥时，另一名叫普林齐普的塞尔维亚青年已经在这里等候多时，他的任务就是枪杀斐迪南夫妇。

当普林齐普拔出手枪，刚要举枪射击时，不远处的一个警察发现了他的异常举动，急忙一个箭步冲上来打算抓住他的手臂。然而，就在这一瞬间，另外一个"青年波斯尼亚运动"组织的成员拦住了警察。普林齐普看准了斐迪南大公乘坐的敞篷车，一个箭步跳上车踏板，举枪射击，一连两枪，斐迪南夫妇应声倒下。顿时，四下里一片混乱，其他"青年波斯尼亚"组织成员趁机仓皇逃离现场，而普林齐普当场被捕，日后死在狱中。

司机一见不妙，猛踏油门，车子迅速调头，向市政厅开去。可是还没等车开到市政厅，斐迪南夫妇就咽了气。看着他们的尸体，总督和市长觉得自己的头"嗡"的一声像炸开了锅，他们不知道该如何将这件事汇报给塞尔维亚皇帝。

早就想吞并塞尔维亚的奥匈帝国得知斐迪南遇刺身死的消息后，立即抓住这件事大做文章。奥匈帝国皇帝叫嚷道："塞尔维亚作为一个政治因素，必须从巴尔干抹掉。"德国皇帝也乘机挑动："这是千载难逢的机会！"于是，奥匈帝国皇帝派人给塞尔维亚政府下最后通牒，要求制止一切反奥宣传行动，惩办进行反奥宣传的人，还要一起审判凶手。塞尔维亚政府除了拒绝共同审判凶手以外，其他条件全部接受了。蓄意要打仗的奥匈帝国当然对此不满意，于是在 7 月 28 日对塞尔维亚宣战。

巴尔干这个火药桶终于爆炸了。德国、俄国、法国、英国立即卷入战争。酝酿已久的第一次世界大战战火开始在欧洲大陆上熊熊燃烧。

第一次世界大战爆发

1914 年 7 月 28 日，第一次世界大战爆发。大战的导火线表面是奥匈帝国皇储被刺。实际上根本原因是：以德国和奥匈帝国为首的同盟国和以英国、法国、俄国为首的协约国这两大帝国主义军事集团为了重新瓜分世界，争夺殖民地。争夺世界霸权而引发的一场世界规模的帝国主义战争。

普法战争后，普鲁士首相俾斯麦担心法国报复，因此，他主张采取结盟政策，围堵法国。他本来要使德国与奥匈帝国及俄国结成"三皇同盟"，可是俄国在 1878年的柏林会议上，因巴尔干半岛问题，与奥匈帝国发生利益冲突。德国最终在 1879年选择了奥匈帝国作为盟友，与奥匈帝国缔结秘密的德奥联盟。此外，俾斯麦转而与因为与法国在殖民地事务上发生冲突、在 1881 年争夺北非突尼斯失败而面临孤立的意大利结盟。因此德意志帝国、奥匈帝国与意大利王国三国缔结成"三国同盟"。

俄国得知德奥两国签订了"德奥同盟"后，十分愤怒。但俾斯麦是一个老练的政治家，为了保持与俄国的良好关系，于 1887 年与俄国签订了《再保条约》。可是，当俾斯麦在 1890 年下台后，好战的德皇威廉二世任由条约终止。而法国方面，

俾斯麦是 19 世纪德国最卓越的政治家

则在法国财务支持俄国工业化后，在 1892 年与俄国结盟，是为"法俄同盟"。

1914 年俄国海报。最上方词汇为协定，三位人物自左

起分别代表法、俄、英。

英国则在 1904 年与法国签订"挚诚协议"。这项协议并不是军事同盟，而是一项解决两国有关殖民地纠纷的协议。在法国的怂恿下，英、俄双方终于在 1907 年

结束他们的殖民地纠纷，签订"英俄谅解"协议。同年，法国、英国和俄国因受到德国在奥斯曼帝国的力量威胁，组成"三国协约"。

欧洲从此分为了两大阵营，因此只要有任何风吹草动，都有演变为世界大战的可能。1914年6月28日，奥匈帝国的皇储斐迪南夫妇在塞尔维亚首都萨拉热窝遇刺，这正好为奥匈帝国发动战争提供了一个借口。

德国对奥匈帝国的战争意图表示大力支持，并坚决主张奥匈帝国对塞尔维亚采取行动。沙俄表示支持塞尔维亚，并竭力阻止奥匈帝国吞并塞尔维亚以维护自己在巴尔干的利益。法国则向俄国保证，如果俄德发生了战争，法国定将履行同盟义务。英国则伪装中立，给德国造成一种英国不会马上卷入战争的错觉，增强了它们发动战争的信心。

1914年7月28日，奥匈帝国向塞尔维亚宣战。俄国尽管尚未完成战争准备，也不得不提前行动，宣布总动员。德国随即向俄国发出最后通牒，要求俄国取消总动员并旋即向俄国宣战。法国见状，也立即宣布总动员，德国又向法国宣战。同时，德军占领卢森堡，并入侵了中立国比利时，英国以此向德国宣战。这样，欧洲的帝国主义大国，除意大利还在动摇外，都卷入了这场血腥的大厮杀。

在欧洲爆发的军事冲突，很短时间就蔓延到东亚和中东，日本和土耳其分别加入了协约国和同盟国一方作战。奥匈帝国和塞尔维亚的冲突发展成为一场世界大战。

第一次世界大战的战线主要分为东线（俄国对德奥作战），西线（英法对德作战）和南线（又称巴尔干战线，塞尔维亚对奥匈帝国作战），其中西线最惨烈，著名的战役有马恩河战役、凡尔登战役和索姆河战役等。

施里芬的计划

萨拉热窝事件引燃了第一次世界大战的战火。针对这场战争，蓄谋已久的德国早就做好了周详的计划。德军是当时世界上组织最完善、装备最好的军队，早在

1905 年，德军的整个作战计划就已经由当时的德军参谋总长施里芬拟订好了，称为"施里芬计划"。该计划以速战速决为基本思想，是第一次世界大战时期德国战略计划的基础。

阿尔弗雷德·冯·施里芬出生于 1833 年，早期曾学习法律，1854 年 12 月调服正规军，并被任命为少尉。1858—1861 年，在军事学院学习。1865 年，施里芬进入德国总参谋部，一直工作到退休。

阿尔弗雷德·冯·施里芬伯爵（1833 年 2 月 28 日—1913 年 1 月 4 日），德国陆军元帅。德国卓越的战略家。

1884 年，在毛奇的支持下，施里芬出任参谋本部军事历史局局长，先后担任了毛奇与瓦德西的智囊角色，并于 1891 年出任参谋总长。因此，施里芬始终对毛奇充满敬意与崇拜，并以毛奇、克劳塞维茨的学生自居。

俾斯麦所缔造的统一的德意志帝国改变了整个欧洲的政治格局，老牌欧洲强国无不对之恨之入骨，必欲除之而后快。而德国地处欧洲中心，列强环绕，在战略上处于不利地位。因此，在德意志统一不久，德国参谋本部便开始着手研究如何应对未来全面的欧洲大战。

对德国威胁最大的莫过于东面的俄罗斯、西面的法国与海上的老牌强国英国。对于陆军而言，欧洲战争意味着同时与法国和俄国作战。因此，参谋本部研究的课题，是如何同时打赢两场战争。

施里芬在辅佐老毛奇与瓦德西时，便对法国与俄罗斯进行了深入的研究。经历了拿破仑战争的法国，虽然在普法战争中失败，并失去了盛产铁矿的阿尔萨斯和洛林，其陆军却雄风不减，在欧洲处于领先地位，是统一的德意志帝国在欧洲大陆上最大的敌人。反观俄罗斯，虽有 600 万常规部队，但装备落后，战略思想仍旧停留在冷兵器时代。同时，俄罗斯广阔的领土、落后的铁路网和老化的战争动员机制使得俄国的战争反应速度大打折扣。在仔细研究了双方力量对比之后，施里芬产生了一个大胆的构想：利用德国兵力动员迅速的优势，先行击败法国，而后回头集中力量对抗俄罗斯。施里芬判断，俄罗斯落后的军事动员体制使得俄国至少需要 6 到 8 周才能完成对德国的军事集结。而在这段时间内，拥有毛奇时代主持修建的密集铁路网，德国完全有能力迅速完成军事集结并打败法国。这就是"施里芬计划"的基本战略思想，以三个字来概括，就是"时间差"。

1891 年，也就是施里芬出任德军参谋总长的第一年，他便提出了一份"备忘录"，被称为第一号备忘录。在这份备忘录中，施里芬采用了军事学家所罕见的"剧情排演"方式，推演了未来欧洲大战的基本过程，提出了"时间差"的战略构想与实施方式。之后，施里芬又在 1892 年和 1894 年提出了第二、第三号备忘录。这三份备忘录便是"施里芬计划"的基本雏形。此后，在任期内，施里芬主导进行了对未来战争的无数次演习、沙盘演练与讨论，并对备忘录进行了反复的修改。1905 年 12 月，施里芬完成了最后一份备忘录，并于 1906 年亲手交给了继任者——老毛奇的侄子小毛奇。至此，完整的"施里芬计划"终于成形。

这份计划设想德国的主要敌人在西方，因此把战略重点放到西欧。首先在西线采取先发制人的手段，集中优势兵力，采用"闪电战"术，在 4—6 个星期内经比利时袭击法军后方，迅速打败法国，切断英国与欧洲大陆的联系。然后回过头来，向东对付俄国，在 3 个月最迟 4 个月内赢得战争。

战略的本身是正确的，设计也是合理的，但成功的关键还要看比利时的抗击时间、法国的应变能力和俄国的动员速度，所以这是一个冒险的计划。施里芬心里很清楚计划的弱点，后来临终时还叮嘱接替他担任总参谋长的小毛奇："千万不要削弱我的右纵队！"

约翰内斯·毛奇，俗称小毛奇，德意志帝国陆军大将，主持一战初期的施里芬计划，计划失败后被解除职务，默默无闻地死去。他的叔叔老毛奇是伟大的军事战略家，普奥战争、普法战争中的实际组织指挥者。

但小毛奇将军虽然基本上保留了施里芬的设想，却一再向东线和西线左翼分兵，原计划放在右翼的 70 个师的兵力削减很多，这无疑对以后战局带来很大的影响。

俄德交战

第一次世界大战爆发后，作为法国和英国盟友的俄国，早就做好了战争准备，计划一旦德军在西线开战，俄军就在东线动手，迫使德军两面作战。并欲以东西夹击之势击败德军。然而在坦伦堡之役中，俄军使用明码通信，导致情报泄露，最终惨败。此后，俄军节节败退，到 1915 年时，曾享有"蒸汽压路机"威名的俄国军队在东线战场上被德国人的战车彻底碾碎了。

第一次世界大战爆发以后，德国按照"施里芬计划"，把绝大部分的德军布置在西线，想通过闪电战术，一举攻克巴黎，打败法国。面对处在东线的俄国，德国人一直认为俄国国内充满了危机，所以不可能在战争爆发初期就立即进攻东普鲁士，所以他们只在东线配备了第八集团军一支部队。

可是战争刚开始的时候，俄国参谋总长吉林斯基将军就向法国保证，在两个星期内，将会调集好 80 万俄军参战。

1914 年 8 月中旬，吉林斯基将军率领两个集团军开辟了东线战场，其中由莱宁堪普和萨松诺夫分别率领一个集团军，兵分两路，进攻东普鲁士。驻守在东线的德国第八集团军没有任何防备，被俄军打得措手不及，只得向西撤退。俄军由于打了这个胜仗，开始骄傲起来。两个集团军也开始出现分歧，毫不配合，只顾自己长驱直入。没有多久，两军之间就出现了一条一百多千米的空隙地带。

在 1914 年 8 月 17 日至 9 月 2 日德国军队与俄国
军队爆发的坦伦堡战役

德军在撤退过程中，了解到俄军的这些特点，霍夫曼上校据此拟定了一份作战计划，建议对俄军进行各个击破，先进攻萨松诺夫的第二集团军。经过讨论后，德军决定按照霍夫曼的作战计划部署。德军先派一股小部队去吸引萨松诺夫，双方刚一接触，德军便掉头向后撤退。萨松诺夫误认为这是德军的全线溃退，就拼命地追击。

在追击了德军一天后，萨松诺夫得到消息，有大量的德军向俄军袭来。萨松诺夫大惊，急忙给吉林斯基发去电报，请求暂停追击，以免遭到德军的夹击。

吉林斯基根本就不把萨松诺夫的请求当作一回事，命令他继续进攻。这份明码电报转到德军参谋长手里后，德国人放心大胆地对萨松诺夫分割包围。8 月 26 日夜，德军趁俄军休息之际，突然向萨松诺夫发起进攻。俄军招架不住，仓皇后退。次日，萨松诺夫请求莱宁堪普第一集团军支援，没有得到回应。

俄德交战期间，无数俄国士兵丧命于德国战车之下。

结果，十几万的俄军部队顷刻之间土崩瓦解，除战死和失踪的 33 万多人外，近 10 万名俄军被俘，五百多门大炮被毁，第二集团军不复存在。绝望的萨松诺夫也举枪自尽。德军势头正旺，一鼓作气，包抄了莱宁堪普的军队，至 1914 年 9 月 15 日战斗结束，俄第一集团军伤亡 14.5 万余人，而德军仅仅伤亡 1 万人。俄军司令莱宁堪普夫将军只身一人逃回俄国，但马上就被撤职了。至此，65 万人之众的俄西北方面军不复存在，东线战场以德军获胜而告一段落。

时间进入 1915 年，德国又抽调 4 个军加强东线，由康拉德和兴登堡指挥，分别从东普鲁士和喀尔巴阡山对俄国发动攻势。4 月，德军 11 集团军与奥匈军队秘密

地在维斯瓦河的果尔利策做好了准备，于 5 月 2 日向俄军发动了突然进攻。在猛烈炮火的轰击下，俄国战线土崩瓦解，不断撤退。俄军在波兰战区的形势严重恶化，8 月 4 日华沙陷落，月底又丢失了布列斯特——立托夫斯克要塞。兴登堡的部队从北面的东普鲁士攻击立陶宛，前进到里加城外，俄西南方面军发起的 12 月攻势亦以失败而告终。

1915 年对于俄军而言是一个残酷的噩梦。俄国付出了第一次世界大战中巨大的代价：大约有 200 万人战死和受伤，还有约 130 万人陷于德国俘虏营。俄军东线最高统帅尼古拉·尼古拉耶维奇大公被免职，毫无统帅才能的尼古拉二世亲任最高统帅。

加里波利之战

在 1914 年的马恩河战役之后。协约国和同盟国在法国北方和比利时一角的战线上陷入了僵持状态。这一年 11 月，英国海军大臣温斯顿·丘吉尔提出凭借英国海军的实力打开达达尼尔海峡登陆。然后在加里波利登陆，直取奥斯曼土耳其首都君士坦丁堡。把土耳其逐出战争的计划。最终这一计划付诸实施，但协约国却在敌前登陆的历史上，写下了惨重的一笔。

加利波利半岛位于欧洲土耳其西南延伸部分，是一个荒芜的多山狭长地带。1915 年时，只有一条泥土公路纵贯全岛。俯视海滨的山脊和陡坡提供了优良的防御阵地，保卫着达达尼尔海峡的欧洲一边，一条 64.4 千米的水道从马尔马拉海流入爱琴海。自古以来达达尼尔海峡从不冰冻，但在这里航行起来却非常困难，因为这里有双向的潮流、疾转的风向和猛烈的风暴。

1915 年 2 月 19 日，由 18 艘英国主力舰和 4 艘法国战列舰及辅助舰只组成的英、法联合海军机动部队驶进达达尼尔海峡的入口处。由于气候状况不佳，使进攻不得不推迟 5 天。当协约国军队向海峡上面攀登时，他们发现土耳其军有坚固的防御阵地隐蔽在悬崖后面。3 月 3 日协约国的登陆被击退了。

为了达成战役目的，英法联军把集结在达达尼尔海峡地区的联合舰队全部兵力（战列舰 17 艘，战列巡洋舰 1 艘，驱逐舰 16 艘，飞机运输舰 1 艘）都投入了战役。3 月 18 日，联合舰队在德罗贝克海军上将指挥下，重新试图突入达达尼尔海峡，但仍未成功。4 月 25 日黎明，英法战舰的猛烈炮火从 3 个方面突然向土军阵地上倾泻，英军第 29 步兵师开始登陆，但没有成功。从 3 月 25 日到 5 月底，战斗转为持续的局部冲突。

1915 年 4 月 25 日澳新军团登陆

在卡帕特普海滩，澳新军团 1500 人向驻守在陡峭的阿勒布尔努山头的土军第九师 27 团发起进攻，土军由于弹药缺乏，不得不撤退。但随后，土军的增援部队第 16 师从色雷斯赶来，第 2 师从首都赶来，与英军展开白刃战，激烈的战斗一直持续到 5 月底。

英法联军在 5 个月时间不能取得胜利，遂决定由英军第九军团迂回到阿纳法尔塔海湾，从后面向土军进攻。英军在 8 月 6 日晚登陆，并在 9 日发起攻击，土军节节败退。由于天气酷热，英军士兵们精疲力竭，其主力没有立即向目标山头进攻，而是在海滩上停留了一天。土军的两个师趁机赶到前线，一个师把英军逐回海里，另一个师阻击澳新军团前来增援。

9 月起，战事又陷入僵局。协约国的汉密尔顿将军被召回并被解除了指挥权，察尔斯·门罗将军接替了他，但协约国军队的伤亡人数仍与日俱增。初冬寒冷，许多兵士患病，严重冻伤迅速在部队中蔓延，超过 1.6 万人冻伤，有人甚至冻死。11

加里波利之战中向土耳其军队发动猛烈攻击的澳新军团

月 23 日，英国国防大臣基钦纳视察战场后，不得不下令按阶段撤退。9 万军人秘密撤离加里波利。

1916 年 1 月 9 日，当最后一名澳新军团士兵离开海滩后，第一次世界大战中最大的登陆战也就正式宣告彻底失败。

在这次历时 8 个多月的战役中，参战的英军有 49 万人、法军 8 万人、土军 70 万人。在战斗过程中，英国伤亡和失踪 11. 97 万人，法国 2. 65 万人，土耳其 18. 6 万人；英法联合舰队损失战列舰 6 艘，土耳其损失 1 艘。整个战役的失利是由于英法统帅部的错误造成的。在作战中，协约国的指挥者计划疏漏，指挥不当，配合不力，导致伤亡惨重。

正如一名英国历史学家所言："这是一个正确、大胆而有远见的计划，但却被在执行过程中出现的一系列英国历史上前所未有的错误给断送了。"

马恩河战役

"施里芬计划"曾被德国人奉为争取欧洲大陆生存空间的法宝。然而，在第一次世界大战中，小毛奇并没有遵循其前辈的设想"加强右翼"展开战争，而是东西线上平分了军力，致使在马恩河战役中绊住了前进的步伐。德军和英法联军之间共进行过两次马恩河战役，虽然其时间都很短暂，双方没有重大伤亡，但却摧毁了德军包抄法军的计划，而且德国在西线的速决战略也因此破产。

自第一次世界大战爆发起，德军已成功地侵入比利时和法国东北。1914 年 8 月，德军在西线迅速突破英法联军的边境防御后，乘胜追击，企图速战速决。为摆脱德军的追击，法军第 4、第 5 集团军和英国远征军于 9 月 4 日撤至马恩河以南，在巴黎至凡尔登一线布防。

法军参谋长霞飞将军决心以新组建的第 6、第 9 集团军，加强巴黎方向左翼的防御力量，准备反攻。德军第 1、第 2 集团军在追击法军第 5 集团军的过程中，偏离了原定进攻方向，当部队到达巴黎以东地区后，使自己的右翼受到了威胁。德军总参谋长小毛奇获悉法军即将反攻后，决定以其右翼两个集团军（第 1、第 2 集团军）在巴黎以东转入防御，以 3 个集团军（第 3、第 4、第 5 集团军）继续南攻，协同从东面进攻的第 6 集团军，合围凡尔登以南地区的法军。此时，在巴黎至凡尔登一线，英法联军 108.2 万人对德军 90 万人，联军明显占优势。

9 月 5—12 日，英法联军以 6 个集团军（法第 3、第 4、第 5、第 6、第 9 集团军和英国远征军）展开全线反攻。反攻的矛头主要指向德军右翼。在主攻方向上，英法以 4 个集团军对德军 2 个集团军，兵力超过德国 1 倍。总攻发起后，法军第 6 集团军袭击德军第 1 集团军的右翼和后方。德军被迫从正面抽调两个军予以还击，并于 8 日全部后撤至马恩河北岸。于是，德军第 1 集团军与第 2 集团军之间出现了宽 50 千米的防御空隙地带。6 日，法军第 5 集团军和英国远征军乘机插入这一空隙地带，并于 8 日逼近马恩河岸。这不仅对德军第 1 集团军形成了包围态势，而且对德第 2 集团军的右翼构成威胁。为避免被围歼，小毛奇不得不于 10 日下令德军全线停止进攻，撤至努瓦永—凡尔登一线坚守。

第一次马恩河战役以德军失败而告终。联军在宽达 200 千米的地带内，8 昼夜推进 60 千米，伤亡 25 万人，德军损失 30 万人。这次进攻是一次高度机动的战役，它成为西战场 1914 年战局中联军反败为胜的转折点，意味着德军企图在西战场迅速歼敌的战略计划彻底破产，并暴露出在军队指挥方面存在严重错误。但联军也有

1918 年，德国发动了第一次世界大战中的最后一次大规模进攻。这次进攻最终使马恩河下游地区由美军第三区第三十和第三十八步兵团控制。

失误，行动迟缓，坐失战机，使德军保存了实力。

1918 年，俄国退出第一次世界大战后，德国统帅部决定在大批美军运抵欧洲之前打败英法联军，争取在夏季结束战争。同年 5—6 月间，德军突破苏瓦松和兰斯间的法军防线，逼近马恩河。

此时几十万美军抵达欧洲参战，战局对德国不利。7 月 15 日，法军出其不意地对即将发起进攻的德军实施猛烈的炮火反攻。大约 4 个小时后，德军发起进攻，突破法军第一道防线，但在第二道防线前被猛烈的炮火挡住了去路。随后，另一路德军从另一面突破法军防线，推进数千米，并强渡马恩河。法军航空兵和炮兵迅速轰炸马恩河各渡口和桥梁，阻止了德军前进。之后，德军发起数次进攻，但是都没有渡过马恩河，而且伤亡惨重。

同年 8 月 6 日，德国宣告失败，第二次马恩河战役结束，这是西方战线中德军最后一次发动大规模攻击的战役。至此，德国在第一次世界大战中的败局已定。

凡尔登战役

凡尔登战役是第一次世界大战中历时最长、规模最大的战役。此战役也是典型的阵地战、消耗战。参战兵力众多、伤亡惨重、破坏性大，德法两军死亡人数超过 25 万，受伤人数超过 50 万。因此，凡尔登战役有"绞肉机""屠宰场"和"地狱"

之称。这次决定性的战役是第一次世界大战的转折点，从此。德意志帝国逐步走向失败。

1915 年底，法国的小镇尚蒂伊风雪交加，气温降到了 0℃以下。但恶劣的天气并没使这座小城显得有多么清冷，大街上军警林立，汽车穿梭不停，这种场面在战争年代是司空见惯的。第一次世界大战已进行一年多了，富饶而美丽的法兰西大地早已被战火破坏得满目疮痍。人们盼望着战争早一天结束，重新过上和平宁静的生活。

德军总参谋长法全汉是第一次

世界大战的发动者之一

然而，协约国和同盟国两大军事集团的首脑们却在积极地制订下一年的战争计划，想尽力打破开战以来西线的僵持局面。12 月，协约国在尚蒂伊召开了各国参加的军事会议，法国、英国、比利时、意大利、俄国以及日本等国的军事代表首次会聚一堂，共同讨论 1916 年战略行动计划。法国的霞飞将军主持了会议，他提出在下一年的方针是由俄国和意大利首先在东线和南线发动攻势，在战略上牵制德奥军队，然后由英法军队在西线大规模出动，一举歼灭西线的德军，改变战局。

经过激烈的讨论，各国代表原则上同意上述作战方针，但对何时开始进攻却未达成一致意见。于是，众人决定明年 3 月在尚蒂伊再召开一次会议，具体确定各国发起进攻的时间。然而，1916 年 2 月，还未等严寒冬季过去，法国东部边境小城凡尔登便突然响起了隆隆的炮声，德军抢先对协约国发起了进攻。协约国仓促应战，与德军在凡尔登城下展开了一场空前规模的大厮杀，这就是第一次世界大战中伤亡最多，具有决定意义的凡尔登战役。

在德军高层决策者中，法金汉被人们称作"眼睛一直盯着西线的人"。的确，1915 年德军在西线采取守势，本想趁机在东线一举击败俄军，迫使其单独媾和后，再挥师西进，集中力量击败英、法军队。但实际上，英、法军队在西线的局部进攻虽然效果不大，却大大牵制了德军的力量，使德军在东线始终无法得到足够的兵力给俄军以致命性的打击。而且俄国幅员辽阔，气候寒冷，交通又不方便，德军总参谋部手中也只有 25 个预备师，进攻俄国很有可能会重蹈当年拿破仑的覆辙。东线与西线，只能二者选其一。在法金汉看来，必须停止对俄国的进攻行动，因为在兵力和武器有限的情况下，对俄国作战不会有决定性的结果。应当把主要突击方向对向西线的英法军队。

就在这时，法金汉接到了德国情报部门送来的消息：协约国 1916 年将在东线、南线和西线同时对德军发动大规模攻势。这使法金汉更加坚定了在西线首先打败英法的决心，而且必须抢在协约国的前面，先下手为强。

1916 年初，德军总参谋长法金汉将打击目标定在法国境内著名要塞凡尔登。凡尔登是英法军队战线的突出部，它像一颗伸出的利牙，对深入法国北部的德军侧翼形成严重威胁。德、法在这里曾有过多次交手，但德军皆未能夺取要塞。如果此次德军能一举夺取凡尔登，必将沉重打击法军士气。同时，占领了凡尔登，也就打通了德军迈向巴黎的通道，占领了巴黎，法国就不攻自灭了，剩下的英、俄两军就不足为患了。

1916 年 1 月开始，法金汉就悄悄结集部队准备攻击凡尔登。同时，德国明目张胆地向香贝尼增兵，做出要在香贝尼发动攻势的姿态。

法军总司令霞飞果然上当了。自 1914 年德军无力攻克凡尔登而转移进攻方向之后，法国人就认为凡尔登要塞已经过时，霞飞在 1915 年即停止强化要塞。而此时德军向香贝尼移动的动作使霞飞异常警惕，他认为德军会向香贝尼进攻，然后从这里进军巴黎。

凡尔登战役期间，正在行进的法国炮兵。

　　然而，德国人正在继续往凡尔登方向悄悄结集兵力。随着结集迹象的渐渐明显和暴露，英法联军终于弄清了德军的真正意图。霞飞火速下令向凡尔登增兵。但到2月21日，仅有两个师赶到凡尔登。而这一天，德军开始向凡尔登进攻。

　　2月21日清晨7时15分，德国的大炮开始怒吼，以每小时10万发炮弹的密度把一百多万发炮弹和燃烧弹倾泻到凡尔登，企图将法军前沿炸成死亡地带。

　　经过12小时的猛烈轰炸之后，德军又用小口径高速炮，以步枪子弹的速度发射霰弹，对惊慌失措、乱跑乱叫的法军进行扫射，并用喷火器把法军前沿阵地变成火海。兵力占优势的德军当天占领了第一道阵地，4天后又攻占了两道阵地和都蒙高地，切断了法军与后方的交通线，凡尔登岌岌可危。

　　法军在凡尔登失利的消息很快传到法军总司令部，霞飞总司令大吃一惊，赶忙召开军事会议，委任贝当将军为凡尔登地区司令官，并集结兵力，准备增援。贝当风尘仆仆赶到凡尔登，望着眼前的情形，他马上意识到，要保住凡尔登，补给是关键，所以必须先恢复与后方的交通联系。通往凡尔登的两条铁路常被德军的炮火切断，于是从巴勒杜克到凡尔登一条35千米的公路成为法军的生命线。

　　贝当立即组织了道路抢修队进行修复，大批巴黎市民赶到这里，以高涨的爱国热情把巴勒杜克至凡尔登的公路修通了。两天后，6000辆汽车通过这条路，源源不

凡尔登战役造成无数人伤亡，许多年轻的生命由此画上句号。

断地把 19 万援军和 2 万多吨军火物资运到凡尔登。

得到了增援的法军士气大振，顶住了德军的猛攻，守住了阵地，加上法军大批援军及时投入战斗，加强了纵深防御，对战役进程产生了重大影响。到 2 月底，德军弹药消耗很大，且战略预备队未能及时赶到，攻击力锐减，从而丧失了突破法军防线的时机。到 3 月，双方的兵力已经相差不多，战斗变成了拉锯战，凡尔登就像一台巨大的"绞肉机"，把双方不断投入的军队变成一堆堆血肉模糊的尸体。

3 月 5 日起，德军扩大正面进攻并将主突方向转移到默兹河西岸，企图攻占 304 高地和 295 高地，解除西岸法军炮兵的威胁，并从西面包围凡尔登；同时继续加强东岸的攻势，由急促攻击改为稳步进攻，但遭法军顽强抵抗，付出巨大伤亡后仅攻占几个小据点。4—5 月间，德军集中兵力兵器包括使用喷火器、窒息性毒气和轰炸机，对西岸法军实施重点突击，但步兵进抵 304 高地和 295 高地一线后，遭法军炮火猛烈反击，5 月底停止进攻。

在东岸，法军频繁轮换作战部队，不断实施反击，与德军反复争夺，迟滞德军进攻。6 月初，德军再次发动大规模攻势，经七天激战切断沃堡与法军其他阵地的联系，迫使沃堡守军于 7 日投降。6 月下旬，德军首次使用光气窒息毒气弹和催泪弹猛攻苏维耶堡，在 4000 米宽的正面上发射 11 万发毒气弹，给法军造成重大伤亡，一度进抵距凡尔登不足 3 千米处，但终被击退。

被战争摧毁的凡尔登城

从 7 月 1 日开始，英法军在索姆河发起进攻，俄军也在西南战线发起大规模战役。协约国的联合军事行动，顿时使德军指挥部捉襟见肘，他们不得不从凡尔登前线抽调兵力，一部分调往俄国前线，一部分调往索姆河。仅从 7 月 2 日至 12 日，就有 2 个步兵师和 52 个重炮连及 9 个轻炮连从凡尔登前线调往索姆河。这样，德军根本无法在凡尔登地区再发动任何攻势了。德军攻占凡尔登，并在此歼灭法军主力的企图彻底破产了。恼怒的德皇撤掉了法金汉的职务，由兴登堡接任德军总参谋长。

9 月 2 日，德军统帅部正式下令停止进攻，德军从一些付出了巨大代价占领的要塞中撤出，战役的主动权落入了法军之手，从 10 月到 12 月间，法军经过精心准备，在夏尔·芒让将军的率领下，集中 17 万部队、700 多门火炮和 150 架飞机，在马斯河西岸实施了两次短促有力的突击，在毒气弹、燃烧弹、重炮和超重炮的火力支援下，夺回了伏奥炮台和都蒙炮台以及大多数失地。

12 月 18 日，法军停止进攻。历时 10 个月之久的凡尔登战役正式结束。经过此战，德军在多条战线上作战的困境日益加重。同时，德军的士气也从此大为低落，战斗力日益下降。战争的主动权从此逐渐转移到协约国手中。

日德兰海战

日德兰海战是英德两国的一场海战，是第一次世界大战中最大规模的海战，也是这场战争中交战双方唯一一次全面出动舰队主力的决战。但是海战中，双方未组织周密侦察，情况不明。指挥不力，均未达成预期战役目的。日德兰海战标志着一个海战时代的结束，它是双方舰队在目视范围内相互猛击的最后一次大规模舰队交战。

自 1805 年特拉法尔加海战以来，英国一直保持着海上霸主的地位。第一次世界大战爆发后，英国海军凭借其优势立即对德国实行海上封锁，使德国陷入困境。此时，大战已进行了两年，形势还是不明朗，战争的消耗使德国越来越感到吃力，德国皇帝威廉二世下令必须打破英国的海上封锁，确保殖民地的物资运到德国。

1916 年，德国新上任的大洋舰队司令舍尔海军上将，肩负德皇的使命，开始了他的工作。经过一番深思熟虑后，舍尔将军计划首先以少数战列舰和巡洋舰袭击英国海岸，诱使部分英国舰队出击，然后集中大洋舰队主力聚歼，继而在决战中击败英国主力舰队。然而，舍尔怎么也没想到，他自以为天衣无缝的作战计划，早就被英国海军截获。

英国海军主力舰队司令约翰·杰利科海军上将得到德军行动的消息后，连夜制定出一个与舍尔如出一辙的作战计划：贝蒂海军中将率领前卫舰队从苏格兰的罗赛思港出发，于 5 月 31 日下午到达挪威以东日德兰半岛附近海域，以期与德舰队相遇；杰利科则亲自率主力舰队从斯卡帕弗洛港出发，也于 31 日下午到达贝蒂舰队西北方向 60 海里处的海域。如果此刻贝蒂与德舰队交火，在主动示弱后，他应将对方引向舰队主力方向，这样杰利科的舰群就会出现在德舰的侧后。

5 月 30 日晚 20 时 30 分，杰利科亲率由 24 艘战列舰、4 艘战列巡洋舰、20 艘巡洋舰和 50 艘驱逐舰组成的庞大舰群开出了斯卡帕弗洛港。之后，贝蒂率领由 4 艘战列舰、6 艘战列巡洋舰、14 艘轻巡洋舰和 27 艘驱逐舰组成的前卫舰队驶离了罗赛思港。几个小时后，设伏在罗赛思港外的德国潜艇向大洋舰队发回了"敌人舰队出航"的电报。而德国的"诱饵舰队"也早在英国人的监视之下。几乎倾巢而出的两支舰队都认为自己的"诱饵战术"获得了成功，他们相向而行奔赴预定战场。这时，无论是舍尔还是杰利科，都未预料到对方舰队已经全数出动。更未预料到在不久之后，他们将亲自参与世界上最大规模的舰队决战。

1916 年 5 月 31 日，日德兰海战（也叫斯卡格拉克海峡海战），由杰利科率领的英国舰队对阵由舍尔率领的德国舰队。图为战场巡洋舰"HMS 雄狮"号正在进入行动。

5 月 31 日 14 时许，双方前卫舰队在斯卡格拉克海峡附近海域遭遇。随后开始交战，英国战列巡洋舰"不倦"号和"玛丽王后"号被击沉，旗舰"狮"号受伤；德国的舰队损失轻微。一小时后，舍尔率公海舰队主力赶到，英国的前卫舰队北撤，计划与大舰队主力会合。

舍尔在不明英国大舰队主力出海的情况下，率德舰队追击英前卫舰队。最终，英舰即同德舰交火。经过激烈的炮战，英国有四艘舰船先后沉没，并各有数艘舰只受损。20 时，双方再次进行炮战，随后德国的舰队向西撤退。

凌晨 4 时 15 分，英国海军部给杰利科发来电讯侦察通报，告诉他舍尔的舰队已通过了合恩礁水道，即将回到威廉港，失望的杰利科只好带着他的主力舰队悻悻地返回斯卡帕弗洛海军基地。

在这次大决战中，德军被击沉 1 艘大舰、10 艘小舰，死亡两千五百余人；英军则被击沉 3 艘大舰、11 艘小舰，六千多人丧生。但双方主力均在，德国海军没能打破英国的海上封锁，全球海洋仍然是英国海军的天下，威廉二世从海上打破僵局的企图破灭了。

索姆河战役

1916 年 7 月，就在德、法两军在凡尔登浴血厮杀进入白热化的时候，巴黎西北的索姆河两岸又燃起战火，英、法军队向德军发动了大规模进攻，这就是持续四个月之久，惨烈程度甚于凡尔登战役的索姆河战役。在这次战役中，双方阵亡共 30 万人，是一战中最惨烈的阵地战。也是人类历史上第一次把坦克投入实战中的战役。

1916 年初，根据协约国确定的战略方针，英法联军计划在索姆河及其支流昂克尔河地区发动大规模进攻，彻底击溃法国北部德军。

自 1914 年以来，索姆河是比较平静的。德国人悄悄地在沿河的两个方向做了精心的准备。在坚实的白垩土中，他们精心构筑了分隔开来的地下坑道网，这些堡垒包括厨房、洗衣房、急救站等设施和庞大的弹药储备，即使最沉重的轰击，也不会打穿这个地下综合体。

对防守者来说，索姆防区提供了最好的有利条件。进出口都隐蔽在村庄住房和附近树林中，而对面山腰上露天堑壕线的白垩土的轮廓十分分明。德军还可以在 4.5 千米的距离内，对协约国一览无遗。防御堡垒逐个升高，迫使协约国的进攻者要冒着火力一级级地爬上来。德军在白垩土丘陵地带的据点，还有钢筋混凝土炮位，横断交通壕和防御地堡。

7 月 1 日晨，英军和法军分别向德军的阵地发动进攻。当日，法军和英军右翼突破德军第一道阵地，但英军左翼为德军坑道工事所阻。英军采用密集队形冲击，遭遇德军炮火和马克沁机枪的强大火力杀伤，损失近 6 万人。

索姆河战役是第一次世界大战中双方伤亡都极为惨重的典型壕沟战

7月2日至3日，英军右翼和法军攻占德军第二道阵地，法军一度占领巴尔勒、比阿什等德军防御要地。7月19日，德军指挥部又投入新一波预备部队，并在防御上加长纵深，构筑了补充防御地区。7月中旬，英法联军仅向前推进数千米，未达到成作战预期目标。

7月底至8月中旬，英、法联军将其部队增加至51个师，飞机增加至500架；而德军增加到31个师，飞机增到300架，由于作战的迟缓、胶着，遂转变成为消耗战。9月3日起，法国米舍莱将军的第10集团军、英国加夫将军的第5集团军分别投入战斗，战场正面范围扩大到50千米宽的战线。德军增加至40个师，又不停加强阵地的防御工事。因此英、法军队的推进速度平均每昼夜仅有150至200米。

9月15日，英军第一次使用新式兵器——坦克（共49辆坦克，实际参战仅18辆），配合步兵进攻，推进了4至5千米。这是战争史上第一次使用坦克，对守备方的德国步兵产生了心理震撼，使他们放弃阵地不战自退。但由于坦克的技术与装备尚未完善，加上战线宽广（10千米18辆坦克），仍然没有达到打开突破口的作战目标。战术层级的运用成功并未能引导作战胜利。虽然英军后来又使用了两次坦克，同样收效不大，倒让德军开始学习如何对付敌方这个庞然大物。

进入秋季后，气候开始恶化，由于阴雨连绵、道路泥泞，战斗渐渐平息，到了11月完全停止，英、法两国的作战计划宣告失败。

索姆河战役是第一次世界大战中典型的、双方伤亡皆极为惨重的阵地战。英、

MarkI 坦克，1916 年 9 月 15 日 MarkI 坦克首次应用在索姆河战役上。

法联军伤亡 79.4 万人，德军损失 53.8 万人。英法联军未达到突破德军防线的目的，但牵制了德军力量，使德国发动的凡尔登战役以失败而告终，大大影响了德军的士气。

日本"米骚动"

第一次世界大战爆发前夕，日本的阶级矛盾日趋尖锐。粮食不足一直是影响日本民生最重大的问题之一。政府为了保护地主的利益。不仅不解决粮食增产的问题。而且还限制大米进口。1918 年夏天，因米价暴涨，日本国内终于爆发了一次大规模的群众大暴动，即著名的"米骚动"事件。

进入 20 世纪以后，日本迅速向工业社会转变，尤其是第一次世界大战爆发后，日本加速重工业发展，城市人口、工矿业人口显著增加，城市的扩大，非农业人口的增加，使得粮食的供应也随之剧增。加之日本政府加紧扩军备战，不断征调大米以供其对外进行武装干涉和侵略，更使粮食奇缺。

1917—1918 年日本粮食严重歉收，地主和商人乘机囤积居奇，抬高物价，致使米价严重暴涨，工人的实际工资下降，人民生活恶化，国内阶级矛盾进一步激化。

1918 年 7 月 23 日，富山县下新川郡鱼津町（今鱼津市）西水桥村从事装卸工作的渔民妻女拒绝外运本县产的大米，随后她们一起来到米店要求米商廉价售米，

1918 年，日本米骚动导致运输大米的运河被堵塞。

救济穷人。米店老板看到来人众多，吓得紧闭大门，并偷偷派人去叫警察。愤怒的渔妇们见老板不理她们，便开始砸门。厚厚的木板门在妇女们的撞击中开始摇晃。可就在这时，警察赶来了，他们拼命地吹着哨子，用枪托和皮靴驱赶着人群。渔妇们更是怒不可遏，她们转身与警察对打起来。然而，警察的援兵源源不绝地赶来。皮鞭在人群里呼啸，枪托在渔妇们头上飞舞。愤怒的渔妇们已有多人受伤，仍不肯罢休。最后，一名警察鸣枪示警，才将这次骚乱平息了下来。

西水桥村的抢米消息第二天传到了对岸的渔村东水桥。那里的妇女们仿佛是受到了某种启示似的，八百多人当即来到当地一家大米店，这个米店已囤积了一千多袋大米，正准备运往外地高价出售。渔妇们起先是和平地与老板交涉，要求他不要运走大米，就在当地卖。但米店老板态度强横，表示对渔妇们的提议没有丝毫商量的余地，而且还辱骂了这些妇女们。见到如此状况，妇女们压抑的怒火再也控制不住，不知谁说了一声"抢啊！"于是，渔妇们一拥而上，老板、老板娘和店伙计被她们推到一边，一千多袋大米很快被一抢而空。等伙计带着警察赶到后，只看见坐在地上号哭的老板夫妇。

富山县的抢米风潮很快扩展到全国城乡，席卷日本 2/3 的土地，约 1000 万人卷入运动。8 月 11 日，大阪市民和工人暴动，捣毁和抢光了二百五十多家米店；次日，米商最集中的神户几万市民发生暴动，几家最大的米店被捣毁。在首都东京，

米骚动纪念碑

虽然警察当局加强了戒备，在各米店、工厂和富人住宅前加了岗哨，仍然有几万市民进行游行示威，并试图捣毁米店。同时，工人也举行了罢工。愤怒的群众还冲击砸毁了许多警察派出所，同警察发生了激烈的冲突。

8月中旬，"米骚动"达到高潮。日本统治阶级对如此大规模的群众运动深为惊恐不安，害怕日本人民效法俄国十月革命，于是调动大批军警进行残酷镇压。有2.5万人被捕，其中交付法庭审判者达八千多人，判处"惩役刑"者达2645人，其中有7人为无期徒刑。持续一个多月的"米骚动"终于被镇压下去了。

1918的"米骚动"是日本历史上第一次全国性的工农劳动大众反对统治者和剥削者的自发运动，参加该运动的人数在1000万人以上，甚至一部分海军也参加了暴动。这次风潮沉重地打击了日本政府，迫使出兵西伯利亚的寺内正毅内阁垮台。新上台的原敬内阁不得不采取一些措施，降低米价，惩治奸商。

"米骚动"显示了群众运动的威力，对于推动日本工人运动的发展起了很大的作用，成为日本现代革命运动的起点。

俄国二月革命

1917 年 3 月（俄历 2 月），第一次世界大战正酣时，俄国爆发了第二次资产阶级民主革命——二月革命。二月革命推翻了统治俄国长达三百多年的罗曼诺夫王朝，结束了沙皇的专制统治。新的革命政权——彼得格勒工兵代表苏维埃由此诞生，资产阶级也成立了临时政府，二月革命的胜利为俄国无产阶级斗争创造了有利条件。

1905—1907 年俄国第一次资产阶级革命失败后，反动势力猖獗，革命转入低潮，但是资产阶级民主革命的任务并没有从日程上取消。到第一次世界大战前夕，俄国出现新的革命高潮，群众性革命斗争的规模已经接近 1905 年，其组织性和觉悟性也大大提高。在彼得堡、莫斯科及其他城市的工人罢工斗争不断发生，规模很大。这种群众件的革命罢工斗争矛头直接指向沙皇专制制度。

沙皇尼古拉二世

沙皇尼古拉二世将第一次资产阶级民主革命镇压后，为了转移人民斗争的视线，也为了对外掠夺，便把俄国拖入了第一次世界大战。结果俄国军队屡遭失败，经济遭到了极大的破坏，战争灾难引起了广大人民的强烈不满。

从 1917 年 1 月起，俄国各地又开始爆发多次大规模的罢工示威活动，来纪念 1905 年的"流血星期日"。当时，彼得格勒的工人们在布尔什维克的号召下，高呼"打倒战争""面包与和平"等口号，举行罢工和示威游行。

1917 年"三八"国际妇女节，布尔什维克党中央俄罗斯局和彼得格勒委员会决定举行集会，庆祝国际妇女节，并进行"反对饥饿""反对战争""反对沙皇制度"的宣传鼓动。散会后，工人们走上街头，举行示威游行。这一天参加罢工的人数达到了 9 万人。当天晚上，布尔什维克党中央俄罗斯局和彼得格勒委员会在讨论了当天斗争的形势后，决定继续开展罢工活动，推进革命的发展。

3 月 10 日，彼得格勒的罢工活动发展成为一场声势浩大的总罢工。人们纷纷来到市中心集合。当时的沙皇尼古拉二世身处莫吉寥夫，在接到彼得格勒局势的报告后，便下令对罢工运动实行镇压和打击。虽然如此，罢工的群众依然没有退缩。3 月 11 日是个星期天，彼得格勒工人仍然涌向街道、广场。此时，近卫军巴甫洛夫团后备营的第四连士兵在工人们的感召下，举行起义，他们拒绝向罢工人群开枪。当天晚上，布尔什维克党召开会议，决定将罢工转变为武装起义，并计划与士兵联欢，夺取武器库。

3 月 12 日，更多的工人向彼得格勒市中心行进。由于宣传到位，军队中的大批士兵转投到革命阵营中来。接下来，工人和起义士兵夺取了兵工总厂和炮兵总部，缴获大量的枪支和弹药。这天晚上，沙皇的大臣们在玛丽亚宫召开了最后一次会议，但很快就被逮捕了。尼古拉二世企图从前线调回军队来镇压起义，但是彼得格勒附近的军队已经完成了起义，沙皇的讨伐队被阻拦在半路，整个彼得格勒都掌握在了起义军的手中。

这场声势浩大的革命在彼得格勒取得胜利后，接着在各地迅速展开。3 月 13 日，莫斯科开始总罢工。之后，士兵们也很快转到革命方面，他们和工人们一起占领了克里姆林宫、兵工厂、火车站、市政府、警察局、电报局等，还从监狱里放出

1917 年的二月革命，工人们正在街头抗议。

政治犯。

彼得格勒附近的驻军和舰队热烈响应首都武装起义。3 月 14 日，整个喀琅施塔得掌握在起义军手中。彼得格勒武装起义的消息传到前线时，广大士兵立即行动起来，成立士兵委员会，对军官实行监督。农民们也热烈地响应革命，开始夺取地主的土地，争取经济上的解放。

俄国的第二次资产阶级民主革命，即二月革命取得了胜利。看到大势已去的尼古拉二世被迫于 3 月 15 日引退，让位给其弟米哈依尔。第二天，米哈依尔也宣布退位。这样，统治俄国达 304 年的罗曼诺夫王朝被二月革命冲垮了，俄国资产阶级民主革命获得了胜利。

俄国十月革命

十月革命是 1917 年俄国革命经历了二月革命后的第二个阶段，它发生于 1917 年 11 月 7 日（俄历 10 月 25 日），是布尔什维克领导的武装起义。十月革命是人类历史上第一次胜利的社会主义革命，它的胜利不仅激励着各国无产阶级的斗争，而且推动了马克思列宁主义在世界的传播。开辟了人类探索社会主义道路的新时代。

二月革命后，俄国出现了历史上罕见的两个政权并存的局面：一个是资产阶级临时政府，一个是工人和士兵代表的统一组织——苏维埃。在随后的几个月里，这两种政治力量进行了殊死的较量。

十月革命中的工人赤卫队和革命军队

资产阶级临时政府公开使用暴力镇压人民群众的示威游行，并准备建立军事专政。1917年4月，列宁结束长期在国外的流亡生活回到俄国，发表了著名的《四月提纲》，制订了从资产阶级民主革命向社会主义革命过渡的明确路线和具体计划，明确提出"全部政权归苏维埃"的口号。

1917年的5月1日，外交部长米留可夫声称俄国会将世界大战进行到底。消息一传出，士兵和工人们大为震怒，他们自发走上彼得格勒街头，高呼口号，反对临时政府对大战所采取的态度，支持苏维埃政权。之后，莫斯科等地也爆发了大规模的示威游行。7月17日，几十万士兵和工人又一次走上街头，但是遭到了临时政府的镇压，这就是震惊俄国和世界的七月事件。

七月事件以后，布尔什维克确定了武装起义的方针，李沃夫因为前线的失败而被迫辞职，克伦斯基接任总理兼陆海军部长。到这年的九月，俄国总司令科尔尼洛夫发起以"拯救祖国"为名的军事行动，命令军队向彼得格勒推进，企图镇压革命力量。彼得格勒的工人和波罗的海舰队的水兵在苏维埃的领导下，决心武装保卫彼得格勒。与此同时，科尔尼洛夫军中的士兵在苏维埃的宣传下，纷纷调转枪口，转而支持革命。

科尔尼洛夫的这次叛乱被粉碎后，俄国内部的阶级力量对比形势发生巨大的改变。9月，列宁提出了"平分土地"的纲领，号召农民团结起来，夺取地主的土地。这项纲领得到了广大农民的热烈欢迎，布尔什维克在人们心目中的威信极大地提高。同时，大批军人也先后表示站在布尔什维克领导的苏维埃一边。

10月23日，布尔什维克党中央举行了一次会议，决定发动武装起义，夺取政权。

1917年11月7日，列宁在彼得格勒工兵代表苏维埃会议上发表激情演说，提出建立无产阶级专政。

11月6日晚，列宁来到斯莫尔尼宫，直接领导了这次起义。起义者迅速占领了彼得格勒的各个要害部门和重要地点。7日晚上，彼得—保罗要塞的大炮开始炮轰冬宫，涅瓦河畔的"阿芙乐尔"号巡洋舰也参加了这次起义。紧接着，起义军开始攻打冬宫，到凌晨一两点时便逮捕了临时政府的主要官员，临时政府首脑克伦斯基却在起义发生以前就逃之夭夭了。由于11月7日是俄历的10月25日，所以人们又称这次武装革命为十月革命。

就在起义者攻打冬宫的同时，全俄工农兵代表苏维埃第二次代表大会也在斯莫尔尼宫召开。这次大会成立了新的苏维埃政府。俄国十月社会主义革命的胜利开创了人类历史的新纪元，为世界各国无产阶级革命、殖民地和半殖民地的民族解放运动开辟了胜利前进的道路。

芬兰的独立

芬兰位于北欧的斯堪的纳维亚半岛，与俄罗斯、瑞典和挪威接壤。12世纪前，芬兰社会还是原始公社制度，12世纪后半叶开始，芬兰隶属于瑞典。1809年俄国、瑞典战争后，芬兰又被俄国吞并。俄国十月革命胜利后，芬兰宣布脱离俄国，完全独立。列宁领导的苏维埃政权于12月18日颁布法令，承认芬兰是一个主权国家。瑞典、法国、英国也相继承认芬兰独立。

1910年的芬兰铁路

1809年，芬兰被沙皇俄国吞并后，成为俄国的一个大公国，由沙皇兼任芬兰大公，对内实行自治，从而结束了长达6个世纪的瑞典统治。

19世纪中叶是芬兰资本主义发展时期，陆续出现纺织、造纸、火柴、橡胶、人造奶油、食糖、水泥等新兴工业，1860年发行独立于俄国卢布的本国货币。工业的发展带来了运输和交通的现代化，1856年开掘了塞马运河，1862年修建第一条铁路，并兴办电报、电话和邮政事业。19世纪60年代芬兰民族觉醒，民族主义运动高涨，在J.V斯内尔曼等人的领导下，芬兰语言运动获得胜利，使芬兰语成为国家官方语言。19 世纪末，沙皇尼古拉二世却在芬兰推行俄罗斯化政策，1899 年赫然颁布《二月敕令》。

芬兰人民为维护自治权，抵制俄罗斯化，反抗沙皇的统治和压迫，进行了不屈不挠的斗争。随着资本主义的发展和马克思主义在芬兰的传播，芬兰工人阶级开始登上历史舞台。1884 年，芬兰出现了有组织的工会，1899 年建立了芬兰工人党（1903 年更名为芬兰社会民主党），1905 年该党领导了芬兰历史上第一次全国性总政治罢工，迫使沙皇恢复芬兰的自治，取消一切俄罗斯化法令，废除四等级议会，公民（包括妇女）获得了平等和普遍的选举权。同时，农村佃农的斗争也获得了胜利，迫使佃主不得随意驱赶佃农。

1917 年，芬兰议会宣布国家独立，列宁领导的苏维埃政权根据民族自决原则承认芬兰为一个主权国家。

1917 年，俄国十月社会主义革命成功后，芬兰人民掀起了全国总政治罢工，工人要求实现 8 小时工作制，提高工资和生活水平。他们还成立了武装纠察队，后改为赤卫队。资产阶级也成立了保卫团，后改编为白卫军。

同年 12 月 6 日，芬兰议会宣布国家独立，列宁领导的苏维埃政权根据民族自决原则承认芬兰为一个主权国家，芬兰终于摆脱沙皇俄国长达 108 年的殖民统治。但芬兰国内政局进一步动乱，阶级矛盾空前尖锐。

1918 年 1 月 12 日，议会决定由斯温胡武德组成资产阶级政府，准备镇压工人运动。1月28日，工人赤卫队在原驻芬俄军士兵的支持下，占领了首都赫尔辛基的政府机关、电台、车站和银行，宣布推翻资产阶级政府，解散议会，成立革命政权——人民委员会，一切权利归工人和工人组织。革命迅速在维堡、坦佩雷等工业城市获得胜利，赤卫队掌握了芬兰南部广阔地区。

1月29日人民委员会发布告人民书，宣布芬兰为共和国，执行社会主义纲要，没收反对和抵制革命的大资产阶级和大地主的工厂和土地，解放佃雇农，建立由工人代表参与的各级行政机构。资产阶级政府部分成员逃到西北部的瓦沙，成立了以曼纳海姆为总司令的白卫军，在瑞典和德国的支援下向革命政权进行反扑。3月15日德国武装干涉军在阿兰岛登陆。同日，白卫军在坦佩雷向赤卫队发起总攻，赤卫队腹背受敌，战场形势急转直下。4月12日德军占领首都赫尔辛基和海门林纳等城市。革命政权迁都维堡，4月29日维堡失守，5月15日起义被镇压。同年6月，芬兰颁布共和宪法，成立芬兰共和国。1918年革命失败后，芬兰资产阶级对内加强独裁统治，对外奉行敌视苏俄的政策。1920年10月，芬、苏为结束两国敌对状态，签订《多尔帕特和约》，确定了两国边界，苏联将贝柴摩省划归芬兰，作为对芬兰1864年把卡累利阿地峡一块地方割让给沙俄的补偿。芬兰独立重新得到确认。

美国参战

第一次世界大战的爆发，对处于北美大陆的美国也产生了严峻挑战。当时的美国总统伍德罗·威尔逊经过深思熟虑后宣布美国采取"中立"政策。但随着战争形势的发展，已经越来越危害到美国的利益，尤其是统治阶级和垄断资产阶级的利益。于是，美国政府宣布加入协约国集团，并向德奥同盟宣战。就这样，美国也加入了第一次世界大战的行列。

20世纪初，美国将"门罗主义"奉为国策，不干涉欧洲列强的内部事务或它们之间的战争，一心一意发展经济。然而欧洲却爆发了第一次世界大战。

战争爆发后的1915年初，为了更有效地打击协约国的商船，并保护本国潜艇，德国宣布在英国和爱尔兰周围水域执行无限制潜艇战政策，就是将这些区域划为战争地带，任何进入该区域的船只都将被击毁，不予警告。

威尔逊在国会发表请求参战的演讲

尽管德军承诺尽量避免击沉中立国船只，但由于担心英国的 Q 型船（Q 型船是英国海军的伪装猎潜舰）的出没，德国潜艇的舰长们得到指示，保证潜艇安全才是第一要务。因此，误袭也就在所难免，德国人希望这样的威胁可以吓阻中立国的船只进入英国的水域。

1915 年 8 月，德国潜艇击沉了美国"阿拉伯"号商船。越来越多美国公民的伤亡迫使美国政府采取强硬立场，美国总统伍德罗·威尔逊严正抗议德国人的行为，声称如果德国不停止无限制潜艇战，美国将断绝与德的外交关系。因为担心美国参战，德国不得不在大西洋和北海停止了无限制潜艇战。

随着战争的深入，德国政府和最高指挥部又开始重新审议无限制潜艇战的问题了。1917 年 2 月 1 日，无限制潜艇战重新开始。在德国开始潜艇战的两天之后，威尔逊总统正如他一年前警告的那样，断绝了与德国的外交关系。德国的大型远洋潜艇把基地设在德国北海的港口。短程的沿岸潜艇把基地设在比利时的港口。

1917 年 2 月到 3 月间，德国潜艇击沉了至少 500 艘船只，东大西洋和北海的中立国船运量减少了 75%。德国潜艇的威胁加上持续损失惨重的地面战僵局，使得英法两国在 1917 年年初的日子都很不好过。

1917 年 3 月，英国情报部门通知美国政府，德国预备同墨西哥结成同盟，这样墨西哥就能够重新夺回 19 世纪美国占领的墨西哥领土得克萨斯、新墨西哥和亚利桑那，这无疑触及了威尔逊的底线。

4 月 2 日，德国没有丝毫停止无限制潜艇战的迹象，再加上墨西哥的问题，威尔逊总统同时向美国参众两院发表演讲，认为美国不能继续袖手旁观了，两院都以绝对多数通过了总统的倡议。

美国陆军通信兵

4 月 6 日，美国正式对德宣战。6 月底，第一批美军先头部队匆忙开赴法国。1918 年 8 月，美国远征军指挥官潘兴决意要保存驻法美军的整体性，不希望美军只是在英法的指挥下零零散散地作战。潘兴说服协约国军总司令福煦组成了独立的美军指挥部，并且正式建立了包括 14 个师的美利坚合众国第一集团军。

9 月中旬，美军开始独立作战。美军成功地清除了凡尔登东侧的圣米耶尔德军突出阵地。这场战役中，在法国指挥美国空军的米切尔将军使用了 1500 架飞机，用于切断德军给养和后续部队，并实施了一些地面轰炸，这是第一次世界大战中使用飞机最多的一次战役。在不到 30 小时的战斗里，德军有 1.6 万人被俘，450 门大炮被缴获。

9月底，美军又发动了马斯——阿尔贡战役，并再次获得决定性胜利，整个战事亦于11月份宣告结束。

德国十一月革命

第一次世界大战末期，德军在前线不断溃败，使德意志帝国的经济陷入瘫痪，国内阶级矛盾空前尖锐。在俄国十月革命的影响下。德国工人阶级和劳动人民的革命斗争日趋高涨。1918年11月3日，基尔港的水兵反对同英国舰队作战，举行起义，建立全德第一个工兵代表苏维埃，揭开十一月革命的序幕。

革命家卡尔·李卜克内西庄严地宣布："从今天起，德国将是社会主义共和国！"

1918年10月底，德国海军司令部命令驻基尔舰队出海作战，遭到了水兵的拒绝，许多水兵因此被捕。11月3日，基尔舰队的水兵为了反对同英国舰队出海作战的命令，并要求释放被捕的水兵，联合码头工人举行了游行示威，而且由游行示威很快发展成了武装起义。

11月4日，基尔革命的水兵和工人组成了工兵代表苏维埃，夺取了基尔的全部政权，揭开十一月革命的序幕。德国的各大城市，如汉堡、不来梅、莱比锡、慕尼黑等地也纷纷起来响应这次起义，组成了工兵代表苏维埃，对厂矿企业和一些政府机关行使革命权力。

11月8日，斯巴达克联盟号召在柏林举行总罢工和武装起义。9日，柏林数十万工人和士兵举行武装起义。起义推翻霍亨索伦家族的统治，末代皇帝威廉二世逃往荷兰。武装的工人和士兵控制了整个首都。

著名革命家卡尔·李卜克内西在11月9日这一天庄严地宣布："从今天起，德国将是自由社会主义共和国！"

这时，德国反动分子也在积极地活动着。德国社会民主党右派头子艾伯特勾结资产阶级，从皇室巴登亲王的手里接过权力，宣布成立"自由德意志共和国"，并组成了资产阶级临时政府。

德国共产党举行群众集会

在革命的紧急关头，社会民主党邀请独立社会民主党共同组成人民全权代表委员会，宣布建立自由德意志共和国，艾伯特和哈塞并列为委员会主席。11月10日举行的柏林工兵代表苏维埃大会上批准了艾伯特政府，会上还选出了柏林苏维埃执行委员会。11月12日，人民全权代表委员会发布《告德国人民书》，宣布了施政纲领。

11月11日，艾伯特政府同协约国签订了《贡比涅停战协定》，结束了第一次世界大战。斯巴达克联盟在十一月革命中要求全部政权归苏维埃，建立社会主义共和国，而社会民主党把持的人民全权代表委员会却积极准备召开国民会议。

12月16日至21日举行的全德苏维埃第一次代表大会，通过了于1919年1月19日召开立宪国民会议的决定，在国民会议召开前全部立法行政权归艾伯特政府掌握。斯巴达克联盟反对此决定并退出独立社会民主党，于12月30日建立德国共产党。艾伯特政府决定对共产党人实行镇压。

1919年1月4日，政府罢免了左派独立社会民主党人埃喜荷恩的柏林警察总监职务，导致了1月5日柏林工人的武装起义，参加群众达50万。德国共产党坚定地领导这场战斗。11日，政府军队在右翼社会民主党人G.诺斯克的率领下开进柏林，对工人进行血腥屠杀。15日，德国共产党领袖李卜克内西和卢森堡惨遭杀害。德国革命进入低潮。2月，自由德意志共和国政府在魏玛召开国民会议，艾伯特当选德意志共和国第一任总统。

在柏林工人英勇斗争的推动下，1919年4月13日，巴伐利亚首府慕尼黑的工人群众举行起义夺取政权，宣布成立巴伐利亚苏维埃共和国，采取了一系列剥夺资产阶级的革命措施。由于缺乏其他地方的有力支持，这个苏维埃共和国坚持了半个多月就被镇压下去。5月2日，反动军队占领慕尼黑，德国十一月革命结束。

十一月革命推翻了德国国内的君主专制制度，诞生和锻炼了德国共产党，推翻了君主制，建立了共和国，完成了部分资产阶级民主革命任务，推动了德国历史的发展。

奥匈帝国的瓦解

奥匈帝国是1867—1918年间的一个中欧的"二元君主国""共主邦联国家"。在这段时间里，匈牙利王国与奥地利帝国组成联盟。1914年奥匈帝国皇储斐迪南大公夫妇在萨拉热窝遇刺身亡，奥匈帝国借此向塞尔维亚宣战，以德、奥、意"同盟国"为一方和以英、法、俄"协约国"为另一方的第一次世界大战爆发。由于奥军作战失利，境内各民族纷纷独立，导致帝国崩溃。

长期以来，奥地利和普鲁士为争夺德意志领导权一直在明争暗斗。在1866年的普奥战争中，奥地利战败，被迫与普鲁士签订《布拉格和约》，解散德意志邦联，成立以普鲁士为首的北德意志联邦，该联邦为统一德国奠定了基础。普奥战争后，奥地利国力衰竭。

1867年，奥地利政府更迭，匈牙利人要求自治，奥地利皇帝被迫妥协，同年12月允许匈牙利在哈布斯堡王朝统治下获得自治。匈牙利与奥地利建立奥匈二元君主国，奥皇兼任匈牙利国王；奥地利和匈牙利各自有独立的立法机关，帝国政府掌管外交、军事和财政；奥匈之间确定的贸易、税收和开支等协定每隔10年重订一次；奥匈帝国的版图包括的里雅斯特、波希米亚、摩拉维亚、西里西亚、加里西来、克罗地亚、斯洛文尼亚以及现在的匈牙利和奥地利，成为欧洲第二大国。

奥匈帝国首都维也纳

在其存在的51年间，奥匈帝国的经济发展迅速。技术的改进促进了工业化和城市化，资本主义生产方式传播到整个帝国。不过，整个帝国内的经济发展速度差距相当大，总的来说，西部比东部快得名。

奥匈帝国从建立伊始就困扰于国内的民族纠纷和民族矛盾。这是一个多民族的君主国，尽管对于境内其他少数民族来说，匈牙利人在君主国内的地位仅次于德意志人和奥地利人，但匈牙利人要求独立的愿望却最强烈，这种情绪影响了其他民族，导致帝国内部民族起义此起彼伏，并最终爆发了萨拉热窝事件。

1918年夏，战事对同盟国越来越不利。虽然到目前为止奥匈帝国内的少数民族领导人一直对哈布斯堡皇帝保持忠心，但此时他们不得不考虑自己的利益了。当协约国的胜利显而易见时，对他们来说也是脱离旧的帝国的时刻，接受协约国所宣扬的民族主义成了必走的道路。因为此时的奥匈帝国已经无法将众多民族联合在一起了。1918年9月和10月，一系列地区宣布独立。1918年11月3日，奥匈帝国与协约国达成停火协议。

战争的结束也是奥匈帝国的终止。对战胜国来说，按照伍德鲁·威尔逊宣布的十四点计划，奥匈帝国被分裂为许多民族国家是必然的事。

10月28日，捷克首先宣布独立，匈牙利其次。特兰西瓦尼亚大多数地区加入罗马尼亚，其中还包括了很多匈牙利少数民族。南部的斯拉夫地区联合组成了后来的南斯拉夫。战后战胜国承认这些新的边界，大大地改变了当地的政治地图，而一系列条约又保障了这些边界的合法性。

奥地利和匈牙利成为共和国，哈布斯堡王朝被永久驱逐。在匈牙利首先成立了一个匈牙利苏维埃共和国，但1919年罗马尼亚入侵后保皇势力又开始抬头。1920年，匈牙利恢复为一个王国，但没有国王。奥匈帝国的最后一位皇帝卡尔一世企图占据这个王位没有成功（1921年3—10月），他被放逐到葡萄牙属马德拉群岛，后来在那里逝世。霍尔蒂·米克洛什成为执政者。

奥地利、匈牙利、捷克斯洛伐克（现在分成捷克、斯洛伐克二国）、南斯拉夫、波兰等，这些国家是从奥匈帝国（有些是部分）产生，此外罗马尼亚和意大利也获得部分奥匈帝国的土地。

第一次世界大战结束

1914—1918年发生的第一次世界大战使欧洲大部分国家以及俄国、美国、中东和其他地区卷入战争。1918年11月11日，德国政府代表埃尔茨贝格尔同协约国联军总司令福煦在法国东北部贡比涅森林的雷东德车站签署停战协定，德国投降。《贡比涅停战协定》的签订，宣告德、奥、土、保同盟国集团的彻底战败，第一次

奥匈帝国的末代皇帝——卡尔一世

世界大战至此结束。

当第一次世界大战进入第三个年头，无论是同盟国还是协约国，其处境都非常困难。凡尔登战役后，德奥联盟深感力量不足，到1916年底，在各条战线上都被迫采取守势，开始走下坡路了，德国力图扭转不利的局势，希望在短期内夺取"最后胜利"。

1917年1月，德国宣布恢复"无限制潜艇战"。协约国集团在很大程度上要依靠海外物质的支持，德国的潜艇给它造成很大的损失。1917年，俄国二月革命后，俄国军队开始瓦解。德奥将兵力集中于西线，协约国面临失败的危险。

美国参战后，先后派遣了200万军队开赴欧洲战场。美国海军协同英国海军对德封锁、进行反潜艇战，并在北海布雷，使德国"无限制潜艇政策"归于失败。美国对协约国的军火和物资供应迅速增加，这对协约国战胜同盟国起到了非常重要的作用。

1917年11月7日，俄国爆发了武装起义，取得了十月社会主义革命的胜利。1918年3月3日，新生的苏维埃共和国同德国签订了《布雷斯特合约》，退出了帝国主义战争。

战争是残酷的，造成了无数人的生死离别。图中一个英国士兵梦想着见到家乡的心上人。

　　这时，德国面临经济破产，粮食歉收，人民饥饿，反战运动高涨。德国统治集团知道坚持长期战争已不可能，决定东线停战之机，把绝大部分部队调到西线，发动最后的攻势，争取决定性的胜利。1918年3月到7月，德国在西线投入295个师的兵力，连续发动多次进攻。德军曾几度突破协约国防线，取得一些进展，但未能歼灭对方的有生力量。随着潘兴将军率领的89万美军和大量战争物资源源赶到，7月，协约国联军开始反击，夺回了上半年丢失的阵地。8月8日，协约国军总司令福煦将军下令进攻，西线展开了决战。在松姆河突破德军防线，消灭德军16个师。9月，英法美联军发动缪司、阿尔贡战役，突破了兴登堡防线，俘虏德军6万。意奥边境、巴尔干和土耳其等战线的战争也临近结束。9月29日，德军总参谋长兴登堡和他的副手鲁登道夫要求德国政府立即进行停战谈判。

　　10月下旬，奥匈帝国瓦解，捷克斯洛伐克和匈牙利宣布独立，前线的军队拒绝继续作战。同盟国陷入土崩瓦解的困境。

　　为了抵消苏维埃国家不割地、不赔款的和平纲领的影响，并限制英法，为建立美国在战后国际政治中的领导地位创造条件，1918年1月8日，美国总统威尔逊在

第一次世界大战是欧洲历史上破坏性最强的战争之一，它对人类造成了巨大的物质损失和精神伤害。

国会演说中，提出公开外交、海上自由、贸易自由、裁减军备、民族自决、成立国际联合机构等被称为"世界和平纲领"的"十四点"。

在将军们呼吁停战媾和的紧急局势下德国进行了政府改组。10月4日，新任首相巴登亲王马克斯致电美国总统威尔逊，请求在"十四点"基础上签订停战协定，同协约国开始谈判。11月4日，德国基尔港水兵起义占领了城市，德国十一月革命爆发，并迅速席卷全国，各地成立了工兵代表苏维埃，德皇威廉二世退位并逃往荷兰，德国资产阶级慌忙接受了苛刻的停战条件。

1918年11月11日，停战协定在贡比涅森林签字。在此之前，保加利亚、土耳其、奥地利和匈牙利已经同协约国签订了投降协定。历时4年多的第一次世界大战最终以同盟国的失败而宣告结束。

二、一战后的变化

1919—1929 年

第一次世界大战后，世界格局发生了重大变化。战后初期，帝国主义战胜国为重新瓜分世界，建立新的国际秩序，先后召开了巴黎和会和华盛顿会议，调整了它们在欧洲和亚洲太平洋地区的关系，形成了"凡尔赛—华盛顿体系"。大战改变了欧洲、亚洲的政治版图，德国处于任人宰割的境地，美国取代英国成为第一经济强国，日本成为东亚霸主。在德国赔款问题和欧洲安全等问题上，战胜国之间、战胜国同战败国之间，始终充满了矛盾和斗争。

签订《凡尔赛条约》

第一次世界大战结束后，各个战胜国就忙着重新瓜分世界。1919 年 1 月，巴黎和会召开。参加会议的有 27 个国家，整个会议由美、英、法三国首脑操纵。1919 年 6 月，巴黎和会上签订了处置德国的《凡尔赛和约》。1919—1920 年，协约国列强还分别同德国的盟国签订了一系列和约。《凡尔赛和约》并没有解决帝国主义之间的矛盾，相反，却种下了新的仇恨和战争的种子。

1918 年 11 月 11 日凌晨 5 时，在巴黎东北贡比涅森林的雷通车站，德国以外交大臣为首的代表团走上协约国联军总司令、法国元帅福煦乘坐的火车。在这里，他们签订了第一次世界大战停战的条约。

停战的条件是十分苛刻的，它包括：14 天内德军撤出在这次战争中占领的法国、比利时、卢森堡的领土，还有在普法战争中所占领的阿尔萨斯-洛林地区；一个月内将莱茵河以西的德国领土，以及莱茵河以东 3 万米的德国领土交给联军；德军须交出巡洋舰、战斗舰、驱逐舰、潜水艇 234 艘，空军全部飞机，500 门大炮和大量枪支弹药；德国交出 316.8 亿美元的战争赔款（德国拿不出这么多，后一再削减，成为 7.14 亿美元）……

由左至右，英国首相劳合·乔治、意大利首相奥兰多、法国总理克列孟梭以及美国总统伍德罗·威尔逊。

1919 年 1 月 18 日，举世瞩目的巴黎和会在法国的凡尔赛宫召开。参加巴黎和会的各国代表有一千多人，其中全权代表 70 人，后改为"四人会议"，即美国总统威尔逊、英国首相劳合·乔治、法国总理克列孟梭和意大利首相奥兰多。后因意大利在大战中作用不大，本国底子又薄，被英法冷落一边。所以实际上又变为"三人会议"，他们是巴黎和会的三巨头，也是主宰者。

早在巴黎和会之前，法国、英国和美国已经表明了对和会的不同目的。法国因深受第一次世界大战影响而成为《凡尔赛条约》的主要签约者。战争伤害及历史上德国数次对法国的侵略，使法国主张严惩并尽可能地削弱德国；英国出于传统的政策，考虑希望能保持一个相对强大并在经济上能够自立的德国以保持欧陆均势；美国则希望尽快建立一个能保证长久和平的体系并从该体系中获益，同时主张德国进行战争赔偿。

和会经过几个月的激烈争吵之后，列强在一些主要问题上达成了协议，拟定了对德和约草案。和约对德国进行了严厉的制裁，规定德国所有殖民地统一由主要帝国主义国家以"委任统治"的形式加以瓜分。

1919年4月29日，由德国外长率领的德国代表团抵达凡尔赛宫。5月7日德国代表团接受战胜国提出的条件，但因德国被排除在谈判之外，德国政府提出抗议，随即退出和会。

1919年，在凡尔赛宫的"镜厅"签署合约时的情景。

同年6月20日，德国新一届政府成立，28日，德国新外长在《凡尔赛和约》上签字。条约规定德国承担发动战争的责任。和约内容主要包括：（1）阿尔萨斯和洛林交还法国，莱茵河东岸50千米内不得设防，承认波兰独立，部分领土划归波兰等国；（2）德国的海外殖民地交给战胜国进行"委任统治"；（3）废除德国的普遍义务兵役制；（4）德国应支付大量战争赔款。《凡尔赛条约》共分15部分，440条。根据条约规定，德国损失了10%的领土，12.5%的人口，所有的海外殖民地（包括德属东非、德属西南非、喀麦隆、多哥以及德属新几内亚），16%的煤产地及半数的钢铁工业。

战胜国在与德国签约之后，立即开始与德国的战时盟国包括奥地利、保加利亚、匈牙利、土耳其等国签订了一系列条约。这些带有明显侵略扩张性质的条约充满了尔虞我诈和幕后交易，它们和《凡尔赛和约》的签订一样，不仅没有消除引发第一次世界大战的根本原因，反而加深了帝国主义之间、特别是战胜国与战败国之间的矛盾，不可避免地要出现重新瓜分世界、重新划分势力范围的斗争。

魏玛共和国的成立

1919 年德国十一月革命推翻霍亨索伦王朝后，资产阶级和容克利用右派社会民主党领袖艾伯特临时政府镇压了柏林一月起义后，窃取政权，宣布实行共和。由于共和国的宪法（一般称之为《魏玛宪法》）是在魏玛城召开的国民议会上通过的，因此这个共和政府被称为魏玛共和国。虽然共和国废除帝制，但仍然保留以前的正式国名德意志国家或德意志帝国。

当第一次世界大战进入 1918 年时，德国眼看大势已去，于是最高陆军指挥者兴登堡要求成立一个文官政府，以求与美国议和。

新任德国总理马克斯·冯·巴登在 10 月 3 日向美国总统威尔逊提出停火协议。10 月 28 日，德国政府修改 1871 年定下的宪法，实行议会制，规定总理以后对议会负责，而非皇帝。

然而，将德国转变为英国式君主立宪制国家的计划马上失效，皆因德国渐渐陷入近乎混乱的状态。大量身心受创的德国士兵重返祖国，导致大量暴力事件发生。德国工人阶级仿照 1917 年十月革命中的俄国，建立了工兵代表苏维埃，并在很多城市里夺取军政权力。11 月 7 日，德国革命蔓延到慕尼黑，令巴伐利亚国王路德维希三世全家逃亡。

当时，工人阶级分成不同的政治派别，其中一个派别从传统工人阶级政党社会民主党分裂出来，自称为独立社民党，并支持社会主义制度。支持议会制的社民党势力为了不损失影响力，便走向前线，于 11 月 7 日要求威廉二世逊位。11 月 9 日，腓力·赛德曼在柏林的德国国会大楼宣布共和国成立。两个小时后，卡尔·李卜克

马克斯·冯·巴登

内西也在柏林城市宫殿 4 号大门的阳台宣布成立一个自由社会主义共和国。

11 月 9 日，马克斯·冯·巴登将权力交给社民党主席弗里德里希·艾伯特。可是，巴登的行为并未能满足群众的要求。后来虽然新成立政府获得柏林的工人及士兵议会承认，却为卢森堡与李卜克内西领导的斯巴达克同盟所反对。在艾伯特于 12 月 16 日至 18 日为议会召开的国民会议中，他属于的社民党夺得大多数议席。于是，艾伯特马上召开国民议会，以期拟定宪法，建立完善的议会制度，进而支持建立社会主义共和国的势力减弱。

从 1918 年 11 月到 1919 年 1 月，德国实际上由人民代表议会独裁的统治着。在这 3 个月之内，新政府出奇地表现积极，并发布了大量政令。其活动多数限于几个范畴，包括八小时工作制、家居劳工改革、农业劳工改革、公务员工会之权利、地方社会福利（分为国家与联邦州层面）、国民健康保险、令被遣散工人复工、打击强行，遣散并加入上诉制度、薪金协议的管制以及在地方和国家层面上实行一切阶级的 20 岁以上人士之普选。

1919 年 2 月 6 日，国民议会会议在魏玛城召开，内容为讨论、修改和通过国家

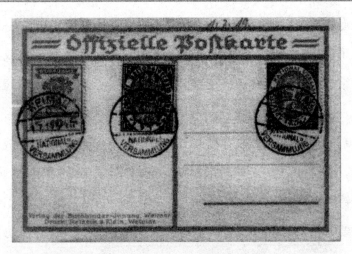

人民代表议会官方明信片：附有魏玛政府发行的邮票。

宪法草案，产生国家政府机构。2 月 11 日，艾伯特当选为总统，2 月 13 日组成以谢德曼为总理的联合政府。因采用《魏玛宪法》，而称魏玛联合政府。

艾伯特为了令自己刚刚成立的政府能控制大局，便与原为埃里希·鲁登道夫领导、现在由威廉·格勒纳领导的最高陆军指挥达成协议。《艾伯特—格勒纳协定》规定，只要军队承诺保护政府，政府就不会尝试改革军队。

1919 年 6 月，魏玛政府与协约国签署了《凡尔赛条约》。德国其后成立了德国国防军。虽然军队名义上变成共和国军队，但仍然全由昔日帝国军队阶层控制。与其他革命不同的是，德国革命竟然让军队重新掌握权力。

魏玛共和国于德意志帝国崩溃、德国在第一次世界大战中战败后成立。它是在德国的土地上建立一个和平、自由、民主的政权的一次努力。但是，魏玛政府自一开始就注定了困于经济问题和《魏玛宪法》固有的缺陷之中。

凯末尔革命

穆斯塔法·凯末尔是土耳其共和国的缔造者、第一任总统兼武装力量总司令和元帅。他成功领导了土耳其以反对帝国主义侵略瓜分、捍卫民族独立主权和建立民族国家为目的的资产阶级革命运动。凯末尔革命的胜利，结束了奥斯曼帝国六百多年的封建君主专制和神权统治，建立了土耳其历史上从未有过的民主共和国。

　　土耳其在第一次世界大战中付出了沉重的代价。60 万士兵战死或被俘，200 万人负伤。战争结束时，土耳其经济崩溃，外债累累，到处是饥饿、破产和贫困的景象。

　　1918 年 10 月 30 日，苏丹政府被迫与协约国签订《摩德洛司停战协定》，协定内容非常苛刻，规定土耳其立即解散军队，交出军舰，开放黑海海峡由协约国控制；土耳其的铁路、交通和电信部门由协约国军管；石油产地交协约国管理。另外还规定，在必要时，协约国可以占领土耳其任何战略要地。《停战协定》签订后，英国军舰驶入土耳其海峡，英国最高专员到达奥斯曼都城伊斯坦布尔。随后英、法、意派出总数达 10.7 万人的军队，占领了土耳其的大片领土，包括海峡地区、黑海沿岸的重要港口、安纳托利亚东南部和西南部以及铁路沿线的重要城镇，土耳其面临被瓜分的危险。

1919 年，土耳其士兵正英勇地踏上反抗希腊侵略的道路。

　　1919 年 5 月 15 日，希腊军队在英法支持下占领伊兹密尔及其邻近地区。土耳其各地纷纷成立护权协会等民族主义组织。1919 年 7 月 23 日至 8 月 7 日，东部各省护权协会召开埃尔祖鲁姆大会，凯末尔被选为大会主席和代表委员会主席。大会决议宣布：停战协定确认的民族边界内的领土是不可分割的整体；反对各种形式的外国占领和干涉；一旦伊斯坦布尔政府无力捍卫国家独立，就应成立临时政府，不接受任何形式的托管和委任统治。

穆斯塔法·凯末尔是土耳其共和国第一任总统兼国家创立者，被誉为"土耳其之父"。

1920 年 1 月 28 日，奥斯曼帝国议会代表委员会根据锡瓦斯大会决议精神拟定的、维护土耳其民族独立和主权的《国民公约》，宣布《停战协定》规定的边界内土耳其人占大多数的地区"构成一个真正的、在法权上不能以任何借口分割的整体"，反对阻碍土耳其政治、司法、财政发展的种种限制等。

3 月 16 日，协约国军队在伊斯坦布尔登陆。1920 年 4 月 23 日，首届大国民议会在安卡拉召开，成立以凯末尔为首的临时政府，要求苏俄政府支援土耳其的民族事业。

1921 年 7 月，希腊十余万干涉军在英国支持下，进犯安纳托利亚。土耳其国民军在萨卡里亚战役中打败希腊干涉军，这次战役的胜利，成为民族独立战争的转折点，协约国阵营开始发生分化。1921 年 10 月 20 日法国与土耳其签订《停战协定》，正式承认土耳其大国民政府，承诺在两个月内从安纳托利亚东南部撤出全部占领军。

意大利也于同年秋天撤出安纳托利亚南部，英国改变公开支持希腊的立场，转向"中立"。1922年8月26日，土军向希军发动总反攻。9月18日，最后一批希腊的军队撤离安纳托利亚。同年10月11日，土希两国签订停战协定，土耳其收复东色雷斯，伊斯坦布尔地区的行政管理权交还土耳其。

1922年11月1日的大国民议会决定废除苏丹制，从此结束了奥斯曼皇室长达600年的封建统治。1923年2月的伊兹密尔经济大会通过《经济公约》，制定了发展民族经济的基本原则。7月24日，土耳其和英、法、意、希、日等国签署《洛桑和约》，取得外交上的重大胜利。

同年10月29日晚八点半，议会通过建立土耳其共和国的决定，凯末尔当选为共和国总统，凯末尔革命取得胜利。此后，土耳其政府进一步废除哈里发制，在政治、经济、文化、司法等领域实行一系列资产阶级改革，一个新的资产阶级民族国家在封建奥斯曼帝国的废墟上迅速兴起。

国际联盟的成立

在第一次世界大战期间，美国的一些资产阶级和平团体就曾积极主张建立一个调解国际纠纷的机构。1920年1月10日，国际联盟正式宣告成立。凡是在第一次世界大战中对德奥集团宣战的国家和新的国家都是国际联盟的创始会员国。就这样，国际联盟共有44个会员国，后来逐渐增加到63个国家，总部设在日内瓦。

1918年1月8日，美国总统伍德罗·威尔逊向国会发表演说，提出了结束战争、缔结和约、维护战后和平的"十四点纲领"，其中的第十四点便是呼吁成立一个国际联盟。

1919年1月，威尔逊参加巴黎和会，向与会各国提议建立国际联盟（简称国联）的方案。美国力主先讨论建立国联，然后再讨论其他问题，但遭到英法的反

1920 年的一则瑞士加入国际联盟的广告

对。经过一番争执，和会决定将问题交给以威尔逊为主席的专门委员会研究，负责拟订国联盟约草案。

1919 年 4 月 28 日，各国在巴黎和会上通过了《国际联盟盟约》，它被列入 6 月 28 日通过的《凡尔赛条约》的第一部分。而远在大洋彼岸，11 月 19 日美国参议院却以 53：38 的多数票否决了《凡尔赛条约》，条约中的《国际联盟盟约》自然也没被通过。1920 年 1 月 10 日，巴黎和会宣布《凡尔赛条约》正式生效，国际联盟宣告成立。

国际联盟的主要机构有大会、理事会、秘书处，并附设国际法庭、国际劳工局等。其中最主要机构是理事会，理事会由常任理事国和非常任理事国组成。常任理事国原定为美、英、法、意、日五国，以后由于美国没有参加国联，减为 4 个。另外还有 4 个非常任理事国，后增加到 9 个，由国联大会选举产生，通常由中等国家担任，每届任期一年。

国联大会由全体成员国组成，每年9月在日内瓦总部举行常会，必要时还可召开特别会议。每个成员国可派3名代表，但只有1票表决权。理事会每年至少开会1次，后改为每年4次。按照盟约规定，国联大会和理事会有权处理"属于联盟行动范围以内，或关系世界和平之任何事件"，它们的所有决议必须全体一致表决通过。

瑞士日内瓦的万圆宫建于1929年，1938年设定为国际联盟总部。

国际联盟有两项基本宗旨：一是维护世界和平，制止侵略行为。二是关心和处理国际范围的社会、经济、卫生等方面的问题。

关于维护世界和平，国联盟约规定，"联盟成员国有尊重并保持所有联盟成员国领土完整和政治独立，以抵御外来侵犯的义务"，一个成员国对另一个成员国发动侵略，"应视为对于联盟所有其他成员国的战争行为"。被侵略国可以向国联理事会提出申诉，或者诉诸常设国际法院。一旦侵略行为被确认，国联成员国就要对侵略者实行集体的经济、政治和军事制裁。

当时很多人认为，第一次世界大战纯粹是由几件偶然事件引发的，因而国际联盟制止武装冲突的指导思想，是实施"冷处理"。盟约规定，冲突双方不论是将争端诉诸常设国际法院还是国联理事会，在 3 个月之内都不许使用武力，这就是所谓"延缓原则"，即通过一个"冷静时期"使冲突热点降温，最后恢复和平。由于国际联盟没有设立国际警察部队，它惩罚侵略者的主要手段只有依靠经济制裁。

国际联盟成立后立即展开活动，在二十世纪 20 年代和 30 年代初，国联主要致力于解决一些有关领土的争端，如瑞典和芬兰有关奥兰群岛之争、立陶宛和波兰有关维尔纽斯之争等。为防止战争，国联还组织日内瓦裁军会议，并具体安排"委任统治"等，这些工作都做得比较有意义，也很有成效；但是对 30 年代涉及大国的侵略行为，国际联盟却束手无策。

甘地与非暴力不合作运动

印度是一个有着悠久宗教传统的国家。佛教和印度教的影响十分深广，但它们的共同点却都是反对任何暴力，主张以忍让和和平的方式解决一切争端。圣雄甘地被尊称为印度国父，笃信教义的甘地创造了一种独特的争取印度民族独立解放的方式，称为"非暴力不合作运动"，从而带领印度人民脱离英国殖民统治，实现国家独立。

欧洲资本主义强国早在 16 世纪就开始入侵印度。1506 年，葡萄牙殖民者征服果阿（今印度西南岸地区，包括邻近的安格迪伐岛）。1600 年，英国殖民者成立东印度公司，在印度从事商业剥削，并逐步在印度沿海建立一些据点。1757 年，发生了印度与英国在普拉西的一场大战，印度战败，逐步沦为英国的殖民地。到第一次世界大战时，印度已成为英国最重要的殖民地国家，是"英国皇冠上最明亮的一颗宝石"，而印度人民为争取民族解放自由的斗争一刻也没有停止过。

甘地是印度民族主义运动和国大党领袖，他的全名为莫汉达斯·卡拉姆昌德·甘地，但人们通常尊称其为"圣雄甘地"。"圣雄"来源于梵语的敬语 ma-hatman，原意"Great Souled"（伟大的灵魂），这是印度诗人泰戈尔赠予他的尊称，意为合圣人与英雄于一身。甘地既是印度的国父，也是印度最伟大的政治领袖。他带领印

"圣雄"甘地年轻时的照片

度迈向独立，脱离英国的殖民统治。他的"非暴力"的哲学思想，也就是他说的"satyagraha"（意为"精神的力量、真理之路、追求真理"，英语译成 soulforce），影响了全世界的民族主义者和那些争取和平变革的国际运动。

1869 年 10 月 2 日，甘地出生在印度西部的港口城市博尔本德尔（当时是印度的一个土邦，今属古遮拉特邦管辖）的印度教家庭。1888 年，19 岁的甘地留学英国，在伦敦大学学院学习法律。在取得了伦敦大学的律师资格后，甘地回到了祖国，曾先后在孟买和拉杰科担任律师。

1893 年 4 月，甘地应富商达达·阿布杜拉的招聘去南非工作。在南非，他居住了 21 年之久。在南非这个种族歧视根深蒂固的英国殖民地，甘地作为有色人种先后遭遇到了一连串的歧视与侮辱。民族自尊心和同胞在此所受的苦难驱使他走上了领导南非印度人反种族歧视的斗争，成为引人注目的人物。正是在南非这块充满种族歧视的土地上，甘地对他曾经倾慕过的西方文明产生了否定，培养和锻炼了自己从事公众工作的能力，基本形成了他的宗教观、人生观、社会政治观。他认为，一切政治斗争都必须以"仁爱"精神为主旨。

甘地在南非的非暴力抵抗运动的一些领导人

　　甘地在南非领导的艰苦卓绝的反种族歧视斗争，为南非印度人争取到了基本平等的权利，他从中也试验成功了一种有效的武器——真理与非暴力学说及其实践。1906年8月22日，特兰士瓦州公布禁止印度向南非移民的法令，甘地领导印侨掀起了非暴力抵抗运动。南非当局虽进行了镇压，并连续三次逮捕了甘地，但是反对种族歧视运动却并没有因此而停止。南非政府被迫不得不释放了甘地，并与之谈判，做了一定的让步。

　　南非斗争的胜利，使甘地在1915年回到印度时就已经是一位颇有声誉的社会活动家了。很快，甘地就成了国大党的实际领袖。不过，在南非反歧视的运动过程中，甘地对英帝国仍充满幻想。

　　刚刚回国那一年，甘地坐三等车游历印度各地，以深入了解他久别的祖国。一年以后，他开始发表演讲，宣传自己的主张，从事非暴力斗争，试验并发展了非暴力学说。

　　第一次世界大战后，殖民当局的种种作为使甘地由一个英帝国的忠实追随者变成了不合作者。1919年3月至4月间，为抗议反动的"罗拉特法"，他发起全国性的非暴力抵抗运动。由于殖民当局的血腥镇压和群众的暴力反抗，甘地一度宣布暂缓非暴力不合作运动，试图与政府合作，但英国政府继续在哈里发与旁遮普问题上倒行逆施，打破了甘地的幻想。

1919年11月，甘地正式提出了"不合作"的主张。1920年4月，甘地当选印度自治同盟的主席。同年，国大党召开特别会议正式通过了不合作运动的决议，不合作运动从此在印度各地展开了。1921年8月，50万工人进行罢工，运动进入了高潮。同年12月，甘地又被授予国大党在同盟内的执行代表。在他的领导下，国大党重组，制定了新的章程，并逐步由一个精英组织转变成了一个大众化政党。

到1922年时，激怒的示威群众开始出现了超乎非暴力的行动，这是不符合甘地信奉的原则的，因此，他突然宣布停止不合作运动。甘地的退让并没有获得英国人的同情。1922年3月，英政府逮捕了甘地，他被判刑6年，但甘地只服刑了两年。

已是60岁出头的甘地身体力行，带领一群人，从印度北部阿默达巴德城修道院出发，步行向南，到海边煮盐。抵制当局的食盐专营法。

甘地再次参加独立运动是在1930年。国大党当时拜访他，希望他领导另一场大规模的公民不合作运动。于是在1930年3月21日到4月6日，甘地领导了他一生中最著名的一次运动。

这一年，英国殖民当局制定和颁布了《食盐专营法》，垄断食盐生产，任意抬高盐税和盐价，引起了当地人民强烈不满。甘地号召印度人民用海水煮盐，自制食盐，以此抵制当局的食盐专营法。甘地和他的追随者上千人在海边坚持了3个星期。每天清晨，他们先在海边祈祷，然后，打来海水、蒸煮、分馏、过滤、沉淀。劳动是艰苦的，甘地也由于多次进行绝食斗争而疾病缠身。此时的甘地已年过花甲，但他自始至终参加劳动，直到被捕入狱。

与此同时，全国各地都开展了反对英国殖民统治者的斗争，罢工、罢课、游行示威，请愿运动一浪高过一浪。殖民当局非常害怕，他们下令逮捕了甘地和国大党其他领导人，并取缔了国大党。甘地被捕的消息传开后，全国上下民怨沸腾。数万名民众要求与甘地一同坐牢。不久，各地爆发了武装起义，有的地方宣布独立，建立自治政权。印度的民族独立运动开始脱离"非暴力"的轨道，发展成为暴力革命。

甘地奉行的苦行僧式的个人克己生活括素食、独身、默想、禁欲、一周有一天话、放弃西方式衣服而穿印度土布做的印服装、用纺车纺纱、参与劳动。图中的甘纺织纱布。

面对各地不断爆发的革命，英国殖民当局十分惊恐，他们想起甘地的"非暴力"主张，便改变了策略。1931年1月，殖民当局释放了甘地，撤销了取缔国大党的禁令。随后，与甘地达成了协议：甘地改变不合作态度，停止不合作运动，而当局则释放政治犯，允许沿海人民煮盐，这就是《甘地—艾尔文协定》。

《甘地—艾尔文协定》只是满足了印度人民的部分要求，印度依然没有获得独立。但协议已签，人心已涣散，其余坚持斗争的人都遭到了无情的镇压。从甘地的愿望来说，他不想看到暴力和流血事件发生，坚持以"非暴力"形式斗争，因而签订了这一协议。可这与他为之奋斗的印度独立的目标相去甚远。因此他又发动了几次"个人不合作运动"，继续为印度独立而奋斗。他多次被捕入狱，多次绝食祈祷。在他和其他一些志士的努力下，印度民族独立的运动依然进行着。

在为祖国独立解放而奋斗的同时，甘地也为了消除种姓制度、消灭印度教和伊斯兰教之间的纷争而斗争。他周游全国，到处进行演讲，常常为此而绝食。人们常常可以看到这位身体消瘦、神情疲倦而坚毅的老人冒着生命危险，调解两个教派的争端。

1947 年，甘地争取民族解放的愿望终于实现了。这一年 6 月，印度半岛建立了两个独立的主权国：以印度教为主的印度和以伊斯兰教为主的巴基斯坦。经过长期的斗争，印度人民终于获得了独立。在成立印度联邦制宪会议上，甘地被称为"过去 30 年来的向导和哲学家，印度自由的灯塔"。

1948 年 1 月 30 日，甘地在前往一个祈祷会的途中被一个极端分子枪击，从而离开了人世。"圣雄"甘地多彩斑斓而业伟功丰的一生结束了，但他在印度民族争取解放的运动中给印度人民留下不可磨灭的印象。

华盛顿会议

第一次世界大战前，在远东和太平洋地区争霸的是英、法、俄、日、德、美六国。战后，德国败北，沙俄消亡，法国则忙于战后重建事务和处理欧洲的各国关系。因此，亚太地区便形成了英、美、日三国角逐争霸的局面。华盛顿会议就是这样的背景下召开的，它是现代国际关系史上一次极其重要的会议，是"一战"后远东太平洋地区政治格局转折性变化的重要标志。

第一次世界大战结束以后，列强在远东、太平洋地区的实力已发生很大变化。

经过大战，日本和美国力量猛增，都想同英国抗衡，称霸远东，从而加剧了日、美、英等国在这一地区的矛盾。

当时，因巴黎和会漠视中国的主权和战胜国地位，非法决定让日本继承战前德国在山东的"权益"，中国人民掀起了"五四"运动，迫使中国代表拒绝和约上签字。但日、美、英等帝国主义仍虎视眈眈，企图扩大他们在中国的势力。

华盛顿会议开幕时的会场情景

在美国的倡议和英国的支持下，1921 年 11 月 12 日至 1922 年 2 月 6 日，美、英、法、意、日、荷、比、葡以及中国等 9 国在美国首都华盛顿举行会议，即"华盛顿限制军备会议"（简称"华盛顿会议"，也叫"太平洋会议"）。

11 月 12 日 10 点 30 分，等各国代表全部落座，东道主美国总统哈定走上讲坛，开始致开幕词："我们希望建立一个良好的秩序，恢复全世界的安宁……"这次会议的主要议题是限制军备问题和处理有关远东和太平洋问题。

经过近 3 个月的争吵，会议于 1922 年 2 月 6 日闭幕。会议缔结了 7 项条约和 12 条决议案，主要有《四国条约》《五国海军协定》《九国公约》和中日《山东悬案细目协定》。

美国主张废除《英日同盟》。英国同盟问题虽然未被列入会议议程，但是"一战"后，《英日同盟》成为美国争霸远东和太平洋地区的障碍。因此，美国把废除《英日同盟》视为自己的头等大事。

经过美、英、日代表私下磋商和法国的同意，1921 年 12 月 13 日，四国共同签署了《关于太平洋区域岛屿属地和领地的条约》，简称《四国条约》。条约规定：缔约国之间发生有关太平洋某一问题的争端，应召开缔约国会议解决；1911 年 7 月 13 日英国和日本在伦敦缔结的协定应予终止。

在 1921 年，日本的海军实力微薄，因此希望借助华盛顿会议制约英美在北太平洋的势力，达到独占中国的目的。图为当时日本天皇之子和海军官员。

关于中国"门户开放"原则的《九国公约》，与中、日解决山东问题的条约方面，华盛顿会议上，中国政府迫于中国人民反帝斗争的压力，提出了取消《凡尔赛和约》中关于山东的条款，要日本放弃"二十一条"等一系列不正当要求。

由于美国与日本的矛盾激化，中国政府的一些反日要求得到了美国的支持。

1922 年 2 月 4 日，中日签订了《山东悬案细目协定》及《附约》，条约规定：恢复中国对山东的主权，日军撤出山东，归还胶济铁路，但中国要以铁路产值偿还日本。

山东问题的解决，为贯彻美国的意图扫除了障碍。1922 年 2 月 6 日，与会的九国共同签署了《九国公约》。公约声称尊重中国的独立和领土完整，遵守在中国之"门户开放"和"各国商务机会均等"的原则。

华盛顿会议实质上是巴黎和会的继续，解决了巴黎和会没有解决的一些问题。会议通过的《四国条约》《五国海军条约》《九国公约》和有关中日问题的一些协定，补充和部分地改变了巴黎诸条约的部分条款，调整了帝国主义列强在远东和太平洋地区的关系，建立了在这一地区的"新秩序"，被称为"华盛顿体系"。华盛顿体系是凡尔赛体系的继续和补充，它暂时调整了第一次世界大战后帝国主义列强在远东、太平洋地区的关系，确立了它们在东方实力对比的新格局，承认了美国的优势地位，使日本受到一定的抑制。

进军罗马

1922 年 10 月 28 日，意大利古都罗马城虽然寒风呼号，街头却忽然出现一支庞大的游行队伍。队伍前面的游行者皆穿黑色衣衫，他们就是"一战后"在意大利迅速崛起的法西斯党，其首领是"一战"的退伍军人墨索里尼。游行队伍越向前进，队伍越庞大，口号声越是惊天动地。这就是意大利历史上著名的"向罗马进军"，意大利从此被搅得天翻地覆。

1918 年 11 月，第一次世界大战以协约国的胜利而告结束。作为协约国的成员，意大利军队牺牲了 70 万人。此时的意大利国内也是由于连年战火，百业凋零，民不聊生，工农运动风起云涌。

意大利正处在一场大变革的前夕。退伍军人墨索里尼凭着自己敏锐的政治嗅觉，在动荡与混乱中发现了机会，看到了夺取政权的希望。

1883 年，墨索里尼出生于意大利北部一个乡村铁匠家庭。1914 年，他纠集同伙组织了"革命法西斯党"，并主办了《意大利人民报》，极力鼓吹战争。意大利参战后，他便投笔从戎。战争结束后，他又从事政治活动，重任《意大利人民报》编辑。

1919 年 3 月，墨索里尼将"革命法西斯党"改组为"战斗法西斯党"，即所谓"战斗队"。他纠集了 150 名退伍军人、民族主义分子和政治暴徒，组织了意大利第一个法西斯组织——法西斯战斗团。1920 年 8 月 30 日，意大利北部的钢铁工人发动大罢工，占领了工厂。就在政府束手无策的情况下，墨索里尼的法西斯党徒出场

墨索里尼的出生地

了，他们身穿统一的黑色衬衫，手提铁棒，大肆地袭击、捣毁工会，殴打、暗杀工人领袖，没过多久，就用暴力和恐怖把罢工镇压了下去。工人们憎恶地称他们为"黑衫党"。

此时，被革命风暴搞得惊魂不定的政府官员和资本家立刻把墨索里尼当成了救星，纷纷称赞他的行动维护了国家安定。随着法西斯势力不断壮大，1921年11月，墨索里尼又把法西斯战斗团改组为民族法西斯党，墨索里尼自封为法西斯党领袖。

为了夺取政权，墨索里尼极力把邪恶的法西斯党打扮成代表全民族利益的政党，争取各方面的支持。墨索里尼极具煽动性的演说产生了效果，很快，法西斯武装党徒发展到了50万人，普通党员100万。此时，墨索里尼再也按捺不住自己急于夺取政权的欲望，狂妄地叫嚣道："假使我们不能和平接受国家政权，我们就到罗马去，用武力夺取政权。"

1922年8月，意大利发生全国性政治罢工，墨索里尼指挥法西斯党徒乘乱夺取了米兰、博洛尼亚和意大利北部许多大城市，并建立了最高司令部，统一指挥法西斯武装。

同年10月20日，墨索里尼坐镇米兰，发出了向罗马进军的命令。成千上万身着黑衫、全副武装的法西斯党徒分成四路，浩浩荡荡地徒步进军罗马。一路上，他们占领了许多城镇以及邮局、火车站等重要设施，几乎没有受到军队和警察的任何抵抗。10 月 28 日时，黑色大军兵临罗马，并在罗马城内举行了声势浩大的示威游行，黑压压的游行队伍一眼看不到头，口号声震耳欲聋，罗马城俨然已经成了法西斯的天下。

墨索里尼是法西斯主义的创始人，进军罗马也是向外界展示法西斯党的势力。

10 月 29 日，在工业家们的劝诱和墨索里尼的威压之下，懦弱的意大利国王维克托·埃马努埃尔三世屈服了，邀请墨索里尼出任意大利政府总理。10 月 30 日，墨索里尼在法西斯党徒的欢呼声中，抵达罗马，实现了梦寐以求的愿望，登上了意大利总理的宝座。从此，法西斯专政便在意大利确立了。

墨索里尼掌权

法西斯夺权成功了，作为意大利新的统治者，墨索里尼要求尽快恢复秩序，因此随即发布了加强纪律和禁止在罗马游行示威的命令。为了防止发生意外，墨索里尼除了在罗马驻守 6 万法西斯军队外，又调动了 30 万黑衫党驻在罗马城外。为了缓和同各方面的矛盾，他暂缓宣布独裁制度，静观局势的发展。

对墨索里尼来说，当务之急是稳定社会秩序，需要尽快地组织一个中央政府。为此，他派了 10 个彪形大汉将法克达首相送回他的故乡皮内罗洛。为了排除人们对他"一党专政"的印象，墨索里尼决定组织一个在法西斯绝对领导之下的混合内阁。由他本人担任总理，兼任外交、内务部长。副总理、内政、外交、司法、财政等所有重要职务几乎都被法西斯党占有。陆军部长由支持法西斯夺权的前陆军上将迪亚兹担任，海军部长由亲法西斯的前海军上将达翁德·瑞维尔担任。

内阁组成后，墨索里尼立即贴出布告，宣布解散法西斯军队。布告上说道：法西斯党勇于进退，现在已得到胜利，故不应再进。墨索里尼还把新政府的组成电告各省长官，他在通电中说到自己即刻起就任政府的指导工作，号召所有的官员能为谋求全国的最高利益而努力，并表示自己会以身作则。最后，墨索里尼决定 11 月 16 日召开下议院会议，届时将宣布自己的施政纲领。

墨索里尼

11 月 16 日的众议院会议，与其说是宣布施政纲领，不如说是施加威胁和恫吓。会议一开始，这个独裁领袖就给了他们一个下马威。他说："这个会场，本来可变为尸横满地的屠场；这次国会，本来可作为一党专利的地方，造成一党专政的政府。但是所有这些我都不做，至少现时不做。"听到这些，坐在主席台下面的议员们个个都十分震惊。墨索里尼接着还要求所有议员按照他的意志行动。墨索里尼话音刚落，就有几十个议员要求发言，想表白一下自己的忠心，但是还没等他们开口，墨索里尼却拒绝了。他说，他要看到的是行动而不是说空话。

这个独裁者怕被吓呆了的议员们听不懂他的话，又改换了一下口气说："我不愿给诸位留下这样的印象：我的政府是反对国会的。但是，我再说一句，我绝不允许我的仇敌，无论是以往的，现在的，还是将来的，在我们队伍中培养幻想。那种已往的愚蠢的幼稚的幻想，必须统统打消！"

墨索里尼召开的这次国会确实起到了巨大的威慑作用，这些常常高谈阔论、玩弄辞藻的议员们都被他镇住了。他们从墨索里尼的话语中领悟到：今后国会若能存在，就只许他们规规矩矩，拥护支持，不准他们乱说乱动。

墨索里尼掌权后采取了侵略的外交政策。首先 1935 年 10 月派兵入侵埃塞俄比亚。当国联予以制裁时，他竟然在 1937 年 12 月领导意大利退出国联。同年 7 月，伙同德国武装干涉西班牙内战，协助弗朗西斯科·佛朗哥。

从 1933 年开始，墨索里尼越来越无法否认他的意大利和新的纳粹德国之间存在着联系了。在政治、军事上墨索里尼积极与阿道夫·希特勒领导的纳粹德国进行合作。1936 年 10 月，墨索里尼与希特勒在柏林签订《柏林协定》，规定在重要国际问题上采取共同的方针，罗马——柏林轴心遂告形成。1936 年 11 月加入德、意、日三国《反共产国际协定》。

1938 年，墨索里尼下令取消议会，在国内完全建立起他个人的独裁统治。为了进一步巩固自己的统治，独裁者一直兼任好几个内阁部长的职位。1939 年 4 月意大利吞并阿尔巴尼亚。1940 年 6 月 10 日意大利正式加入轴心国进入第二次世界大战，同年 9 月 27 日，意大利、德国、日本签署三国同盟条约。

鲁尔危机

鲁尔危机是现代国际关系史上十分重要的历史事件，是第一次世界大战后帝国

墨索里尼与希特勒

主义之间矛盾的产物。这一事件曾成为当时欧洲国际矛盾的焦点，给欧洲以及世界局势的发展变化带来了深远的影响。鲁尔危机后，英、美两国利用法国因占领鲁尔而陷入的外交孤立，把原属法国的解决德国赔偿问题的主动权抓到了自己手中。鲁尔危机使法国经历了一次惨重的外交失败。

第一次世界大战结束后，巴黎和会召开，并签订了《凡尔赛和约》。该和约规定，德国应在 1921 年 5 月 1 日前向协约国交付 200 亿金马克赔款，并成立赔款委员会，解决赔款总额和分配比例问题。

为了防止德国不履行赔款，协约国于 1920 年 4 月达成协议：如果德国不支付赔款，协约国可以采取制裁措施，同年 7 月，赔款委员会在斯帕召开有德国人参加的会议，规定了各国应得的赔款数的比例。结果，德国的确拖延支付，直到 1921 年初，距离规定支付 200 亿金马克的数字大约还差 120 亿金马克。因此，赔款委员会在 1921 年 3 月召开的伦敦会议上，强迫德国接受协约国规定的赔偿时间表。德国表示拒绝，协约国决定对德国实行制裁，并于 3 月 8 日出兵占领了莱茵河东岸的杜塞尔多夫、杜伊斯堡和鲁尔奥尔特。

鲁尔危机发生后，鲁尔地区到处驻守着法国士兵，给当地居民造成很大恐慌。

　　1921年8月，德国迫于压力，偿付了10亿金马克的赔款，之后便打算拖延以后的支付。1922年7月和11月，德国以财政危机为理由，要求延期支付其余的款项。英国政府支持德国的要求，并提出减少赔款总数和延期付款的方案，但遭到法国的坚决反对。于是，不仅英法在赔款问题上的分歧加剧，而且德法矛盾也迅速激化，法国决定对德国采取军事行动。

　　1923年1月，法国不顾英美反对，联合比利时，以德国不履行赔款义务为借口，出兵占领了德国的鲁尔工业区。

　　德国抗议法、比的行动侵犯了德国主权，并实行不计后果的"消极抵抗"政策，宣布停付一切赔偿，要求鲁尔地区行政官员拒绝服从占领当局的命令，企业一律停工，企业主的损失由国家补偿，失业工人由国家救济。对于德国的"消极抵抗"，法国则采取扩大占领区范围，加强军事管制，接管矿山、企业和铁路，解雇抵抗者，在占领区和非占领区之间广设关卡，征收关税等方法相对抗，从而使鲁尔危机更加深化。

　　鲁尔是德国冶金工业的中心，这里生产的煤、生铁和钢产量占德国年生产量的80％以上。法国和比利时占领鲁尔和德国的"消极抵抗"使德国经济遭受严重打击，工业生产急剧下降，资金大量外流，通货膨胀达到天文数字。1923年8月的柏

鲁尔工业区是德国乃至世界的重要工业区。图为第一次世界

大战时期鲁尔地区克虏伯工厂繁忙的生产场景。

林工人总罢工迫使德国古诺政府下台，德国政局动荡不安。

事实上，法国也没有从占领鲁尔中得到好处。占领期间法国支付了高达 10 亿法郎的占领费，但它从鲁尔运出的煤、铁的价值却抵不上这笔费用。由于来自鲁尔的煤炭供应大减，使法国的生铁大幅度减产，经济受到严重损害。此外，法国的行动还在道义上受到了国际舆论的谴责。

英美两国害怕德国经济陷于崩溃导致社会危机甚至引起革命，于是向法、德双方施加压力，要求尽快结束鲁尔危机。鲁尔危机造成的严峻经济形势和政治危机以及英美的压力，使德、法双方都难以坚持原来的政策。德国政府于 9 月 26 日宣布停止"消极抵抗"政策。

鲁尔危机使法国"得不偿失"，在德国赔款问题上丧失优势，最终导致德国赔款问题的领导权转到英美手中，开始受英美的摆布。

道威斯计划

鲁尔危机造成的严峻经济形势以及英、美的压力，迫使法国同意召开国际专家委员会，重新审查赔款问题。1923 年 11 月 30 日，赔款委员会决定成立两个由美、英、法、意、比代表组成的专家委员会。第一委员会由美国银行家道威斯主持，研究稳定马克和平衡德国预算问题。1924 年 4 月，该委员会提出关于德国赔款问题的方案，该方案于同年 8 月经协约国伦敦国际会议正式通过，史称道威斯计划。

第一次世界大战结束时，欧洲各国欠美国的战争债务共达 103.4 亿美元，其中英国为 43 亿，法国为 34 亿，意大利为 16.5 亿美元。虽然《凡尔赛和约》规定英、法等国可以从德国得到战争赔偿，但同时要偿还美国的债务。所以主张将赔款和战争债务问题联系起来讨论。

查尔斯·艾文斯·休斯

1922 年 8 月 1 日，英国外交大臣贝尔福向法国、意大利等 6 个协约国发出照会——即著名的"贝尔福照会"，提出英国准备放弃对德国赔偿的要求，并且努力要求美国一同废弃战争债务。

12 月 26 日，美国国务卿查尔斯·艾文斯·休斯在康涅狄格州纽黑文指出应由一个"公正的"国际专家委员会来研究德国的赔偿问题，包括对德国的偿付能力作出新的估计。1923 年 1 月 11 日法国和比利时的军队占领鲁尔后，英、法在德国问题上的矛盾更加尖锐，德国也停止了对英、法等国的赔偿。乘此机会，10 月 11 日，美国总统柯立芝对报界声明，休斯的纽黑文演说所表述的立场仍然有效，同时也反对将战债与赔款联系起来讨论。英国赞同组成专家委员会重新讨论德国的赔偿问题。为了迫使法国就范，英国联合美国对法国施加各方面的压力，致使赔委会于 1923 年 10 月 15 日在巴黎宣布查尔斯·盖茨·道威斯和欧文·D·杨格为调查德国财政情况的美国专家，后组成了道威斯领导的专家委员会。

1924 年 1 月 14 日，道威斯告诉赔委会，今后他的主要任务是找出治愈德国经济弊病的途径。4 月 8 日，道威斯委员会在巴黎向赔委会提交并公布了他的报告。这就是著名的道威斯计划，其主要内容是：协助德国稳定金融，复兴经济，在此基础上索取赔偿。为此，先向德国提供 8 亿金马克贷款，主要由美国提供；对德国赔款总数和支付年限未加确定，只规定该计划生效的第一年德国应支付 10 亿金马克赔款，以后逐年增加，从第五年起每年支付 25 亿金马克；赔款的主要来源是关税、间接税、铁路收入和工业税收；德国的国家预算、货币、对外支付及交纳赔款等均须受外国代表监督，监督权集中在赔偿事务总管手中。

法、英政府表示支持道威斯和他的专门小组向协约国提交的计划，在巴黎发表的一份公开信中，德国官员们也称，这项建议是"迅速解决赔偿问题比较切合实际的基础"。6 月 6 日，德国国民议会以投票的方式接受了道威斯的报告。

7 月 16 日，讨论道威斯计划的协约国国际会议在伦敦开幕。美国政府派遣驻英大使凯洛格正式出席了会议。8 月 16 日通过了最后议定书。8 月 30 日，德国帝国银行脱离政府而独立，并采用一套新的马克货币。9 月 1 日，柏林将按道威斯计划执行第一批偿付。

道威斯计划实施后，以美国为主的大批外国资本源源不断流入德国。据记载，1924 年 9 月至 1931 年 7 月，德国从美、英等国得到的贷款约为 210 亿金马克（约合 50 亿美元），其中美国向德国提供的是 22 亿 5 千万美元，而同期德国共支付赔款 110 亿金马克（约合 27 亿美元）。也在同一时期，美国从各协约国收回了约 20

查尔斯·盖茨·道威斯力挽狂澜，缓解欧洲局势。

亿美元的战争债务本息。这样，一批又一批的美元从美国流入德国，再以赔款的形式流入协约国，最后又以战债形式流回美国，形成了一个循环。

事实上，"道威斯计划"从经济上扶持了德国，对战后德国经济乃至世界经济的恢复和发展起到了积极作用。该计划的实施也显示了美国在欧洲事务中举足轻重的作用和实际"能力"，同时使美国经济逐步高涨繁荣。

《洛迦诺公约》的签订

占领鲁尔受挫后，法国国内主张与德国和解的力量渐占上风。1925 年法国主张通过协商，改善与德国关系，解决安全问题，并得到了德国政府积极响应。1925 年10 月，德、法、比、英、意、等国在洛迦诺开会。缔结了德法比英意《相互保证公约》。德国分别同法国、比利时签订《仲裁条约》，规定如彼此间的争端不能通过外交协商解决，递交仲裁法庭或国际常设法院裁决，这些条约统称《洛迦诺公约》。

第一次世界大战结束后，法国通过凡尔赛体系在欧洲大陆确立优势地位，但它担心战败的德国复兴后会出现复仇危险，因而企图抑制德国。德国则力图修改《凡尔赛和约》，使协约国军队尽早撤出莱茵地区，并取得重新武装的权利，恢复大国地位。英国既想防止德国东山再起，又不愿坐视法国在西欧称霸，因而采取扶德抑法的政策。

瑞士小城洛迦诺

1923—1924 年鲁尔危机后，美国通过推行"道威斯计划"促进了德国经济的恢复。法国削弱德国的政策失败，遂开始调整与德国的关系，以寻求边界的安全保障。在英国推动下，德国于 1925 年初先后向英法等国提出同与莱茵地区有利害关系的国家缔结公约的建议备忘录，从而导致了洛迦诺会议的召开。1925 年 10 月 16日，在美、英控制下，英、法、德、比、意在瑞士的小城洛迦诺举行会议，并邀请波兰和捷克参加。

会议着重讨论了德国西部边界现状、德国与东部邻国关系及德国加入国际联盟等问题。法国力主维持德国东西部边界的现状，但德国只答应维持其西部边界现状；英国出于抑制法国和对付苏联的需要，支持德国的主张。这既打击了法国在中欧的军事同盟体系，又鼓励了德国向东方扩张。德国还要求在不承担国际联盟盟约第 16 条关于对违约国制裁条款义务的前提下加入该组织。与会国经过争论与妥协，草签了《洛迦诺会议最后议定书》等 8 个文件，统称《洛迦诺公约》。

　　公约于 1925 年 12 月 1 日在伦敦正式签署，其主要内容包括：洛迦诺会议最后议定书；德、比、法、意、英《相互保证条约》，又称《莱茵保安公约》，规定德、法、比互相保证德比、德法边界不受侵犯，遵守《凡尔赛和约》关于莱茵区非军事化的规定，英意充当保证国，承担援助被侵略国的义务；德比、德法、德波、德捷之间的《仲裁条约》，规定德国和比、法、波、捷用和平方式解决彼此间的纠纷，每一组缔约国分别设立一个常设调解委员会处理双方间的问题；法波、法捷间的《保障条约》，规定在缔约国遭受无端袭击时互相支援。公约保证德国与西部邻国的边界现状，对改善法、德关系，稳定欧洲局势有积极意义，但未给予德国与其东部邻国的边界以保证，即不约束德国向东扩张。

　　古斯塔夫·施特雷泽曼，德国魏玛共和国总理和外交部长。1925 年，他与英国、法国、比利时和意大利签订《洛迦诺公约》约定互相不可侵犯，德国加入国际联盟。

　　《洛迦诺公约》的签订，是协约国在欧洲安全问题上对凡尔赛体系所做的又一次较大调整。它暂时缓解了欧洲安全问题，改善了协约国，尤其是法国同德国的关系，使欧洲国际关系进入了相对稳定时期，并为道威斯计划的继续实行和20世纪20年代中后期资本主义经济的发展，创造了有利条件。这个公约是道威斯计划在政治上的继续，成为德国摆脱战败国地位，恢复政治大国地位的重要一步。《洛迦诺公约》签订后，德国的国际政治地位有所提高，不久便参加了国际联盟，并取得了国联行政院常任理事的席位。

公约签订的结果，使法国受到削弱，丧失作为战胜国对德国的制裁权，自身安全需要英、意的保证。（但法国后来寻求英国支持无果，转而求助于美国。美国考虑到自身的安全，与法国等15国签订了《非战公约》）德国是这次会议的主要受益者，取得与法国平等的地位，为其恢复政治大国奠定基础。

贝尔德发明电视机

19世纪末到20世纪初，"用电来看东西"是许多科学家的梦想。为此。他们付出了艰辛的努力。那时，他们还不知道自己要发明的东西叫电视机。回顾电视机的发明历程，我们发现：电视机不是某一个人在某一天突然发明的。而是许多科学家几十年辛勤努力的成果。电视的诞生。成为人类20世纪最伟大的发明之一。

1873年，英国科学家史密斯发现，硒具有在光照下可增加自身导电性的光敏性，此后，关于电视的设想便纷纷出台。俄裔德国科学家保尔·尼普科的中学时代正处在有线电技术迅猛发展时期，电灯和有轨电车的出现、电话的普及给人们的生活带来了方便。后来他来到柏林大学学习物理学。1883年，他在思考电视构造时，想到了硒这种特殊的物质。

1884年，尼普科制成了"扫描盘"。他在一个圆盘上设一圈沿螺旋线排列的孔径。当图像投射在旋转的圆盘上，孔径便以一系列平行线扫描图像。光通过孔径落在硒光电池上，就会改变电流大小。而接收一方则与发射一方的圆盘同步，被安放在光源前，被改变大小的光源投射到接收端，图像的传输就实现了。尼普科将画面用扫描来表现的思想对现代电视技术的影响是巨大的。

约翰·罗杰·贝尔德

　　苏格兰人贝尔德最大的贡献是在尼普科扫描盘上安装了放大器，使影像更清晰。1925 年，贝尔德进行了世界上首次电视广播试验，虽然图像质量很差，明暗变化不明显，但证实了电视广播的可能性。时隔一年，贝尔德终于成功地发送出了清晰、明暗变化显著的图像，揭开了电视广播的序幕。1928 年，他将图像传送到远航大西洋的轮船上。1929 年，他又成功地做到同时传送图像和伴音……上述实验，都是用机械转换装置来进行图像传送和接收的，与现代全电子式的电视技术是不同的。

　　在犹他州比弗，14 岁的法恩斯沃思对电子世界充满了向往和热爱，而他也注定要改变 20 世纪世界的命运。

　　后来，在布里梅姆杨大学，科学家们对法恩斯沃思出众的才华感到惊讶。他的想法是利用透镜看到影像，然后投射到感光板上，阴极管发出一束快如雷电的电子，它能够扫描感光板上的影像，并能从感光板上回弹，反映影像的明暗区域。而阴极管里的电子则会转化成电子脉冲，然后送到发射台，发出电波，这个影像就会

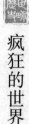

疯狂的世界

1928 年，纽约广播新闻描绘的未来理想电视。这个实验电视图像和伴音还不能保持同步，观者还需要用他手中的控制系统不断做出调整。

随着电波被传送到接收器，影像或信号被扩大，放射到化学处理的阴极管里，就会跟它投射时的一样，以此完成影像的传送和接收。最终，法恩斯沃思得到了电视发明的专利权。

1930 年初，美国无线电公司拥有最大的广播网络，年轻的俄罗斯移民萨尔诺夫是该公司的领导人。他希望电视能进入大部分美国家庭。但此时最大的障碍就是传送信号不稳定、画面不够鲜明。1936 年 7 月 7 日，他利用代号"W2XBS"试验性播出。第二天，《前锋论坛报》讥笑那模糊的影像，《泰晤士报》则认为这次示范十分有趣，市民们纷纷购买报纸了解相关信息。

在 1939 年纽约世界博览会上，为推广这项发明，无线电公司低价出售电视并宣布在美国开始定期播出节目。

1950 年，哥伦比亚广播公司的工程师将黑白影像变成了彩色图像，他们准备击败萨尔诺夫。在彩色电视方面的竞争中，颜色是成败的关键。萨尔诺夫和他的工作人员通过废寝忘食的工作，发明了全新的程序，最终将完整连贯、五彩缤纷的电视节目呈现在了大众面前。

直到今天，彩色电视机仍被视为工业历史中最神奇的发明。联邦通信委员会别无选择，他们必须承认及宣布萨尔诺夫的标准是新标准。萨尔诺夫再次胜利了。

弗莱明发现青霉素

20 世纪 40 年代以前，如果有人患了肺结核，那么就意味着此人不久就会离开人世。为了改变这种局面，科研人员进行了长期探索，然而在这方面所取得的突破性进展却源自一个意外发现。英国著名的微生物学家、科学家亚历山大·弗莱明由于一次幸运的过失而发现了青霉素。自问世起，青霉素——这一突破性的成果，已拯救了亿万人的生命。如今，青霉素被人们誉为 20 世纪最伟大的发现之一。

19 世纪下半叶，法国人帕斯特发现有些细菌虽然能置人或动物于死地，却很容易被其他的细菌抑制或消灭，这种现象就是生物学和医学上通常说的"抵抗作用"。据此人们自然想到，若能将对人体无害而对病源菌有抵抗作用的细菌引入体内，不就可以防治病菌感染了吗？

20 世纪 30 年代，德国研究人员发现了一种重要的杀菌药物——磺胺类药物。但人们逐渐发现，磺胺类药物只对少数几种疾病有较好的效果，而且对于许多病人还会产生严重副作用。于是人们愈来愈强烈期盼着一种有效而无害的杀菌剂的问世。

1928 年，英国细菌学家亚历山大·弗莱明从青霉菌的原液里发现了青霉素。

有一次，弗莱明在实验室里研究葡萄球菌后，忘了盖好盖子，一个星期后，他突然发现培养细菌用的琼脂上附了一层青霉菌。原来，这是从楼上一位研究青霉菌的学者的窗口飘落进来的。令他惊讶的是，凡是培养物与青霉菌接触的地方，黄色的葡萄球菌正在变得透明，最后完全裂解了，培养皿中显示出干干净净的一圈。毫

疯狂的世界

弗莱明正在做实验

无疑问，青霉菌消灭了它接触到的葡萄球菌。随后，他把剩下的青霉菌放在一个装满培养菌的罐子里继续观察，几天后，这种特异青霉菌长成了菌落，培养汤呈淡黄色。

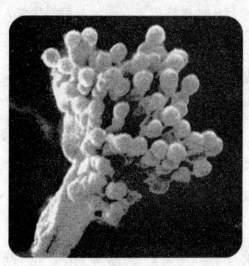

电子显微镜下的青霉菌，它的每一个

长链状的孢子都可独立形成一个新的微生

物。青霉菌能在一切物质上自然生长。

他又惊讶地发现，不仅青霉菌具有强烈的杀菌作用，而且就连黄色培养汤也有

较好的杀菌能力。于是，弗莱明和他的助手培养了许多青霉菌，收集了许多黄色的培养汤，找来了许多种细菌进行试验。当时肺炎是一种可怕的疾病，就和现在的癌症差不多。谁得了肺炎无疑等于宣判了死刑，它夺取了无数人的生命，可现在它有了克星——青霉菌。许多种细菌在试验中都被杀死。弗莱明又进行了动物试验，证明了它是无毒可靠的。他们把这个发现写成论文，发表在1929年英国的一本医学杂志上，并把这种青霉分泌能杀菌的物质叫作青霉素。

不过，由于培养青霉素的滤液里仅含有少量的青霉素，即使用它来治疗人体皮肤上一个小伤口，恐怕也要收集好几公斤的滤液。要杀死人体内的病菌，需要量就更多了。这么多滤液怎么才能灌到人体内呢？弗莱明的研究遇到了很大的难题，研究工作停止了。当时，谁也没有想到青霉素会变成我们今天对付病菌最厉害的药物。人们忽视了弗莱明的发现，再也没有人对它进行研究了。但弗莱明坚信总有一天人们将用它的力量去拯救生命。因此，他没有轻易丢掉所培养的青霉菌，反而更耐心地培养它。

直到第二次世界大战期间，澳大利亚病理学教授霍华德·弗洛里组织了一大批专家专门研究溶菌酶的效能。其中，29岁的生物化学家厄恩斯特·钱恩等人，1939年在一本积满灰尘的医学杂志上意外发现了弗莱明10年前关于青霉素的文章，这篇文章极大地鼓舞启发了弗洛里和钱恩。经过艰苦努力，钱恩终于成功地分离出像玉米淀粉似的黄色青霉素粉末，并把它提纯为药剂。在军方的大力支持下，青霉素开始走上了工业化生产的道路。

青霉素大量应用后，拯救了千百万肺炎、脑膜炎、脓肿、败血症患者的生命，及时抢救了许多伤病员。弗莱明、钱恩、弗洛里也因此于1945年共同获得了诺贝尔医学和生理学奖。

量子力学建立

19世纪末，经典力学和经典电动力学在描述微观系统时的不足越来越明显。

于是，20 世纪初时，在马克斯·普朗克、尼尔斯·玻尔、沃纳·海森堡、薛定谔等一大批物理学家的共同努力下，量子力学诞生了，通过量子力学的发展。人们对物质的结构以及其相互作用的见解被革命化地改变，许多现象也得以被解释。

量子力学是现代物理学的理论基础之一，是研究微观粒子运动规律的科学，使人们对物质世界的认识从宏观层次跨进了微观层次。自 1900 年普朗克提出量子假设以来，量子力学便以前所未有的速度发展起来。

马克斯·普朗克是德国物理学家，他一生在科学上提出了许多创见，但贡献最大的还是 1900 年提出的量子假设。他指出，辐射过程不是连续的，而是以最小的分量一份一份地放射出来，这个最小能量单位叫量子，并且还给出了公式，普朗克公式是一个与实验结果完全一致的公式。量子假说的提出对量子论的发展起了重大的作用。

马克斯·普朗克

紧接着是 1905 年爱因斯坦提出光量子假说，直接推动了量子力学的产生与发展。爱因斯坦引进光量子（光子）的概念，并给出了光子的能量、动量与辐射的频率和波长的关系，成功地解释了光电效应。其后，他又提出固体的振动能量也是量子化的，从而解释了低温下固体比热问题。

　　而尼尔斯·玻尔运用量子理论和核式结构模型解决了氢原子光谱之谜。1913年，玻尔在卢瑟福原有核原子模型的基础上建立起原子的量子理论。这个理论虽然有许多成功之处，但对于进一步解释实验现象还有许多困难。

沃纳·海森堡，德国物理学家，量子力学的创始人之一。

　　在人们认识到光具有波动和微粒的二象性之后，为了解释一些经典理论无法解释的现象，法国物理学家德布罗意于 1920 年提出了物质波这一概念。这个大胆的创造性假设轰动了整个学术界，因为按照经典物理的观念，粒子与波是完全不同的两种物质形态，根本不可能融合在一起，因此许多学者都对此持怀疑态度。但爱因斯坦对此却十分赞赏，说道："一幅巨大帷幕的一角卷起来了。"很快，在 1927年由实验证实了德布罗意的物质波的真实性。

　　1925 年沃纳·海森堡发表了矩阵力学理论，认为人不能够确定某时刻电子在空间的位置，也不能在轨道上跟踪它。马克斯·玻恩把它与爱因斯坦抛弃绝对时空观概念相媲美。1927 年海森堡第一次提出了"不确定关系"，指出在同一时刻以相同的精度测定粒子的位置与动量是不可能的，只能从中精确确定两者之一。从此，"不确定关系"也成为量子力学基本原理之一。英国人狄拉克在研究过海森堡的理论与经典理论之间的本质区别后，于 1927 年发表了《量子代数学》一文，使矩阵力学理论体系更加严密。

1926 年，奥地利人薛定谔沿着另一条途径建立了量子力学的又一种数学形式——波动力学。薛定谔的物质波运动方程提供了系统和定量处理原子结构问题的理论，除了物质的磁性及其相对论效应之外，它在原则上能解释所有原子现象，是原子物理学中应用最广泛的公式，它在量子力学中的地位与牛顿运动方程在经典力学中的地位相似。

在此前后，沃尔夫冈·泡利于 1925 年提出了电子自旋的概念，狄拉克得出了电子具有磁矩的结论，并提出了符合狭义相对论要求的电子量子论，开创了相对论波动力学的研究。自第一个反粒子发现之后，物理学家们逐渐认识到，一切粒子都有反粒子，它与粒子具有相同的质量、寿命和自旋，具有相反的电荷和磁矩。

此外，还有恩里科·费米、保罗·狄拉克等一大批物理学家他们共同建立了量子力学。由于这些物理学家的重要贡献，玻尔于 1912 年获得了诺贝尔物理学奖。普朗克于 1918 年获得了诺贝尔物理学奖。德布罗意获得 1923 年诺贝尔物理学奖。海森堡获得 1932 年诺贝尔物理学奖。狄拉克与薛定谔共同荣获 1933 年诺贝尔物理学奖。量子物理学的建立是许多物理学家共同努力的结晶，它标志着物理学研究工作第一次集体的胜利。

量子力学的产生和发展标志着人类认识自然实现了从宏观世界向微观世界的重大飞跃。

三、经济危机前后

1929—1933 年

20 世纪 20 年代，资本主义进入短暂的相对稳定发展时期。主要资本主义国家大多出现了经济复苏、政局相对稳定的局面。1929—1933 年，包括美国和德国在内的资本主义世界爆发了空前严重的经济危机。这场经济危机让众多国家的经济陷入一片混乱之中。为了摆脱危机，美国实施了罗斯福新政，罗斯福新政是 20 世纪资本主义发展历程中的重大事件，其帮助美国的资本主义制度渡过了一场空前大灾难。

"柯立芝繁荣"

在美国历史上，20 世纪 20 年代是富裕、繁荣的时期。这一时期物价平稳。社会安定，工业生产节节向上，资本家获利丰厚，工人就业充分，国民收入增长迅速，国民生活相当宽裕。由于这段时间绝大部分在美国总统柯立芝任期内，所以美国人回忆起那个年代时总是称之为"兴旺的 20 年代"或是"柯立芝繁荣"。

19 世纪末，美国经济已经在世界经济中处于支配地位；而第一次世界大战更是给美国的经济发展提供了机遇。战争初期，美国利用"中立"的有利地位，利用

柯立芝的任期正值美国经济高速增长
的年代，即所谓"兴旺的20年代"。

交战双方对军需物资的大量需求，充当双方的兵工厂，迅速扩大军工生产和重工生产。此外，美国还在战争期间对英法贷款，进行商品输出。战争结束时，美国已从战前一个资本输入国变为资本输出国，由债务国变成债权国。

建筑工业的迅猛发展是当时经济繁荣的首要标志。根据消耗的材料价值估计，建筑工业的产值从1919年的120多亿美元增长到1928年的近175亿美元。住宅建筑部门和生产资料生产部门的繁荣，扩大了对原材料工业的需求，推动了道路建筑业的发展。重工业部门的繁荣使就业人数增加，社会购买力上升，推动了消费品生产部门，尤其是新兴工业部门的迅速发展。新兴工业的发展成为进一步推动经济繁荣的强大刺激，其中最引人注目的是汽车业的兴起。1919年美国拥有轻型汽车六百多万辆，载重汽车80万辆，到1928年，这两种汽车分别上升到2200万辆和300万辆。

电力工业的崛起也是柯立芝繁荣的征象之一，它给美国工业的飞跃提供了巨大动力。1914年，全国电力达88万多马力，工厂动力设备的电气化程度占30%；而

生产福特 T 型车的流水装配线。在 20 世纪 20 年代。

许多产品被批量生产出来，使得科技产品愈趋廉价。

到 1929 年，电力增加近 40 倍，工厂动力设备的电气化程度高达 70%。此外，无线电工业、航空工业和电影业也获得了较大的发展。收音机的销售额从 1922 年 6000 万美元增至 1929 年的 8.42 亿美元，收音机的普及为日后罗斯福总统通过电波发表"炉边谈话"提供了便利；到 20 年代末，美国已开始从无声电影向有声电影过渡；电冰箱、洗衣机、电话和人造纤维开始进入美国大众的生活。

但是，这一时期美国工业的发展是很不平衡的。一些传统工业部门一直处于停滞或衰退的状态，其中皮革、食品、烟草、纺织品和制鞋的生产增长缓慢，煤炭、船舶和铁路设备的产量则急剧下降。

技术革命是"柯立芝繁荣"最基本、最重要的原因。在第一次世界大战初期，美国忙于军工生产和重工生产，1917 年 4 月参战后又忙于战争，所以无暇顾及陈旧生产设备的更新，生产技术比较落后。战争结束后，美国靠在战争中积累下来的雄厚资金，并随着一些新技术的突破，出现了一个更新生产设备、扩大生产规模以及采用新技术的热潮。

美国垄断资产阶级还以加强工业部门的科学研究工作来推动经济的发展。战后，美国大企业都建立了自己的科研机构。工业部门科学研究工作的加强，推动了新技术在工业生产中的应用，促进了经济的迅速发展。

赫伯特·克拉克·胡佛

到 1929 年，美国在资本主义世界工业生产的比重已达 48.5%，超过了当时英、法、德 3 国所占比重总和，以致柯立芝总统声称，美国人民已达到了"人类历史上罕见的幸福境界"。但这种繁荣主要集中在部分工业部门和城市中，还有一些工业部门和农业的不景气，使美国经济发展很不平衡。并且由于股票投机成风，使繁荣本身带有一定虚假性。生产和资本的进一步集中则加深了资本主义社会的固有矛盾，孕育着新的危机。

胡佛上台

赫伯特·克拉克·胡佛是美国第 31 任总统，他 1929 年上台，是一位靠个人奋斗起家的"美国英雄"。他在竞选演说中对人民许诺"美国人家家锅里有两只鸡，家家有两辆汽车"。但由于胡佛在经济领域顽固奉行自由资本主义经典理论，在随后到来的经济危机中应对无力，从而使他的诺言成为一张永远无法兑现的空头支票，也间接造成 20 世纪 30 年代美国大萧条。

1874 年 8 月 10 日，赫伯特·克拉克·胡佛出生于爱荷华州。其幼年很不幸，父母先后在他 6 岁和 9 岁时去世。胡佛和哥哥、妹妹先后由叔叔和舅舅抚养。父母的早逝使胡佛养成了独立的性格。1891 年，他进入斯坦福大学学习。

1895 年，作为斯坦福大学优等生的胡佛毕业了，并成为一名采矿工程师。此后，从 1895 年到 1908 年胡佛一直从事商业。34 岁那年，胡佛既获得了财富又受到遍及全球的同行们的尊敬，而且已拥有若干矿业公司的股权及主席职位。由于在采矿业方面的眼力和行政管理方面的卓越才能，胡佛不仅担任工程师、总工程师，而且当上股东、经理。他还在中国、缅甸、朝鲜、澳大利亚和美国等处独立开矿，赢得了广泛的国际声誉。

1914 年，第一次世界大战爆发，胡佛的工程师生涯中断了。为了援助那些身无分文而被困于欧洲的美国人，从 1914 年到 1915 年，胡佛在伦敦担任美国救济委员会主席。这个委员会共帮助 12 名贫困的美侨返回祖国。此后胡佛又对比利时和法国进行了救济。1919 年 7 月，这项救济工作宣告结束。美国救济委员会的工作，使胡佛成为社会风云人物。它给胡佛带来了巨大的荣誉。由于胡佛在战争与饥饿救济中的杰出领导，美国资产阶级学者称他为"伟大的人道主义者"。

与日俱增的国际声誉促成胡佛在美国参战后被召回华盛顿，任命为美国粮食总署署长，并授予管理美国粮食的大权。胡佛上任后，大力鼓励粮食生产，并采用自愿，而不是实行定量供应的办法，成功地削减了国内食品的消费量，杜绝浪费，稳定物价。

从 1919 年 10 月到 1921 年 3 月，胡佛写了 30 篇时政评论在报刊发表，为编辑部写了 28 篇专文，公开发表了 46 场演说，主持了 15 次大型会议。总之，这一时期，胡佛忙得不可开交，也赢得了荣誉，胡佛曾从国内外 85 所大学里取得了荣誉学位，从国内外一些团体组织获得了 468 枚奖章、勋章。胡佛的声望越来越高，报界称他为"美国的一位领袖人物"。

1927 年 8 月 2 日，柯立芝总统宣布他将不再竞选连任。许多政治人物要胡佛作为总统候选人。1928 年 6 月，在密苏里州堪萨斯城的共和党全国代表大会上，胡佛经第一轮投票就以绝对优势获得提名，参加总统竞选。

胡佛与内阁成员

在 1928 年大选中，胡佛仅作了七次演讲，鼓吹个人主义和机会均等，把社会各阶层自愿合作的"美国制度"作为自己追求的目标。在具体政策措施上，他强调特殊繁荣。最终，胡佛在竞选中没费什么力气就以很大优势击败民主党的候选人史密斯。投票结果，胡佛以 444 张对 87 张选举人票战胜对手而当选。

1929 年 3 月 4 日是胡佛宣誓就任总统的日子。胡佛是作为工业效率的代表而当选的，他认为自己具有引导国家走向特殊繁荣的条件。由于美国正处于空前的"柯立芝繁荣"，加上共和党人占据着国会的多数，胡佛是在歌舞升平的氛围中入主白宫的。

在执政初期，胡佛得意忘形地谈论美国的经济制度如何如何"完美无缺"，吹嘘"美国比以往任何国家的历史上都更接近于最后战胜贫困"。实际上，美国的经济已经危机四伏，快要大难临头了。

世界经济大衰退

1929—1933 年，资本主义世界爆发了一场历史上最深刻、破坏性最大的经济危机。危机于 1929 年 10 月发端于美国，迅速波及严重依赖美国资本的德国，又很快殃及严重依赖世界市场的英国，接着蔓延到全世界大部分国家。这次经济危机的打击非常沉重，以致各国的工业生产迟迟不能恢复到危机以前的最高水平。危机爆发之后，各资本主义国家的经济普遍陷入了萧条之中。

20 世纪 20 年代美国经济出现了繁荣的局面，逐步掌握了世界经济霸权，纽约成为世界金融中心。

在经济繁荣的背后，是美国长期盲目投资，经济比例失调，农业不景气，失业人员增加的隐患。日益膨胀的供应量大大超过国内外的支付能力，潜伏着生产相对过剩的危机。到了 20 年代后期，美国经济出现了危机。1929 年 10 月下旬，纽约华尔街股票市场股价狂跌，股市崩溃，引发大规模经济危机。

20 世纪 30 年代，华尔街云集着世界各地的投资者。

据统计，1933 年初，美国已经有半数银行倒闭，完全失业人数有 1500 万—1700 万人。此外，还有许多人处于半失业状态。当时，穷人想尽一切办法艰难度日，常常食不果腹，衣不御寒；而资本家为了维持商品价格，保证利润，不惜大量销毁商品。经济危机很快波及主要资本主义国家，影响世界各国，演变成一场空前规模的世界性资本主义经济危机。这场经济危机具有一些明显的特征，如来势特别猛烈，范围特别广，持续时间特别长，破坏性特别大等。以至于"大萧条""大恐慌"成了这次危机专用的代名词。

由于美国是当时资本主义世界头号经济大国，又是最大的债权国，美国经济同其他资本主义国家和世界市场有着非常密切的联系。危机很快从美国蔓延到德、日、英、法等主要资本主义国家，席卷了整个资本主义世界。1930年，严重依赖美国资本的德国发生经济危机；接着，英、日等国经济出现了严重的衰退；1932年，法国经济也开始萧条。各国不得不相继宣布放弃金本位。

1929年至1933年，整个资本主义世界的工业生产下降了1/3以上，贸易额减少了2/3。其中，美国和德国的受破坏程度最大。美国的进出口额下降了70%，英、法、德、日也都减少了一大半。

当经济危机来临时，美国到处是失业、破产的人，他们脸上布满痛苦、恐惧和绝望的神情。

美、英、法、德共有30万家企业倒闭，资本主义世界的失业工人竟达到3000万以上。许多昔日机器轰鸣的工厂区，变得死气沉沉，野草丛生，成为所谓的机器"墓地"。广大劳动人民饥寒交迫，流离失所，但垄断资本家为了维持他们的利润，稳定商品价格，却大量销毁商品。大量的玉米、小麦、棉花、牛奶等产品，或被当作燃料，或被倒入河流、大海。1933年以后，这场经济危机的高潮才过去，但各国经济的恢复仍是步履艰难。

1929—1933年的经济危机对各国的社会状况和世界局势也产生了巨大影响。首先，加深了资本主义各国严重的社会危机，各国政坛丑闻层出不穷，政府信誉扫地；广大人民强烈要求改善生活状况，示威游行和罢工斗争不断；法西斯分子利用人们对现状的不满，兴风作浪，促使社会更加动荡不安。其次，经济危机还加剧了世界局势的紧张。主要资本主义国家为了改善本国经济形势，纷纷加强对经济的干预，并加紧在国际市场上争夺，各国间的矛盾和摩擦日趋尖锐。为了尽快摆脱困境，各国进一步加强对殖民地和半殖民地的掠夺，激起了当地人民的反抗。

此外，这次经济危机还加速了法西斯主义在德国、日本和意大利的发展，使这些国家走上了大肆对外侵略扩张的道路，加速了第二次世界大战的爆发，给世界的文明和进步带来了巨大的灾难。

罗斯福新政

1929—1933年的严重的经济危机迫使一些主要资本主义国家的政府加强了对经济的干预。它们纷纷寻求对策，以图缓和和避免经济危机。美国的罗斯福新政。正是在这一背景下产生的。新政留下了大量防止再次发生大萧条的措施和政策，为美国投入第二次世界大战及战后的快速崛起奠定了坚实的基础，罗斯福也因此成为自亚伯拉罕·林肯以来最受美国和世界公众欢迎的总统而永载史册。

1929—1933年的经济危机给美国的经济带来了沉重的打击，但当时的胡佛政府对此一筹莫展，只是坚持自由放任的传统经济政策，等待经济形势的好转，致使危机更加严重。人民的不满情绪日益高涨，越来越多的人希望有一个强有力的政府，采取有力的政策，迅速改善经济状况。

在这种形势下，罗斯福以主张加强政府对经济干预的竞选宣言，赢得绝大多数选民的支持，击败了胡佛，当选为美国第 32 任总统。

富兰克林·德拉诺·罗斯福

　　罗斯福一上台，从 3 月 9 日至 6 月 16 日便颁布了一系列紧急法令，力图挽救濒于崩溃的美国经济，被人称为"百日新政"。

　　第一，罗斯福是一个有远见的政治家，也是美国历史上最伟大的总统之一。他上台伊始，就全面加强国家对经济的干预。罗斯福首先整顿财政金融体系，他下令银行暂时休业整顿，经营状况不佳的勒令清盘。通过成立联邦储蓄保障公司，保证存款人的存款，以恢复银行信用。到了 4 月，存回银行的通货已达 10 亿美元。银行信誉的恢复，促进了金融体系的正常运作，为工农业生产的恢复提供了前提保证。同时，禁止黄金出口，并宣布美元贬值 40.9%，以刺激生产和对外贸易。

　　第二，新政的中心措施是对工业加强计划指导。国会通过工业复兴法，要求各行业拟定公平竞争法规，以防止盲目竞争引起生产过剩。依靠国家和垄断组织的联合力量，把资本主义生产的无政府状态纳入有控制的轨道上。

　　第三，调整农业政策。奖励农民压缩产量，目的是限制农业生产，克服生产过剩，以提高农产品价格，改善农业生产环境。

　　第四，积极推行"以工代赈"。面对庞大的失业队伍，罗斯福政府实行了紧急救济。而单纯的救济只是治标不治本，国家财力也无法长期负担。因此，大力推行"以工代赈"，通过兴办公共工程，增加大量就业机会，进而刺激消费和生产，稳定社会秩序。这些措施使美国经济逐步进入良性循环轨道。

从1935年开始，美国几乎所有的经济指标都稳步回升，国民生产总值从1933年的742亿美元又增至1939年的2049亿美元，失业人数从1700万下降至800万。罗斯福总统实施的新政取得了巨大的成功。新政几乎涉及美国社会经济生活的各个方面，其中多数措施是针对美国摆脱危机，最大限度减轻危机后果的具体考虑，还有一些则是从资本主义长远发展目标出发的远景规划，它的直接效果是使美国避免了经济大崩溃，有助于美国走出危机。新政的实施为后来美国参加反法西斯战争创造了有利的环境和条件，并在很大程度上决定了"二战"以后美国社会经济的发展方向。

海报"骡子和犁—安置管理—小额贷款给农民一个新的开始"
表现了罗斯福新政对农民的支持。

新政采取的国家全面干预经济的政策，开辟了资本主义国家加强经济干预的先河。它不仅成为现代美国国家垄断资本主义经济制度的开端，而且对其他许多资本主义国家经济政策的发展产生了重要影响。从此，西方国家陆续放弃传统的自由放任的经济政策，逐渐加强政府对经济的宏观指导。特别是在"二战"后，国家垄断资本主义得到进一步发展。

奥斯卡奖的颁发

"奥斯卡金像奖"的正式名称是"电影艺术与科学学院奖"。1927年设立。每年一次，在美国洛杉矶举行。美国电影艺术与科学学会负责评选，该奖旨在表彰为电影艺术和技术的发展及业内合作做出突出贡献的人。半个多世纪以来一直享有盛誉。它不仅反映美国电影艺术的发展进程和成就，而且对世界许多国家的电影艺术有着不可忽视的影响。

第一届奥斯卡最佳女演员珍妮·盖诺

1927年5月，美国电影界知名人士在好莱坞发起组织一个"非赢利组织"，定名为电影艺术与科学学院（Academy of Motion PictureArts and Sciences 缩写为 A. M.

P. A. S.），它的宗旨是促进电影艺术和技术的进步。学院决定对优秀电影工作者的显著成就给予表彰，设立了"电影艺术与科学学院奖"（Academy Award）。

1929 年 5 月 16 日，在美国加州洛杉矶，第一届"电影艺术与科学学院奖"于好莱坞罗斯福饭店举行了第一次颁奖典礼，由道格拉斯·费尔班克斯和威廉·德米勒担任主持人，共颁发了 15 尊金像。

获得最佳影片奖的是 1928 年制作的影片《翼》；获得最佳女演员奖的是珍妮·盖诺；最佳男演员奖获得者是埃米尔·詹宁斯；最佳导演是弗兰克·鲍才琪《七重天》；最佳喜剧导演为刘易斯·迈尔斯通《两个阿拉伯骑士》；最佳改编剧本：本·杰明·格莱泽《七重天》；最佳原著剧本：本·赫克特《下层社会》；最佳字幕说明：约瑟夫·法纳姆《告诉世界》；最佳摄影：查尔斯·罗歇，卡尔·斯特勒斯的《日出》等。

获奖者都会得到一尊小金像，这尊青铜镀金像的造型是一位手握长剑、屹立在一盘电影胶片上的健美勇士，金像高 34.29 厘米，重 3.87 千克，由米高梅公司艺术指导、美术设计师德里克·奇博斯设计，雕塑家乔治·斯坦利制作。起初并无名称。直到 1931 年，有个新来的学院图书馆的女管理员仔细端详了金像奖之后，惊呼道："啊！他看上去真像我的叔叔奥斯卡！"一位记者立即把她的话报道了出去。从此，人们便把这个人像称为"奥斯卡金像"，奥斯卡金像奖也因此得名。1931 年后"学院奖"逐渐被其通俗叫法"奥斯卡金像奖"所代替。

虽然第一届奥斯卡奖的仪式只持续了短短的 15 分钟，既没有表演，也没有媒体人员在场，而且人们已提前两个月知道了获奖者名单。但人们仍然对这一新设立的电影奖项产生了浓厚兴趣。为此第二年洛杉矶一家电台就对颁奖礼进行了 1 小时的直播。1953 年 3 月 19 日，奥斯卡奖首次进行了黑白电视转播，从此美国人能从小荧屏一窥大银幕的年度盛会；如今，奥斯卡奖颁奖礼观众遍及全球，观众总数更接近 10 亿人。

从 1929 年至今，美国经历了经济大萧条、第二次世界大战和越战等重要历史时期，不过奥斯卡金像奖每年评选、颁发一次，从未间断过。只在 1938 年、1968

年和 1981 年推迟举行过 3 次，分别是因洛杉矶洪水推迟 1 星期、向遇刺身亡的马丁·路德·金致敬推迟 2 天以及因里根总统遇刺而推迟 24 小时。

金像奖的评选经过两轮投票，第一轮是提名投票，先由学院下属各部门负责提名（采用记名方式），获得提名的影片，将在学院本部轮流放映，观后学院的所有会员再进行第二轮投票（采用不记名方式），最后得票的多少决定影片的获奖。票数统计后存入保险箱，直到颁奖时才公布名单。

从 2002 年第 74 届奥斯卡颁奖礼开始，好莱坞柯达剧院成为奥斯卡颁奖典礼的永久举行地。

获奖名单是高度保密的。学院会员投票后，选票全交美国的普莱斯——活特豪斯会计事务所加以统计。选票放在保险箱内，荷枪实弹的警卫人员日夜守护。统计后的用纸则全部烧毁，绝对保密。各项获奖名单，分别装入密封的各个信袋，直到颁奖当日当刻，由司仪当众拆封宣布。颁奖仪式基本习惯于在每年 3 月下旬到 4 月上旬这段时间内举行。

如今，奥斯卡奖早已超越电影奖项的范畴，成为全球瞩目的一项年度盛事。

第一届世界杯

世界足球的专门机构国际足联成立于 1904 年，但是直到 1924 年的巴黎奥运会时，足球才正式被列为奥运会的比赛项目，然而在本届奥运会上人们并不满意奥运会的"业余"规定，这样使得众多优秀足球运动员被排除在外，因此举办有职业选手参加的世界最高水平的足球比赛成为当时人们迫切的要求。

在1926年的国际足联（FIFA）的总会上，雷米特会长通过了"举办国际足联（FIFA）成员国足球协会的所有国家队都可参加的第一届FIFA世界杯赛"的提案。到了1928年，由于奥运会只允许业余选手参加比赛，所以许多国家都放弃参加阿姆斯特丹奥运会的足球项目，此时举办一个新的、与奥运会相对独立的足球赛事的时机成熟了。

1928年5月26日，国际足联代表大会在阿姆斯特丹召开，会上经过投票通过了于1930年举办一项新赛事的决议，该赛事将对国际足联下属的所有成员国开放：1929年3月18日，在巴塞罗那召开的会议上，乌拉圭被投票选举为首届FIFA世界杯赛的主办国。乌拉圭是最早开展足球运动的国家之一，1924年、1928年两届奥运会足球冠军，而1930年，又恰逢乌拉圭独立100周年，因此，第一届世界杯就决定在乌拉圭举行。

尽管世界杯问世的消息令所有钟情足球的人们兴奋不已，而且欧洲足坛有不少强队，包括意大利、荷兰、西班牙、匈牙利和瑞典等，但由于当时欧洲正陷于经济危机之中，而前往海外参赛又将面临漫长而消费高昂的旅途，所以许多欧洲国家都不愿意前往大西洋彼岸的南美洲参赛。

直到世界杯开赛前两个月，仍然没有来自欧洲的球队准备前往乌拉圭。这时候，法国人雷米特的个人影响发挥了作用，在他的努力下，四支欧洲球队——法国、比利时、南斯拉夫和罗马尼亚于6月21日从欧洲起航，于29日抵达里约热内卢，在那里他们与巴西队汇合后重新起程，终于在7月4日来到了乌拉圭首都蒙得维的亚。

尽管参加的球队不多，但是球员们在赛场上的球技足以证明：世界杯是世界上最高水平的足球赛事。

组委会将参赛的13支球队分成4个小组：第一小组包括法国、墨西哥、智利

1930 阜世界杯足球赛海报

以及阿根廷；第二小组包括南斯拉夫、巴西、玻利维亚；第三小组包括罗马尼亚、秘鲁以及乌拉圭；第四小组包括美国、比利时以及巴拉圭。

每个小组进行单循环比赛，小组第一获得出线资格。赛前，人们普遍认为南美球队将在比赛中占尽优势。而实际上，欧洲球队也是尽显风采。在小组赛中法国队以 4：1 击败了墨西哥队后，与阿根廷队狭路相逢，虽然最终以 0 比 1 不敌负于对手，但是此役成为世界杯历史上的经典之战。而南斯拉夫也在巴西以及玻利维亚的"双重压迫"之下杀出重围，成为四强中唯一的一支欧洲球队。

两支南美球队阿根廷队和乌拉圭队进入到最后决赛，上半场阿根廷队以 2：1 领先，但是在东道主球迷的助威声中，下半场乌拉圭队连续 3 次洞穿阿根廷的大门，最终以 4：2 反胜阿根廷夺得第一届世界杯的冠军。

国际足联主席雷米特将全高 30 厘米、重 4 千克、全部由纯金铸造的金杯颁发给乌拉圭队的队长纳萨西。乌拉圭队夺冠之后，在蒙得维的亚的庆祝活动持续了几天几夜。同时为了纪念这次伟大的胜利，7 月 31 日——也就是决赛之后的第二天被定为全国性的节日。从此，小小的足球席卷全球，而这项赛事也逐步被世界上所有的国家所认可，并正式确定下来。

第一届世界杯足球赛的大部分赛事都是在乌拉圭蒙得维的亚世纪球场上举行的

首届世界杯一共进行了 18 场比赛，一共打入 70 球，平均每场有 3. 88 个进球。

胡佛大坝

胡佛大坝是一座举世闻名的大坝，它位于美国亚利桑那州的西北部，拉斯维加斯东南约 40 千米处，始建于 1931 年 3 月，落成于 1936 年，水坝以当时共和党领袖胡佛的名字来命名。胡佛大坝是当年最大的水坝，至今仍然是世界知名的建筑，已被定为国家历史名胜和国家土木工程历史名胜，1994 年，美国土木工程学会把它列为美国七大现代土木工程奇迹之一。

20 世纪 20 年代末，持续攀升的美国股票开始崩溃式下跌，引发了史上最惨烈的全球性经济危机。大量的企业破产，工人失业。世界经济进入到连续几年的大萧条时期。

面对这种局面，以英国著名经济学家凯恩斯为代表的经济学家，开始提倡国家直接干预经济的主张，这在世界经济学史上称作"凯恩斯革命"。而 20 世纪后几十年西方国家把他们遵循的这一理论称作"凯恩斯主义"。美国总统胡佛和罗斯福就是信奉凯恩斯主义的政治家。

凯恩斯主义认为，解决当前经济危机的办法，就是国家以建设大型工程的形式

胡佛水坝俯视图

增加钢铁水泥的购买力，同时工程可以增加失业人员的就业，进而从源头上解决经济危机，救活满盘死棋。于是，美国政府为了挽救危机，出钱修筑大量公共设施以增加购买力和就业机会，其中最出名的就是胡佛大坝。

胡佛大坝距离闻名世界的科罗拉多大峡谷只有 40 分钟的车程，是美国综合开发科罗拉多河水资源的一项关键性工程。科罗拉多河发源于美国西部科罗拉多州中北部的落基山脉，向西南流经犹他、亚利桑那、内华达、加利福尼亚等州和墨西哥西北端，最后注入加利福尼亚湾。千百年来，科罗拉多河每年春季及夏初，由于大量的融雪径流汇人，致使河流两岸低洼地区泛滥成灾，公众生命财产遭受严重损失，但到了夏末秋初，河流又干涸得像一条细流，无法引水灌溉农田。

为了控制这条多灾多难的河流，1928 年，美国国会通过了《顽石峡谷工程法案》，授权建设一座大坝。该大坝的首席工程师是法兰克·高尔，整个大坝工程的布置很紧凑，1931 年 5 月开始开挖导流隧洞，1933 年 6 月开始浇混凝土，至 1935年 3 月浇完 248 万立方米的混凝土，历时 21 个月，221 米高的重力拱坝浇筑到坝顶。同时，进水口建筑物、发电厂房、溢洪道、泄洪洞和输电线路等都在平行作业。

该水坝的建造耗费了大量资金，动员了大批人力。该大坝是实心的，所用水泥

法兰克·高尔

333 万立方米，加上钢材总重量达 660 万吨，足以铺一条从美国西海岸旧金山到美国东海岸纽约的双车道高速公路。1935 年 9 月 30 日，新上任的罗斯福总统亲自主持了大坝的竣工典礼仪式，并决定用胡佛的名字为大坝命名。

胡佛大坝于 1936 年交付使用。它是一座拱门式重力人造混凝土水坝。坝高 221 米，底宽 200 米，顶宽 14 米，堤长 377 米。水坝建成后对工农业发展起着巨大的作用。科罗拉多河再没有出现过洪水泛滥的灾难，相反，六十多年来，它每年为美国中西部提供 40 亿千瓦时的电力，10 亿加仑淡水浇灌着亚利桑那州和加利福尼亚南面那些富饶的土地，把科罗拉多河三角洲地区变成了美国著名的蔬菜和水果基地。另外，在水库底部的发电厂设置 17 部发电机，能产生 135 万千瓦电力，每年产生 2080 兆瓦特，足够邻近地区 150 万人使用 1 年。

胡佛大坝还孕育了新兴的城市拉斯维加斯。这里原本是一片荒无人烟的地方，建造胡佛水坝的时候，大批工人聚集在这里。水、电、铁路，为一座新城的诞生提供了条件。如今的拉斯维加斯已经成为世界著名的不夜城，正是胡佛水电站的电力，点亮了拉斯维加斯那流光溢彩、五颜六色的霓虹灯。

如今，胡佛大坝仍然是世界闻名的大坝之一，并在世界水利工程行列中占有重要的地位。

四、二战前的征兆

1933—1939 年

第一次世界大战之后的世界并没有稳定多久，因为更大的威胁仍然潜藏在一些野心家当中。希特勒当选为德国总理后，精心策划了一起国会纵火案，并将这起纵火案嫁祸给了德国共产党。这次成功的打击行为，让希特勒的纳粹党成为德国的第一大政党，并且为其独裁统治铺平了道路。同时，英、法、美等国推行苟且偷安的绥靖政策，纵容了法西斯的侵略。此时，世界局势动荡不安，新的世界大战日益逼近。

伦敦海军会议

第一次世界大战后，英国、美国、日本等强国为争夺海上霸权展开了激烈的海军军备竞赛，裁减海军遂成为各国关注的重大国际问题，并由此召开了一系列国际会议。1930 年和 1935 年，英国、美国、日本、法国、意大利五国分别在伦敦召开了两次海军会议，讨论裁减军备等国际问题，会议最终分别签署了《限制和削减海军军备条约》和《限制海军军备条约》。

20 世纪 20 年代美国在第一次世界大战中收获颇丰，其海军力量已与英国处于同一水平线上。此时在对世界的生产与贸易上，英国已经开始走下坡路，只一味地依靠殖民地来带动自己经济的发展。日内瓦裁军会议失败以后，英国希望通过军备限制来减轻海军的费用和财政负担，而美国海军却再次企图扩张。不过，1929年的美国经济危机使其国内经济停滞倒退、失业人数急剧增加，所以国内舆论也普遍主张召开海军裁军会议。日本的经济状况由于受到昭和危机的影响，后又赶上了世界性质的经济危机，财政拮据。所以想通过海军裁军会议一方面能减少军费的开支；另一方面可以同英美协调，以利于其政策的展开。

《伦敦海军条约》规定了巡洋舰的分级与数量的限制

法国因地处欧亚大陆并与德国相邻，所以将德国的安全保障视为国防的重大问题，以至于对此次军备会议的兴趣不高，但是也同意限制军备。意大利为了维持在地中海的优势地位，主张海军的力量要追随法国。这些原因最终促成了伦敦海军会议的召开。伦敦海军会议（1930年1月21日—4月22日）共召开了6次全体大会，但是都没有做出什么正式的决定。此次伦敦会议上正式会议并非占据重要位置，相反实质性的讨论交涉都是在相关国家的非正式会谈中进行的。4 月 22 日，英国、美国、日本签订了《限制和削减海军军备条约》（即《伦敦海军条约》），而法国与意大利最终未参加条约。条约的有效期到 1936 年 12 月 31 日为止。《伦敦海军条约》对缔约三国的主力舰数量进一步裁减，继续冻结各缔约国主力舰的建造至 1936 年，并且约定了舰龄超过 20 年的主力舰可进行改装与性能提升的条文。

《伦敦海军条约》也写明潜艇需要遵守和水面船一样的国际规则。商船如果没有拒绝停航或者没有反击，只有在把水手和乘客引入安全处才能击沉。

1930 年的《伦敦海军条约》和《华盛顿条约》的有效期，都止于 1936 年 12 月 31 日。1934 年 5 月 18 日，英国提议在伦敦召开海军预备会议，得到美日的赞同。

在《华盛顿条约》中规定 8 英寸为重巡洋舰的炮径上限，德意志级装甲舰的主炮口径就在此之上。

1935 年 12 月 9 日，海军裁军会议在伦敦召开，史称第二次伦敦海军会议。参加会议的国家有美国、英国、日本、法国、意大利。在第一次全体大会上，英国首先提出了海军质量限制的建议。但日本代表永野修身对此并不理睬，仍然提出日本要求平等，主张制定世界各国共同的最大限度地拥有量，以"保证相互安全"。日本的建议遭到其他国家的反对。在以后的几次会议上，永野修身继续阐述日本的立场，英美采取联合行动，坚决反对日本的要求。

12 月 29 日，日本驻美大使斋藤向美国国务卿赫尔递交了废除《华盛顿条约》的通告，表明了日本对抗到底的决心。在 1936 年 1 月 15 日的会议上，日本代表再次重申了他们的立场，在遭到其他 4 个国家的一致反对后，宣布退出裁军会议。

日本退出裁军会议后，英美并没有意识到问题的严重性，仍然坚持与其他与会国就达成新的限制海军军备协议进行谈判。

1936 年 3 月 25 日，美、英、法等国家的代表签署了新的《限制海军军备条约》（《第二次伦敦海军条约》）。意大利由于不满意国联对它在埃塞俄比亚的侵略行动进行制裁，因而没有在条约上签字。

犬养毅被杀

第一次世界大战后，日本成为"世界列强"之一，出口业经过短暂的繁荣之后，开始不景气起来，加之 1923 年发生的关东大地震、1927 年金融危机、1929 年世界经济衰退，政府因为经济因素得不到人民支持，军方势力趁机再度抬头。1932 年，日本发生了历史上著名的"五一五"事件。在这次政变中，当时的日本首相犬养毅被刺杀于自己的首相官邸。

在《第二次伦敦海军条约》签署后，日本海军的规模遭到更进一步的限制，这引起海军基层官兵的不满，兴起推翻政府的风潮与运动，并改为由军法统治。这项运动与日本帝国陆军内部的秘密组织樱会的宗旨不谋而合。这些海军军官与井上日昭以及由井上所带领的血盟团搭上线，他们认同井上日昭对于发起昭和复兴的看法，并认为"铲除"政府首长与财阀人物是有其必要的。这时长期被压抑住的军方部分军人打算采取非常手段，目的是统一日本未来发展方向，"拯救日本"。

1932 年 5 月 15 日，星期日，天气晴朗，首相犬养毅独自在首相官邸休息。此时，夫人、秘书、护卫均已外出。到了下午 5 点 30 分左右，突然有十多名海军青年将校和陆军士官见习生来到了首相官邸，他们不顾警卫拦截，强行冲了进来。

见到如此突发状况，犬养毅并没有产生任何惊慌，他将这群青年人请至接待

犬养毅（1855年6月4日—1932年5月15
日），日本政治家，第29任日本首相。

室。然而不久，人们便听见接待室内传出"开枪"的叫喊声，随即就是手枪射击的
声音。其他工作人员赶到时看到犬养毅的鼻子正在往出流血，但他本人的意识还比
较清醒，说道，"把刚才开枪打我的人带走。好好问问，听他怎么讲。"可见，到最
后时刻，犬养毅仍决心以言论来说服对手。

到晚上10点左右时，犬养毅开始大量吐血，但他却鼓励周围的人说"这是积
在胃里的血，不要担心。"但后来，犬养毅的身体开始逐渐衰弱，最终于晚上11时
26分死亡，时年77岁。

犬养毅被杀的事件发生后，关于森恪可能是事件操纵者的谣言不绝于耳。据古
岛一雄的法庭证词，当时赶到首相官邸的森恪样子十分古怪。而且，森恪对犬养毅
持批判态度，时常监视其行动并通报给军部也是事实。但由于到最后也没弄清楚杀
手是如何知道犬养毅的住所的，森恪的共谋说始终未能被证实。但也有人认为，一
来没有确凿的证据，二来森恪和犬养毅从年轻时就比较亲近，不应是其所为。

5月19日，首相官邸大厅举行了隆重的葬礼，参加仪式者众多，其中还包括当

东京港区青山墓地中的犬养毅墓

时正在日本访问的著名喜剧演员查理·卓别林先生。犬养毅的遗骨后来葬在位于东京港区的青山墓地。

犬养毅于1855年出生于日本冈山县，《明治宪法》颁布后，1890年第一次众议院总选举中，犬养毅当选为议员，此后连续十七次当选。1898年，犬养毅任第一次大隈重信内阁的文部大臣。1910年创建立宪国民党。1931年12月，立宪民政党的若槻礼次郎内阁倒台，犬养毅作为反对党总裁被授命组阁，出任日本第29任首相。

犬养毅代表的是垄断资本的利益，他试图维护的当然是"大日本帝国"的整体利益。资产阶级政党讲求形式上的民主，而法西斯分子特别是深受军国主义毒害的少壮军官们讲求的则是军事独裁。当年军队里的激进分子的活动是有恃无恐的，犬养毅低估了军部的能量。

1931年3月，陆军里的激进分子先是策划了推翻内阁的未遂政变（3月事件），又在10月再次策划推翻内阁的政变因秘密泄露又一次未遂（10月事件）。犬养毅不仅向陆军长老上原勇作元帅写信，而且直接上奏天皇，提出了若干个少壮军官名单，要求将这些人罢官，并且这一消息也被泄漏给了军方。少壮军官们的不满积累到相当程度，于是爆发了五一五事件。

希特勒与纳粹党

阿道夫·希特勒，德国纳粹党的总裁和德意志第三帝国的元首。青年时代，他先是位一事无成的艺术家，最后却成了一位狂热的德国民族主义者。第一次世界大战中，德国的失败使希特勒感到震惊和恼怒。1919年他在慕尼黑加入了一个小小的右翼党，这个党不久就改名为民族社会主义德国工人党（简称纳粹党）。不到两年的时间，他便成了该党理所当然的领袖。

1889年4月20日晚，在流经奥地利和德国巴伐利亚边境的莱茵河河畔的布劳瑙小镇，一个男婴出生了。这个男孩就是日后给整个世界带来沉重苦难的阿道夫·希特勒。

希特勒在慕尼黑的家

1896年，7岁的希特勒随父亲搬往拉姆巴赫小城居住。此时的希特勒发现自己有绘画天赋，于是幻想将来成为一名艺术家。但他父亲却坚决要儿子成为和他一样的公务员。1903年1月，希特勒的父亲在早晨散步时中风而死。1907年夏，希特勒来到奥地利首都维也纳，想报考美术学院，他参加了两次考试，但没有通过。10月底，他返回林茨。12月21日，他的母亲因病离开人世。1908年2月，希特勒又重新回到维也纳，开始了他的流浪生活。

1913 年，希特勒来到德国的慕尼黑。他想在那里寻找自己的追求。1914 年，第一次世界大战爆发，对战争始终充满热情的希特勒，志愿参加了巴伐利亚步兵团，在西线待了 4 年。

在一战中，希特勒共获得了两枚铁十字奖章。就在希特勒获得第二枚奖章后不久，他因在战场上被毒气熏得双目暂时失明而住进了医院。在医院里，他得知了德国战败的消息。这对他来说犹如五雷轰顶，希特勒不由得失声痛哭。

1918 年 11 月底，希特勒伤愈出院，到驻扎在慕尼黑的他所属的补充营去报到。在这段日子里，他认为已经把一切都想通了，那些在后方发国难财的犹太人，以及通过犹太知识分子搞国际阴谋的布尔什维克党人，在背后捅了德国一刀，并把它按倒在地。他认为自己的责任是要把德国从这场灾难中拯救出来。

希特勒的上司十分赏识希特勒的才华，于是把一项特殊使命交给他去完成。

1919 年 9 月，希特勒接到陆军政治部的一项命令，要他去调查一下一个自称"德国工人党"的小政治团体的情况。就这样，希特勒以一个可以说是特务的身份第一次结识了当时只有 54 名党员的"德国工人党"。这个党的纲领是一个社会主义、国家主义和反犹太主义的大杂烩。由于希特勒在旁听这个小党的开会发言时，痛斥了一个主张巴伐利亚脱离普鲁士并与奥地利组成一个南德意志共和国的人的言论，他立即引起与会者的注意和兴趣。两天后，希特勒突然接到一张明信片，通知他已被接受参加德国工人党。

希特勒加入工人党后，他在履行"侦察员"职责的同时，还满腔热情地投入到新的工作中去。他演讲的内容、语言的才华、雄辩的论据很快吸引了大批的追随者，工人党领导人对他顿然刮目相看，主席更是力排众议，将希特勒任命为"宣传部长"。

1920 年 3 月 31 日，希特勒被解除军职，他领了 50 马克的复员费、一身军装、一件大衣和一些内衣。从此以后，希特勒便把全部精力都投到了工人党的工作中去了。他筹划了党旗和党的标志，党旗以黑、白、红三种颜色为底色，标志是一个

希特勒的演讲常常以留有余地和运用弦

外之音的方式增强其说服性，他可以像一个

卓越的钢琴家那样能拨动中产阶级的心弦。

"万"字。"万"字几个世纪以来在不同的文化范畴中都是日轮的象征。

希特勒在党内的独断专行于 1921 年达到了新的高峰，7 月 11 日，希特勒宣布退党并提出最后通牒：让他入党的条件是让他担任党的第一主席，并享有指挥一切的权力。

1922 年 1 月 22 日，纳粹党在慕尼黑召开了第一次代表大会。至此，希特勒终于把一个原来的俱乐部，改造成了一个群众组织，并且成为其中最为重要和最为著名的一个成员。

第三帝国成立

在希特勒的领导下，纳粹党的势力迅猛增长，1923 年发动了一场叫作"慕尼黑啤酒馆暴动"的政变，阴谋失败后，希特勒锒铛入狱，但是他服刑还不到一年便悠闲地走出了狱门。1928 年，纳粹党仍是一个小党，但是世界性经济危机的到来使人民对根基牢固的各个德国政党颇为不满，纳粹党的势力则获得迅速增长。1933 年，44 岁的希特勒一跃成为德国总理，开始了其在德国的独裁统治。

鲁尔危机发生后，德国各地起义不断，身为纳粹党领袖的希特勒却十分兴奋。他的职业政客生涯已经有两年了，尽管他巧舌如簧，到处拉拢拼凑，纳粹党仍然只是慕尼黑市和巴伐利亚地区众多政党中略有影响力的一个，与他心目中担负整个国家命运的大党存在着巨大的差异。

鲁尔危机给了纳粹党一个极好的机会。由于马克的崩溃，使一大批中产阶级破产。于是希特勒喜出望外地发现，他的政党人数开始激增，失业的工人、退伍的军人都成为新党员的主要构成部分。

希特勒把那些退伍的军人组织成身穿褐色衬衫的"冲锋队"，这些冲锋队员在各种集会捣乱，有了这些打手，希特勒越来越张狂。他公开在纳粹党的大会上叫嚣："要夺取政治权力，就要从激烈反对和打击由战败耻辱而产生的魏玛共和政府入手。"

希特勒发动啤酒馆暴动

1923年11月8日，希特勒率领一群纳粹冲锋队员包围了慕尼黑的贝格勃劳凯勒啤酒馆。当时巴伐利亚州州长卡尔正在这里发表施政纲领演说，突然，一群纳粹冲锋队员包围了会场。

希特勒跳上卡尔的讲台，大声叫道："全国革命开始了！政府已被推翻，我们的军队正向市内开进！临时政府已经成立！"其实这些全是谎话。希特勒为了实现夺取政权的野心，无所顾忌地大造谣言，并且采取了这次暴力行动。

希特勒把卡尔和另外两名巴伐利亚高级官员押到一间小屋里，软硬兼施，要求他们和他合作，组成新政府，但这三位官员死活不肯。

希特勒看这招不起作用，又把德国著名的将领鲁登道夫请到啤酒馆，劝说三位州长官。这三个人一看，如果不答应就难以脱身了，于是互递了个眼色，半推半就地答应了。

看见自己的阴谋得逞了，希特勒十分高兴。可是当他离开啤酒馆以后，卡尔等人却变卦了，他们脱身以后，就发布了取缔纳粹党的命令。

希特勒决定孤注一掷，下命令说："冲锋队马上向市中心行进，只要军队和市民支持我们，就能成功！"他和戈林等几个头目走在最前面，冲锋队杀气腾腾，枪都上了刺刀。

不料，市政府已有准备。当冲锋队游行到陆军部门前的时候，部队开始镇压了。最终，戈林负伤，希特勒被捕。在这场冲突中，16名纳粹分子和3名警察被打死。

希特勒的啤酒馆政变失败了，但希特勒却成了全国性的新闻人物，他宣扬的反动思想传散开来。希特勒在狱中口述了他的《我的奋斗》。在书中他大肆宣扬民族优劣论，他认为日耳曼人是主宰世界的优等民族，有权统治其他"低等"种族，而犹太人是最劣等的民族……希特勒叫嚣要对外扩张，以求得德国的生存空间……他要以"领袖原则"取代民主政治……

出狱后的希特勒吸收了啤酒馆政变失败的教训，他明白不能通过政变去剥夺台上统治者的权力，相反地只有通过与他们的合作才能取得政权。于是，在出狱后的1925年1月4日，他去拜访巴伐利亚总理，承认1923年的政变是一个错误，并保证今后一定循规蹈矩，遵纪守法。总理便由此产生一种印象：这头凶猛的野兽现在被"驯服了"。这样，在2月份，巴伐利亚政府就撤销了对纳粹党及其机关报《人民观察家报》的禁令。2月26日《人民观察家报》正式复刊。2月27日纳粹党正式重建，希特勒又获得了独裁元首的身份，但被禁止在公开场合演说。

这时的德国由于实行了货币改革，美元资本陆续流入，故而经济迅速恢复和发展，国内政局趋向稳定，这使希特勒的纳粹运动进入低潮。但希特勒并不为自己政

希特勒的《我的奋斗》

党的弱小而气馁，他仍不屈不挠，不丧失希望和信心。他充分施展自己的组织才干，在纳粹党里建立了一套错综复杂的党内机构。为了扩大影响，吸引更多的群众，希特勒还陆续建立起一批群众组织。希特勒事必躬亲，过问党的一切细小决定。就这样，到了1928年，纳粹党逐渐变成了一个"拥有一批具有接管政府事务能力的干部的政党"，而且纳粹党的信徒们都有一种"一荣俱荣，一损俱损"的共同信念，把他们的元首视为众望所归的决策人物。只是由于这时没有适宜的气候，它的内部力量与自身团结尚未显露锋芒，因而普遍被外界忽视罢了。此外，在经过了相当的困难之后，希特勒又把冲锋队改组成为一个拥有几十万队员的武装团体，其任务是保护纳粹党举行的集会，捣乱其他政党的集会和恫吓那些反对希特勒的人。希特勒还建立了党卫队，并要求他们特别宣誓效忠他。

1929年10月末，从华尔街开始的经济恐慌迅速蔓延，导致了一场世界性经济危机。德国的经济是靠美国发展起来的，所以受害最大。企业倒闭，产销萧条，失业人数直线上升，最高时达600万。这可给希特勒提供了绝好的机会，他称经济危机是"政府无能"，是政府接受《凡尔赛和约》和战争赔款及奉行"社会主义"政

希特勒是纳粹竞的总裁和德意志第三帝国的元首，第二次世界大战的头号战犯。同时。他也是一个出色的演说家、残酷的政治家和过于冒险的军事家以及野心家、阴谋家。

策的结果，是共和国和历届政府毁灭了德国的一切。不久，经济危机就发展成为一场国家危机。由于经济萧条，国家税收下降，相反失业救济的支出却迅速增加。1930 年 3 月，魏玛共和国的最后一届政府终因入阁各党在如何平衡国库亏空问题上意见分歧而垮台。

从 1930—1933 年期间，魏玛共和国不得不由所谓的"总统内阁"来治理，经济危机更使社会各阶层的矛盾不断激化，德国工人斗争高潮迭起，1932 年的两个月内就爆发了 900 次罢工。人民群众对魏玛共和国政府极为不满，强烈要求建立一个能够拯救德意志民族、给社会带来安定、给人民带来幸福的新政府。

在这种社会背景下，希特勒一方面为国家社会主义展开更强大的宣传，对各阶层人民不断做出符合其愿望的慷慨许诺。一方面又通过纳粹党的宣传机器，宣称该党不是一个阶级政党，而是"大众党"，并重点向中下层的中产阶级发动讨好攻势，争取得到他们的支持。果然，正处在绝望之中的德国工人、农民、市民和学生被希特勒煽动性的言语蒙蔽了，他们相信希特勒的诺言能够兑现，因而纷纷聚集在纳粹的旗帜下。

经济危机爆发前，纳粹党只有10.8万人，到了1932年，人数超过了100万。从1930年开始，纳粹党在国会选举中不断获得胜利，1932年4月10日举行总统第二轮选举，希特勒竟然获得了36.8%的选票。1932年7月31日举行国会选举，纳粹党获得了37.3%的选票，获得230个议席，一跃成为国会中最大的党派。

1932年8月13日，总统兴登堡召见希特勒并试图说服他与佛朗茨·冯·巴本共同组成联合政府，但希特勒予以拒绝，声言作为最大政党的领袖，要得到"包括一切方面的整个国家权力"，但兴登堡也发表声明加以拒绝。就在这时，帕彭和施莱歇尔为了一己私利，互相拆台，宁让第三者上台，也不让对方执政，通过政治上的交易，把希特勒推出来，搞了一个以"保守派和资产阶级民族主义者、总统、国防军和钢盔团"为一方，以希特勒的纳粹集团为另一方的联盟，组成了所谓"民族团结"的联合政府。

对希特勒的得势，被推翻的霍亨索伦王室的支持起了不可忽视的作用。1933年1月22日，皇太子就曾致函兴登堡，敦促其授权希特勒组阁，威廉二世还给纳粹党提供了200万马克的援助。

1933年1月，寒冷的北风呼啸着。希特勒从总统兴登堡的手里接过了总理的印章。希特勒上台了，他梦寐以求的第三帝国终于诞生了。从这时起，魏玛共和国也就正式灭亡了。希特勒发誓要建立一个前无古人"永世不衰"的新帝国。

从希特勒登台的那一天起，不仅预示着德国政局的急剧转变，也预示着德国人民和世界人民将陷入灾难的深渊。

国会纵火案

为了彻底打击反对自己的力量，尤其是打击反对纳粹最坚定的共产党。纳粹党

1933 年 1 月 30 日，希特勒成为德国总理，从此，他开启了独裁执政、欲建立纳粹霸权于欧洲的野心之路。

徒一手炮制了震惊国内外的 2 月 27 日的国会大厦纵火案，并将之嫁祸于德国共产党人，在国内掀起了空前规模的反共浪潮，致使德共的机构被全部摧毁，几千名德共干部被捕，并被迫转入地下。在这一事件中，被捕人员还有社民党人和其他著名人士。希特勒利用国会纵火案煽动民众，使他获得支持，迅速登上权力的巅峰。

就在希特勒登上总理宝座不到一个月，也就是 1933 年 2 月 27 日晚上，德国首都柏林的人们正在家里吃饭、休息，忽然，一道红光照亮了夜空，"国会起火了！"随着街上的人惊惶地喊叫，国会大厦的窗户和屋顶冒出一股股浓烟，随后，火苗也蹿了出来，霎时间，大厦的轮廓模糊了。

国会议长戈林很快来到现场。他满脸通红，两眼放光，挥动着双拳，大声喊着："这是共产党干的！这是共产党反对新政府的罪证！"

几分钟后，希特勒和宣传部长戈培尔来到现场。脸色阴沉的希特勒对在场的外国记者说："这是上帝的指示，我们要消灭共产党人！"

第二天，希特勒就诱使总统兴登堡签署了一项"保护人民和国家"法令，以"防止共产党危害国家的暴力行为"为幌子，大肆限制公民的出版、结社、集会等人身自由。

国会大厦纵火案是德国纳粹党策划的焚烧柏林国会大厦，借以陷害德国共产党人的阴谋事件。图为被烧毁的国会大厦。

盖世太保（秘密警察）横行无忌，到处抓人、杀人，德国共产党领袖恩斯特、台尔曼和1.8万名共产党员被捕入狱。连正在德国的共产国际西欧局领导，保加利亚共产党主席格奥尔基·季米特洛夫和另外两名保共活动家也遭到逮捕。

经过半年的阴谋策划与精心准备，纳粹宣布9月21日在莱比锡公开审理这个案子。消息一传出，法国、美国、保加利亚、德国等国的25名律师便挺身而出，愿意为季米特洛夫辩护。但是，德国法庭剥夺了被告自由选择辩护人的权利。季米特洛夫毅然决定，自己为自己进行辩护。

审讯开始了，季米特洛夫以大无畏的气魄同法西斯分子作了针锋相对的斗争。他说："不错，我是一个布尔什维克，无产阶级革命家……但是，正因为如此，我不是一个恐怖主义的冒险家，不是阴谋家，不是政变的组织者，也不是纵火者。"在国会着火那天，季米特洛夫根本不在柏林。

季米特洛夫站在法庭上，像原告一样。他从一个被告变成了法官，揭露法西斯头子对共产党人的无耻诽谤，控告他们对他和其他被告的野蛮态度，控告检察官的伪证，使那些法西斯的假见证人，个个狼狈不堪。

最后的较量终于到了。12 月 23 日，莱比锡法庭进行最后一次审判。季米特洛夫列举大量的事实，有力揭露了纳粹策划这次审判的阴谋与险恶目的。季米特洛夫的果敢无畏，国际舆论的强大压力，迫使莱比锡法庭最后不得不宣布，无罪释放季米特洛夫和另外两个无辜的保加利亚的共产党活动家。

照片左起依次为：戈林、凯特尔、邓尼茨、希姆莱、希特勒。

戈林为陷害共产党和欺骗群众，制造舆论，策划了国会纵火阴谋。

后来，"国会纵火案"的"真相"也大白了：原来是纳粹党的柏林冲锋队队长带领他的部下，经过通到国会大厦下的一条地下暖气管通道，钻到国会大厦，洒上汽油和易燃化学品，点了火，然后从原路回到戈林的议长府。同时，纳粹冲锋队找到了一个失业的建筑工人卢贝，由于他对放火有癖好，所以纳粹冲锋队又让卢贝再放了几把火，后来，卢贝经过严刑拷打后，承认国会大厦是他纵的火，目的是为了反对纳粹党。1934 年 1 月 10 日，卢贝被处以死刑。

希特勒利用国会纵火案控制全国的目的是暂时达到了。从 1933 年开始，德国开始了公开的战争准备。希特勒的疯狂叫嚣声传到了德国每个角落，整个欧洲都笼罩在紧张的不安气氛之中。

二二六事件

1936 年 2 月 26 日凌晨，在日本东京，以皇道派青年军官率领的近卫步兵一千多日本军人袭击了首相官邸等数处枢要部门，导致藏相（财政大臣）高桥是清惨遭杀害，前首相斋藤实被杀等事件的发生。皇道派发起此次叛乱的目的看似"尊皇讨奸"，实行"昭和维新"，实际上起事的缘由却是皇道派与统制派之间、部队军官与幕僚军官的长期倾轧，以至最终反目，酿成震惊天下的二二六事件。

1936 年 2 月 25 日下午，日本东京的天空，黑云密布。大雪已经下了 3 天，整个东京城完全被雪覆盖了。在日本皇宫的不远处，是一座 4 层钢筋水泥结构的新式建筑，这是处理宫廷事务和天皇办公的宫内省大厦。在紧靠皇宫的一座小山后面，是一幢幢政府大官的官邸，其中最大的是首相官邸。

二二六事件发生后，一些士兵占据了东京的采田町一带。

夜深了，看似外表宁静的东京，却酝酿着一场激烈的骚动。并且这一行动是蓄谋已久的。日本军阀早就有征服中国进而征服世界的野心。一部分下级青年军官，更是迫切要求建立军事独裁，他们主张发动政变刺杀大臣以达到这个目的，这批人被称作"皇道派"。

25 日夜晚，第一师团的兵营里，叛乱计划正在紧张地制订，他们准备在次日拂晓前分头袭击东京的 6 个目标，其中包括警视厅和政府要员的住宅。

26 日凌晨 4 点，香田清真大尉和其他叛乱头子将部下兵分六路，香田率领一组人马去攻占陆军大臣官邸，想强迫高级将领支持他们，另一组人马直奔警视厅，其他 4 个小组分头去刺杀首相、藏相、宫内相和侍从长。

粟原中尉和一名宪兵一马当先冲到了首相官邸的正门，这时候，大门旁屋内的警察睡得正香，他们还没明白是怎么回事，就已被绑了起来。暴乱士兵冲进官邸大厅。这时候，首相冈田启介被惊醒了。他衣服也来不及穿，慌忙地往外走，想看看是怎么回事，当他明白发生了暴乱后就赶紧躲进了密室中，从而逃过一劫。

在离首相官邸不远的地方，陆军大臣川岛义之在睡梦中被香田大尉提了起来，川岛在香田的逼迫下，匆忙穿好衣服，前往皇宫向天皇启奏。

安藤辉三大尉率领一百多名士兵迅速冲进了天皇侍从长铃木的官邸，最终，铃木虽然身中数弹，却因未击中要害而幸免于难。

由于藏相高桥坚持削减上一年的巨额军费而遭到少壮派军官憎恨，所以死得非常凄惨。叛军冲进他的卧室，一名中尉一脚踢开他的被子，大喊一声，朝他一连开了数枪；紧接着另一名军官用军刀在藏相高桥的身上一阵乱捅，场面惨不忍睹。

与此同时，教育总监渡边锭太郎也遭到了同样的厄运，在床上被高桥太郎少尉枪杀，天皇的心腹顾问牧野伸显在逃跑时险些被打中，前首相斋藤实丧命。

叛军的进展非常顺利，很快占领了东京市中心约 2 平方多千米的地方。他们利用山王旅馆作为临时指挥部，把"尊王义军"的旗子挂在首相官邸外。他们散发"宣言"声称，要清君侧，粉碎重臣集团，认为元老、重臣、军阀、财阀、官僚、政党均为破坏团体的元凶。

由于这一叛乱行动的发动者没有得到其他军队的支持，最后和平地投降，但是日本的法西斯势力却从此加强了。以东条英机为首的统制派（与皇道派不同，统制派不主张采取刺杀和政变行动）在日本陆军中占据了领导地位。他们确定了全面对外进行侵略扩张的国策，进行扩军。这样，日本法西斯军国主义体制最后确立，到了 1937 年 7 月，他们发动了"卢沟桥事变"，开始了全面的侵华战争。

日本第 20 任首相高桥是清，在二二六事件中被暗杀。

埃塞俄比亚的抗战

意大利的法西斯头目墨索里尼上台以后，一心想着侵略扩张，然而在欧洲，意大利敌不过英国和法国，于是，墨索里尼开始觊觎贫穷的非洲。1935 年 10 月，墨索里尼悍然发动了侵略埃塞俄比亚的战争。意大利空军轰炸了埃塞俄比亚历史名城阿杜瓦，并以陆军分东、南、北三路进攻，企图迅速占领埃塞俄比亚，控制红海这条战略交通要道，并以此为据点吞并整个非洲。埃塞俄比亚政府也下了动员令，抗意战争开始了。

埃塞俄比亚是非洲东北部一个幅员辽阔的国家。这个封建王国由于地处沙漠地带，经济十分落后，人民生活困苦。然而，这里的资源十分丰富。在其境内一望无际的沙漠地下埋藏着大量的黄金、白金（铂）以及许多其他金属。此外，埃塞俄比亚地处红海南大门，向来是兵家必争的战略要地，因此一直是帝国主义者垂涎的对象。

1935 年 10 月，意大利法西斯主义头子墨索里尼发动了侵略埃塞俄比亚的战争。

此时，意大利已占领了埃东面的索马里和北面的厄立特尼亚。相对于几乎还处在原始社会状态的封建王国埃塞俄比亚来说，意大利无疑是一个庞大的现代化国家。意大利的军队装备有大量飞机、坦克和装甲车等先进的武器。埃塞俄比亚根本就没有统一的军队，只有属于海尔·塞拉西皇帝的卫队和各封建领主的私人军队，他们的武器主要是原始的刀枪；但是埃塞俄比亚人民并没有被意大利的飞机坦克所吓倒，他们提出了"坚决抗敌，至死不屈"的口号。

塞拉西一世，他率领爱国武装力量同英军一道打回埃塞俄比亚，在广大人民和游击队的支持下，击败意大利占领军。

埃塞俄比亚皇帝海尔·塞拉西立即向全国发出抵抗侵略者的动员令，并亲临前线指挥作战。埃塞俄比亚的老百姓也勒紧裤带，将省下的粮食和肉类送给前线的战士们吃；东部沙漠地带淡水很少，当地的牧民用皮袋子去很远的地方装水，然后用驴子驮着送到军队的营地，供战士们饮用。

由于埃塞俄比亚人民的顽强抵抗，墨索里尼速战速决的部署完全落空。法西斯意军损失惨重，到开战后的第 5 个月，北部战线的意军推进了只有 100 千米。墨索里尼大发雷霆，严令加快速度。

1936 年 5 月 5 日，意大利军队占领埃塞俄比亚首都亚的斯亚贝巴，塞拉西皇帝出走英国。5 月 9 日，墨索里尼在罗马宣布吞并埃塞俄比亚，由意大利国王兼任埃塞俄比亚皇帝。

埃塞俄比亚士兵在战场上与意大利侵略军顽强抵抗

意大利侵略埃塞俄比亚的战争激起了全世界人民的谴责。而且，英勇的埃塞俄比亚人民并没有屈服。首都沦陷后，残存下来的埃军正规军化整为零，分散到各地，与当地的百姓组成游击队，广泛地开展游击战争。游击队神出鬼没地袭击意军兵营、炸仓库、拆电线、毁交通，打得意军顾此失彼，心惊肉跳。

1937 年，意大利法西斯举行了一个隆重的仪式，庆祝占领埃塞俄比亚首都一周年。一名 21 岁的青年泽雷·德雷斯被挑中派往罗马，让他在墨索里尼和意大利国王参加的庆典上，向某些高级官员呈献在埃塞俄比亚缴获的战利品，其中包括一把宝剑。在游行过程中，泽雷看到意大利人抢来的金质犹太族之狮，立刻警觉起来。这座雕像本来是立在亚的斯亚贝巴火车站附近的。他的眼睛充满了愤怒，意识到自己和祖国在受到侮辱。于是他抽出了献礼用的宝剑，不顾一切地扑向了敌人，砍倒了 5 名法西斯官员，自己也被射倒在地，身负重伤。几年之后，他死在监狱里。为了纪念这位青年的爱国主义精神，战后新造的第一艘埃塞俄比亚军舰，就以他的名字命名。

埃塞俄比亚人民的血没有白流。1941 年 4 月，游击队收复了亚的斯亚贝巴。这年年底，意大利侵略军被全部赶了出去。埃塞俄比亚人民为反对法西斯的斗争，写下了光辉的一页。

西班牙内战

1936 年 1 月，西班牙共产党、共和党、社会党和劳动者总同盟等民主力量组成人民阵线，2 月在国会选举中获胜，组成联合政府，实行民主改革。以长枪党为首的西班牙反动势力对此极端仇恨，事先与德、意法西斯密谋并经过充分准备后，决心发动颠覆共和国的武装叛乱。1936—1939 年，西班牙人民在共和国政府领导下。对国内的法西斯武装叛乱进行了顽强的抗击。战争的结局对西班牙和整个欧洲局势产生了深远的影响。

1936 年的西班牙硝烟弥漫，战火纷飞。反动军官弗朗哥在德国和意大利法西斯主义者的支持下，在 1936 年 7 月发动了叛乱。他的目的，就是要摧毁刚刚成立的以左翼共和党人为首的共和国政府。

1936 年 7 月 18 日，叛乱迅速蔓延到加的斯、塞维利亚、萨拉戈萨、布尔戈斯等大中城市。陆军和空军的大部分部队（约 12 万人）以及摩洛哥人组成的"外籍军团"参加了叛乱。叛军趁政府犹豫之际，迅速占领西属摩洛哥、加那利群岛、巴利阿里群岛以及西班牙本土北部和西南各省，7 月 30 日在布尔戈斯成立"国防执政委员会"，企图南北夹击马德里，进而夺取全国政权。叛乱发生后西班牙各阶层人民响应人民阵线的号召；拿起武器保卫共和国，两天内共有 30 万人报名参加民兵组织——人民警卫队。马德里、巴塞罗那、巴伦西亚、卡塔赫纳、马拉加、毕尔巴鄂等大中城市的叛乱很快被平息。

在叛军处境危急之际，德、意法西斯应弗朗哥请求出兵干涉，企图乘机推翻西班牙共和国，控制直布罗陀海峡，切断英、法与亚非殖民地的联系，把西班牙变成制约英、法的战略基地。7 月底，德国和意大利的大批坦克、飞机和军队运往西班牙，德、意的武装干涉使西班牙内战演变为国际性反法西斯战争。

奋勇抵抗的西班牙人民得到了全世界进步力量的同情和支持。世界各地纷纷举

弗朗哥，西班牙政治家、军事家、法西斯主义独裁者、西班牙长枪党竞魁。1939 年，他在西班牙内战中胜利，任国家元首，在国内实行军国主义的统治。

行集会，谴责德、意法西斯的武装干涉，要求英、美、法等国放弃纵容侵略者的"不干涉"政策。来自苏联、中国、法国、波兰、加拿大等 54 个国家的志愿者组成国际纵队，奔赴西班牙，与西班牙人民并肩战斗。1936 年 8 月，叛军在德、意干涉军支援下从葡萄牙边境向马德里方向发动进攻，西班牙人民在国际纵队配合下，展开马德里保卫战。1936 年 11 月至 1937 年 3 月，马德里军民浴血奋战，多次粉碎叛军进攻。叛军在马德里遭到失败后，从 1937 年 6 月起把进攻重点转向北部，企图攻占比斯开湾沿岸的重要工业区巴斯克和阿斯图里亚斯。从 8—10 月，桑坦德、希洪相继陷落。10 月 28 日，共和国政府从巴伦西亚迁至巴塞罗那。

1938 年 2 月叛军乘机将作战重点转向东部战线。3 月弗朗哥在埃布罗河河谷投入 5 个军的兵力以及几乎全部飞机、坦克，在干涉军配合下向阿拉贡发起进攻。

为扭转战局，减轻巴伦西亚受到的压力，共和军于 7 至 11 月在埃布罗河地区投入 7 个师十多万兵力发动内战以来规模最大的进攻战役，但由于人力物力得不到及时补充而被迫转入防御，未达预期战役目的。1939 年 1 月 26 日，加泰罗尼亚首府巴塞罗那失陷。2 月 8 日，共和军控制的最后一个据点菲格拉斯失陷，25 万共和军越过法国边境后被解除武装。次日，叛军和干涉军进抵法西边境，切断西班牙共和国与其他国家的陆上联系。2 月 11 日，加泰罗尼亚全境被占领。

1936 年出现在西班牙街头的 T-26 坦克，一名驾驶员

透过舱盖出来休息，旁边有很多当地的西班牙儿童围观。

　　西班牙内战坚持了两年零八个月，在德意法西斯和叛军的疯狂进攻下，在英法美等国采取所谓不干涉政策的破坏下，共和国内部发生了分化。最后。马德里市内也发生了叛乱。1939 年 8 月 28 日，马德里失陷了。弗朗哥的叛军和德意侵略军进入马德里，开始了在西班牙的独裁统治。

德国吞并奥地利

　　奥地利和德国一样，都是以德意志民族为主体的国家。早在第一次世界大战前后，两国出于不同的目的，都有合并的意图。但是，《凡尔赛和约》明确规定严禁德奥合并。纳粹党上台以后，希特勒一直试图利用扶植奥地利纳粹党的办法，鼓励他们在奥地利内部进行颠覆活动，以实现德奥合并，最终，希特勒于 1938 年 3 月 15 日实现了吞并奥地利的计划。

　　希特勒上台后，一直想吞并奥地利，而且，他认为英法不会因此对德国采取军事行动。同时，由于意大利在侵略埃塞俄比亚的战争中已经消耗了很大力量，无力再与德国争夺奥地利了。

1936 年 3 月，德国重新占领莱茵非军事区，公然违反《凡尔赛条约》和《洛迦诺公约》，也未受到英、法的干涉。面对这种形式，奥地利新任总理许士尼格只得尽力避免德国的干涉，使希特勒容忍现状。1936 年 7 月 11 日，许士尼格同德国驻奥公使冯·巴本签订了一项秘密协定和一份公开发表的公报。在公报中，德国政府表示："承认奥地利联邦的全部主权；双方互不干涉内政，包括奥地利民族问题在内；奥地利承认自己是一个德意志国家。"但秘密协定则要求奥地利按照德国政府的外交政策来执行自己的外交活动；实行政治性大赦，即大赦奥地利纳粹党政治犯；任命"奥地利的民族反对派"分担政务。通过德奥协定，德国基本上控制了奥地利的内政和外交。

1938 年，奥地利总理库尔特·许士尼格为了保存奥地利的独立，宣布进行公投，来决定奥地利是否应与德国合并。

1937 年，希特勒认为彻底解决奥地利问题的时机已经成熟。11 月 5 日，他召集作战部长、外交部长和三军总司令，举行了一次重要的秘密会议。这次会议由希特勒的军事副官霍斯巴赫上校担任记录，会后整理出一份备忘录，通称为《霍斯巴赫备忘录》。根据备忘录的记载，希特勒认为德国的前途完全取决于如何解决生存空间的需要。解决生存空间，首先要向欧洲发展，而不是到海外去寻找殖民地。德国的第一个目标应是夺取捷克斯洛伐克和奥地利，这样就不能不动用武力。那么，列强是否会进行干涉呢？希特勒估计，英国面临重重困难，不会参与对德战争，而没有英国的支持，法国也不可能对德国采取军事行动。总之，希特勒已下定决心要吞并奥地利和捷克斯洛伐克。

墨索里尼继宣布罗马—柏林轴心之后，于 1937 年 11 月 6 日参加了德、日《反共产国际协定》，三国正式结成法西斯侵略集团。同时，意大利正式宣布放弃奥地利，它的注意力已经转到地中海和殖民地上去了。这样，德国加快了吞并奥地利的步伐。

1938 年 2 月 12 日，希特勒约见许士尼格，要他签署一份奥地利完全听命于德国的议定书，并命令他在 3 天之内答复，否则要进军奥地利。奥地利在德军压境的威胁下，被迫做出了释放纳粹罪犯，任命纳粹头目为内政部长的让步，但希特勒还不满意。许士尼格从英法那里得不到支持，无可奈何地准备在 3 月 13 日让全体公民投票决定国家的前途。希特勒闻讯后大怒，命令德军准备对奥地利发动进攻。

3 月 11 日，许士尼格下台，纳粹党徒赛斯·英夸特上台组阁。次日凌晨，德军开进奥地利。13 日，德奥签署《关于奥地利和德国重新统一法》，德国正式吞并了奥地利。奥地利从此成为德意志第三帝国的东方省。

3 月 14 日，希特勒从他的临时司令部所在地林茨来到奥地利的首都，40 辆坦克在前面开路，坐满军官的警车作后卫，一路上希特勒受到了来自奥地利各地的纳粹分子的欢迎。希特勒在维也纳宣称："不管发生什么事，我们今天宣称的统一的大德意志帝国，再也不会被任何人所分裂，永远不会处于分裂状态。"从此，奥地利的七百多万人民成了希特勒的臣民。

德国吞并奥地利后，其经济、军事实力和战略地位得到进一步增强，这使其更加肆无忌惮地实现侵略和战争计划。

慕尼黑阴谋

德军吞并奥地利，一步步地紧逼，英法非但没有采取任何阻止的行为，更默许

1938 年 3 月 14 日，希特勒在维也纳英雄广场上宣称纳

粹德国与奥地利合并。

了德国的做法。到了德国要吞并捷克斯洛伐克的时候，英法则发展到了绥靖政策的最高潮——慕尼黑会议，在捷克斯洛伐克没有参加会议的情况下，强行将捷克斯洛伐克的领土苏台德区割让给德国，如此明目张胆的姑息被史学家讥讽为"慕尼黑阴谋"。

希特勒政府掌管德国的政权大局后，开始通过《国防法》，宣布实行普遍义务兵役制，将和平时期的军队人数扩充到 50 万人。吞并奥地利后，德国又把目标盯向了捷克斯洛伐克。

捷克斯洛伐克位于欧洲中心，不但战略地位十分重要，而且军事工业发达，矿产资源丰富，德国对它早就垂涎三尺。在靠近德捷边境的捷克苏台德区，有三百多万日耳曼人。希特勒利用这个地区居民与德国人同一种族的关系，在那里也搞了纳粹党组织，他一方面指使纳粹党徒要求"民族自治"和"脱离捷克斯洛伐克"，另一方面，他又叫嚷不能容忍"欺侮"德国境外的日耳曼人，要替他们"伸张正义"，准备用"军事行动扫荡捷克斯洛伐克"，为他在边界布兵大造舆论。

在这个危急时刻，最伤脑筋的是英、法等国的领导人，英国首相张伯伦彻夜不眠。第一次世界大战之后，捷克斯洛伐克在英法保护下恢复了主权，同英法都订有互助同盟条约。所以，如果德军进攻捷克斯洛伐克，英法按照条约规定势必卷入对

慕尼黑是德国的一座著名古城，这里众多的古建筑都
和历史上的重大事件有着紧密的联系。

德战争，战火就要在西欧蔓延开来。这是英国首相张伯伦所十分害怕的"严重局势"。

图中人物自左至右依次是：张伯伦、达拉第、希特勒、
墨索里尼，他们四人是慕尼黑阴谋的主要策划者。

　　经过一番考虑，张伯伦准备约见希特勒，得到消息的希特勒喜出望外，他正在为侵略捷克斯洛伐克的事大伤脑筋。因为当时的德军实力有限，攻打捷克斯洛伐克属于军事冒险；如果英法坚决站在捷克斯洛伐克一边，希特勒的如意算盘就落空了。如今，张伯伦登门求和的电报，正中希特勒下怀，他知道进行敲诈的机会来了。

9月15日，希特勒和张伯伦的谈判在一间密室秘密进行。希特勒一上来就大谈他对德国人民、对国际和平、对德英亲善的"功劳"，接着就杀气腾腾地说："不论用什么方法，这次都要解决捷克斯洛伐克境内300万日耳曼人的问题。就是为捷克打一场世界大战，也不怕！"

张伯伦慢条斯理地说："苏台德区的日耳曼人，在德国之内还是之外，原则上对我来说是无所谓的。"这暗示他同意把苏台德区割让给德国了。

会面结束后，张伯伦连夜赶回伦敦，与法国人一起向捷克斯洛伐克政府施压，要他们割让苏台德区。英国和法国希望以牺牲捷克斯洛伐克的利益，求得一时太平。捷克斯洛伐克政府开始表示拒绝，但英法表示，如果捷政府不同意，那么英法就没有义务协防它们。最终，捷克斯洛伐克政府妥协，同意割让领土。

9月22日，张伯伦再次飞往德国，在戈德斯堡与希特勒会谈。9月29日，在慕尼黑召开了由希特勒、墨索里尼、张伯伦、达拉第参加的德意英法四国首脑会议，决定把苏台德区"转让"给德国。这就是臭名远扬的"慕尼黑协定"。而被割让领土的捷克斯洛伐克，却没有权利出席会议。

希特勒在这次会议上曾声称，苏台德区是他对西方的最后一次领土要求。张伯伦对此并没有怀疑，然而希特勒最终没有实践他的诺言，在占领了苏台德区后，第二年3月就悍然侵占了捷克斯洛伐克全境。

英法两国靠牺牲弱小国家的利益，来满足法西斯的侵略欲望，以便维护自身的利益，《慕尼黑协定》是大国强权政治的产物，加速了世界大战的爆发。

五、第二次世界大战

1939—1945 年

第一次世界大战结束后，帝国主义时代所固有的各种基本矛盾一个也未解决，而又增加了新的矛盾。随着帝国主义国家间经济、政治和军事发展不平衡的加剧，军事实力发展较快的德、意、日三国要求重新划分世界势力范围，使帝国主义之间的矛盾进一步尖锐起来，最后终于导致了第二次世界大战的爆发。第二次世界大战是人类历史上迄今为止规模最大的世界范围的战争，前后有 61 个国家和地区、20 亿以上人口卷入了这场战争，战争范围遍及亚、欧、非及大洋洲。

德国突袭波兰

慕尼黑会议后，德国多次向波兰提出领土要求，要波兰政府归还波通往波罗的海的一条狭长地带——但泽走廊和濒海的但泽自由市，德国要修建享有治外法权的超级公路和复线铁路，将德国和东普鲁士连接起来。其实希特勒的目标并不仅仅是夺回根据《凡尔赛和约》被割去的但泽走廊，而是要占领整个波兰。1939 年 9 月 1 日凌晨，德国向波兰发起"闪电式进攻"。9 月 3 日，英法被迫对德宣战，第二次世界大战全面爆发。

希特勒上台后，在短短的几年间就将德国变成欧洲最大的军事强国，野心不断膨胀，在其先后吞并了奥地利和捷克斯洛伐克以后，又开始将目光转向了波兰。

波兰位于欧洲大陆的东部，东接苏联，南界捷克，北临波罗的海，战略地位十分重要。如果占领了波兰，德国就消除了它进攻西欧的后顾之忧，又可作为将来进攻苏联的基地。同时，波兰拥有丰富的煤矿资源，冶金、化学、机器、造船等工业也相当发达。掠夺波兰的人力物力和资源，能加强德国法西斯的战争能力。

从 1938 年 10 月起，德国向波兰接二连三地提出领土要求，但都遭到波兰政府的严词拒绝，于是德国决定用武力迫使波兰就范。德军侵略波兰战争的计划代号为"白色方案"，规定德军应于 9 月 1 日前做好一切准备。其战略企图是：利用快速兵团和优势航空兵，实施突然袭击，一举灭亡波兰。

经过秘密紧急的准备，希特勒于 1939 年 8 月 31 日发出第一号作战指令。当晚，一支身着波兰军服的德国党卫队"袭击"并"占领"了紧靠波兰边境的德国城市格列维兹。在"占据"该城电台后，用波兰语广播了向德国"挑战"的声明，还丢下几具穿波兰军服的德国囚犯的尸体。紧接着，德全国各电台都宣布"德国遭到波兰的突然袭击"，并以此为借口发动了侵略波兰的战争。

"斯图卡"是第一批越过波兰边境实施空袭的德军飞机。德国军队利用夜幕的掩护，在两千三百多架飞机的支援下，对波兰发动突然袭击。

9 月 1 日拂晓，德军出动大批飞机连续轰炸波兰重要军事目标；地面部队从西、南、北三个方向发动全线进攻，数千门大炮向边境线猛烈轰击。同时，停在但泽港外伪装友好访问的德国军舰也突然向波军基地开炮。潜伏在波兰的德国"第五纵队"纷纷破门而出四下活动，配合德军作战。

面对德军的突然袭击，缺乏戒备的波军全部 42 个师中只动员了不过 30 个师，而这些部队也未能完成战略部署，实际上只有 20 个师和 12 个旅的兵力投入战斗。500 架第一线飞机没来得及起飞就被炸毁在机场，无数火炮、汽车及其他辎重来不及撤退即被摧毁，部队间因失去联络而处于被动挨打的地位。三十多个城镇发生大火，交通通信枢纽、电站和行政中心遭到破坏，群众潮水般东撤，全国陷入一片混乱。德军乘势以坦克为先导，很快从几个主要地段突破波军防线，在北面冲进但泽走廊，在南面突入西南工业区。不到两天，波军第一线陆军就被打得七零八落。德军随即向波兰腹地推进，波兰处于危急之中。

由于波兰与英法两国曾订有盟约，德波战争爆发后，9 月 3 日，英法政府被迫对德宣战，并表示要履行保护波兰独立的诺言。

波兰当局对德军的突然袭击缺乏准备，仓促应战，结果在德军的进攻下防线迅速瓦解。

德军突破波兰防线以后，每天以五六十千米的速度向前推进，很快就逼近波兰首都华沙。9 月 16 日，波兰政府官员逃往国外。顽强不屈的华沙守军与民众拒绝向德军投降，在武器弹药匮乏、生活条件极差的情况下顽强抵抗，使法西斯侵略者付出了巨大代价。在德军的轰炸和炮击下，孤立无援的华沙于 9 月 28 日陷落。以后数日，所有被围的波军陆续被歼，10 月 2 日进行抵抗的最后一个城市格丁尼亚停止抵抗，波兰沦陷。在德波战争中，波军伤亡 20 万人，被俘 40 余万人。德军亡 1.06 万人，伤 3.03 万人，失踪 3400 人。

德国入侵波兰，英法等国对德宣战，正式揭开了第二次世界大战的帷幕。

敦刻尔克大撤退

1939 年 9 月，纳粹德国占领波兰之后，就对西欧虎视眈眈，并开始策划进攻西欧诸国的作战计划。在德国机械化部队快速攻势下，英法联军的防线很快就崩溃了，于是在法国敦刻尔克进行了历史上规模最大的一次军事撤退行动，被称为"战争史上的一大奇迹"。在这次撤退行动中，尽管盟军损失惨重，但许多军事评论家认为，"德国的失败和欧洲的光复均始于此"。

1940 年 4、5 月间，德军首先"闪击"丹麦、挪威，接着入侵卢森堡、荷兰和比利时。同时，德军绕过法国自以为非常稳固的"马其诺防线"，侵入法国境内。5 月下旬，德军直逼英吉利海峡，把四十多万英、法军队追逼到敦刻尔克港附近的一块三角地带。四十多万名将士的生命岌岌可危。

眼看在法国的英国远征军有被切断退路的危险，接替张伯伦担任战时内阁首相的丘吉尔在 5 月 20 日晨召开战时内阁会议，决定集结大量船只，随时准备接应部队回国。

英国政府和海军发动大批船员，动员人民起来营救军队。他们的计划是力争撤离 3 万人。

盟军于 5 月 26 日开始实施"发电机"计划。为此，英军迅速调集了一千多艘舰船，以配合法国和比利时的军队作战，阻挡德军的攻势，掩护大部队撤退。同时，又迅速在格拉夫林、敦刻尔克和尼波特一带，组织了强大的反坦克火力，建立了比较坚固的防御阵地。

1940 年 5 月。英法联军防线在德国机械化部队快速攻势下崩溃，之后在法国东北部靠近比利时边境的港口城市敦刻尔克进行了当时历史上最大规模的军事撤退行动。

6 月 1 日，天气转晴，德国空军全力出动，英国空军针锋相对，几乎倾巢而出，派出了所有能够派出的飞机，从"喷火"式、"飓风"式单座战斗机、"无畏"式双座战斗机到"哈德逊"轰炸机、双翼"箭鱼"鱼雷机，甚至连侦察机都投入到敦刻尔克，但德军战斗机出色地阻截了英军的飞机，有效掩护轰炸机的攻击，德机虽被击落 23 架，但击沉了英军包括 4 艘满载官兵的驱逐舰在内的 31 艘船只，还重创 11 艘舰船，这是英军损失最惨重的一天。

然而，任凭轰炸机在头上咆哮嘶吼，一队队英国远征军仍秩序井然地迅速登船。在英国远征军的大部队已经撤离之后，几名英军将领来到和他们并肩战斗的法军第一集团军指挥部，劝他们赶快随英军撤退。但这些将领们也像他们的总指挥官布郎夏尔那样强硬，斩钉截铁地说："我们宁愿将最后一滴血洒在法国的土地上，也决不撤退！"两天后，法国第一集团军一部被德军围歼，4 万多人被俘。其中有几名将官，率领约 5 万名法军士兵拼死苦战，踏着战友的尸体和热血杀出重围，在敦刻尔克登船，同英国远征军一起撤退了。

至 6 月 4 日下午，盟军总共从敦刻尔克港和海滩上撤走了 33.8 万余人，其中英军 21.5 万人，法军和比利时军队 12.3 万人。

虽然免于全军覆没，但盟军损失惨重。撤退中，英军伤亡 6.8 万余人，法军被俘 4 万余人。在整个战役中，英军损失飞机 302 架，舰船 226 艘，汽车 6.3 万余辆，其他物资及弹药 50 万吨，法军损失舰船约 60 艘。盟军的全部重型武器装备丢弃在沿岸地区。同日，德军占领敦刻尔克。

在这次撤退行动中，英国、法国、比利时和荷兰同时动用各种舰船 861 艘，其中包括渔船、客轮、游艇和救生艇等小型船只。短短 10 天时间，这支前所未有的"敦刻尔克舰队"把 34 万大军从死亡陷阱中拯救出来，为盟军日后的反攻保存了大量的有生力量。

丘吉尔说，军队在敦刻尔克的突围是一个奇迹。

不列颠空战

在纳粹德国占领法国后，希特勒便着手对付欧洲北部的英国。1940 年 7 月，希特勒下达了全面入侵英国的"海狮计划"。此次作战需要首先歼灭英国的空中力量，以保障登陆行动的顺利。德国空军受命歼灭英国的空军，对英国本土进行了大规模的连续空袭。这次空战是世界战争史上规模最大的空战，此役是德军在第二次世界大战中首次失败的战役。

1940年5月，德军绕过马其诺防线攻入了法国。1940年6月20日，法国贝当政府宣布投降。希特勒占领法国后，便拟定了入侵英国的"海狮计划"。为保障渡海登陆作战，德军企图首先夺取制空权，以摧毁英国的防御工事，消灭英国空军，并钳制住皇家空军。

于是，德国空军元帅戈林集结了德国空军主力3个航空队和2669架飞机，战斗机和轰炸机各占一半，而英国只有700架战斗机和500架轰炸机，德国占有2：1的优势。由于德国飞机飞行距离较长，而英国飞机则以本土为基地，能在德机往返的时间出击数次，所以双方实力基本相当。

戈林狂妄地对德陆军总司令说："要完全摧毁英国空军，需要2—4周时间，单靠空军就能使英国屈膝投降。"

为了海峡的制海权，英国忍痛下手，袭击了法国舰队，打碎了希特勒借鸡生蛋的美梦。

"海狮计划"搁浅后，希特勒转而实行"鹰计划"，计划依靠优势的空军，从空中炸毁英国舰队、消灭英国空军、炸毁英国的造船厂和飞机厂，最后由陆军完成实质性占领。

1940年7月16日，不列颠空战开始了。德国空军以英吉利海峡的护航舰队为攻击目标，并对英国南岸港口进行骚扰性攻击，目的是引诱英国战斗机加以歼灭。但英国空军不上当，每次瞄准机会以少量飞机出击，使德国元气大伤。一个月的时间，英军仅损失战斗机148架，而德军却损失296架飞机。

8月13日至9月6日，为空战第二阶段。德国空军大规模地轰炸英军机场、雷达站、飞机工厂和补给设施，并寻求同英国飞机进行空中决战的机会。从8月24日起，战事进入了决定性的阶段，德军每天出动一千多架次飞机，严重破坏了英国

1938 年，由英国威尔士 W. D. &H. O. 烟草公司发行的一套多达 50 张的卡片预言第二次世界大战的来临，下图是卡片上描述的飞行员们准备展开飞行训练的场面。

南部 5 个军用机场和 6 个雷达站，几乎摧毁了南部整个通信系统。在那些紧张的日子里，英伦上空整天马达轰鸣，被击中的飞机拖着黑烟栽进大海，或落入荒郊和居民点。

8 月 28 日夜晚，英国人为了振奋士气，对柏林进行了轰炸，这一举措惹火了希特勒，他当即下令德国空军不再以消耗英国空军力量为重点，而是对伦敦和其他英国城市实施大规模的空袭作为报复。

9 月 15 日下午，德国空军再次大举出动，对已被炸得残破不堪的伦敦城实行大规模的空袭。这次英军做了充分准备，英国空军共击落德机 185 架，自己仅损失 26 架。这一天，成为不列颠空战的转折点，后来英国女王将其定为英国保卫战的纪念日。鉴于德国空军损失惨重，9 月 17 日，希特勒决定把"海狮行动"无限期地延迟下去，空战也进入了边打边停的第三阶段。

B-17 空中堡垒作为二战盟军在欧洲最具威力
的战略轰炸机，为打败纳粹德国做出了巨大贡献。

德国空军无法摧毁英国皇家空军，也无法掌握英国南方海峡沿岸的制空权。过了 10 月之后，登陆英国本土计划因为天气与海流的状况而无法执行，德国也必须暂停作战进行休整，准备下一阶段对苏联的作战。因此登陆英国的"海狮计划"终止执行，对英国地面目标轰炸改为以夜间为主，大规模对英国的空中行动在此时划上休止符。到 10 月 12 日这天，希特勒终于正式承认入侵英国失败。

在"不列颠空战"中，德军共出动飞机 416 万多架次，向英国投掷 6 万吨炸弹，炸死炸伤英国居民 8.6 万余人，炸毁一百多万栋建筑物，英军以 915 架飞机和 414 名飞行员的代价摧毁了 1733 架德机，击毙和俘获 6000 名德国飞行员，取得了空战的胜利。

日本偷袭珍珠港

美国著名作家马克·吐温曾盛赞夏威夷群岛为"大洋中最美的岛屿"，"是停泊在海洋中最可爱的岛屿舰队"。它扼美、亚、澳三大陆的海空交汇中心，具有十分重要的战略地位，被称为太平洋的"十字路口"。自从第一次世界大战后，美日矛盾就不断激化。1941 年 8 月 1 日，美国又宣布对日本实施全面石油禁运，这对于资源极为缺乏的日本而言，无疑是致命的。为此日本不惜偷袭珍珠港，进行一场致命的赌博。

夏威夷群岛位于海天一色、浩瀚无际的中太平洋北部。由夏威夷岛、毛伊岛、卡胡拉韦岛、拉奈岛、莫洛凯岛、瓦胡岛、考爱岛、尼豪岛 8 个大岛和一百多个小岛组成，总面积 1. 67 万平方千米。珍珠港地处瓦胡岛南岸，与唯一的深水港火奴鲁鲁港相邻，是美国的海军基地和造船基地，也是北太平洋岛屿中最大最好的安全停泊港口之一。

1941 年 12 月 7 日清晨，除了出海的 3 艘航空母舰和随行的护航军舰，美国太平洋舰队 86 艘军舰都在军港内。

官兵们有的在吃早饭，有的已经上岸度假去了。太平洋舰队司令海军上将金梅尔正准备换上运动服，到高尔夫球场去同夏威夷地面部队司令肖特中将玩球。

1941 年 12 月 7 日，在没有宣战的情况下。日本突然袭击美国海军的主要基地珍珠港，给美国太平洋舰队带来了毁灭性的打击。

这时，两名值班的雷达兵突然发现有一庞大的机群正向珍珠港接近，便马上向基地的值班军官报告。值班军官一口咬定是新调来的 B25 轰炸机群，所以并未理会。

突然，随着一阵飞机轰鸣，炸弹从天而降。刹那间，浓烟滚滚，烈火熊熊，爆炸声、警报声一齐响起，珍珠港立刻成了一片火海。就在此时，有人还以为这是"演习"。其实，这是日本特遣舰队派出的第一批突击队驾驶 183 架飞机偷袭珍珠港。仅仅几分钟，日本人彻底敲掉了珍珠港的防空设施，向"赤城"号航空母舰上的南云拍发了袭击成功的信号："虎！虎！虎！"。

日机的第一次攻击进行了约半个小时，随后，171 架日机进行第二次攻击，直到 9 时 15 分才全部撤离珍珠港上空。前后历时 1 小时 50 分钟的袭击，共炸沉美主力舰 4 艘，重创 1 艘，炸伤 3 艘；另外，炸沉、炸伤驱逐舰、巡洋舰等各类辅助舰十余艘，击毁飞机 188 架，机场全部炸毁，美军官兵死伤四千五百多名。日本仅损失 29 架飞机。

其实，日本法西斯偷袭珍珠港的阴谋策划已久。苏德战争爆发后，东方的日本军国主义也急不可待地想扩大侵略战果，把占领印度支那和南太平洋诸国，夺取石油资源，作为了主要目标；而驻守夏威夷群岛上的美国太平洋舰队就成为日本军国主义南进太平洋的最大障碍。于是，在日本天皇授意下，日本联合舰队司令山本五十六，秘密制定了远渡重洋偷袭珍珠港的计划，并决定由南云海军中将率领舰队去完成这一任务。

为了迷惑麻痹美国，日本还派出了特使到华盛顿进行谈判，要求和平解决两国争端，称"日本和美国没有任何理由打仗"等。与此同时，偷袭珍珠港的特遣舰队则在 11 月 26 日秘密离开了日本。在海上隐蔽航行了 12 天，到达距离瓦胡岛 370 千米处，攻击的飞机从航空母舰上起飞，直扑珍珠港。

还有，日本飞机能准确地轰炸珍珠港，重创美国海军，和一个日本间谍的活动是分不开的。这个间谍叫吉川猛夫，化名为森村正，他伪装成日本驻檀香山总领事馆外交官，早在当年 5 月，就到了檀香山，住进了由一个日本人开设的春湖饭店。

这是一家坐落在山头，俯瞰珍珠港的豪华饭馆。吉川猛夫经过一系列伪装侦察后，把美国太平洋舰队基地的全部情况搞得一清二楚，为山本五十六偷袭珍珠港计划提供了准确的情报。

日本偷袭珍珠港，宣告了太平洋战争全面爆发。第二天，即 1941 年 12 月 8 日，美国总统罗斯福要求国会宣布，对日本宣战。接着，澳大利亚、荷兰等二十多个国家也对日宣战。随后，德、意对美宣战。第二次世界大战范围更加扩大化。

珊瑚海海战

1942 年春，日军占领东南亚广大地区后。决定向西南太平洋推进，夺取新几内亚岛的莫尔兹比港和所罗门群岛的图拉吉岛，以掌握该地区制海权和制空权，切断美国通往澳大利亚的海上交通线。美军截获日军行动情报后，美国太平洋舰队和日本第 4 舰队在珊瑚海展开了一场激烈的海战。双方都从这次战役中得到了宝贵的经验，并为一个月后的中途岛海战做好了准备。

1942 年初，日军在的短短数月间，就占领了整个东南亚。这时的日军军力可以说是如日中天。相反的，美国及其盟友却屡战屡败。这时的联军正积极地从失败中学习，囤积军备，准备适时对日本做出反击。

1942 年 4 月，日本舰队驶离位于新不列颠岛拉包尔的基地，向新几内亚岛东南端的莫尔兹比港和位于所罗门群岛南部的图拉吉岛进行登陆作战。日军这次的两面夹攻主要目的有三个：第一，控制拥有水上飞机基地的所罗门群岛及周围海域。第二，攻克莫尔兹比港（此港是联军在日本与澳大利亚之间的最后一个联军基地）。第三，希望在达成第一和第二个目标之后，能迫使美国的航空母舰编队加入战局，因此有机会将其歼灭。

5 月初，日本第 4 舰队司令井上成美海军中将派高木武雄海军中将率领"翔鹤"号和"瑞鹤"号航空母舰（舰载机共 125 架）及重巡洋舰 3 艘、驱逐舰 6 艘从特鲁克岛出发，原忠一海军少将率"祥凤"号轻型航空母舰和重巡洋舰 4 艘、驱逐

"约克城"号航空母舰飞行甲板上的轰炸机

舰 1 艘从拉包尔一起航，掩护登陆船队驶向目标。

　　美军截获日军行动情报后，美国太平洋舰队总司令尼米兹海军上将决心阻止日军登陆莫尔比兹的行动。但对于盟军来说，集结必要的兵力对付来敌并不容易，因为当时的"萨拉托加"号被日潜艇击伤，在西海岸修理，"企业"号和"大黄蜂"号在袭击东京的返航途中，可供使用的就是第 8 特混舰队"列克星顿"号和第 17 特混舰队"约克城"号航母，另有 8 艘巡洋舰和 13 艘驱逐舰。盟军的舰队由弗莱彻统一指挥，两支舰队 5 月 1 日进驻珊瑚海。

　　日军则在毫无意外的情况下于 5 月 3 日占领了图拉吉，并且开始动工兴建水上飞机基地。5 月 4 日拂晓，"约克城"号航空母舰到达瓜达卡纳尔岛西南约 160 千米的海面，航空母舰战斗机驾驶员向图拉吉附近海面上的敌人部队发动了一系列袭击，击沉了日军的"菊月"号驱逐舰，并摧毁水上飞机基地及损伤多艘船舰。就在同时，日军两艘大型航母已由所罗门群岛南方逐步逼近，恰好将盟军舰队包围在两支日军舰队中。

　　5—6 日，双方舰队在珊瑚海搜索，但多云的天气让两边都找不到对方。7 日，日本首先向美军发起攻击，"翔鹤"号和"瑞鹤"号航空母舰舰载机击沉了美军的一艘油船和"西姆斯"号驱逐舰，同时，93 架美国战斗机和轰炸机攻击日军登陆船队和护航编队，经过半个小时的轮番进攻后，"祥凤"号已中了 13 颗炸弹和 7 枚鱼雷，井泽下令弃舰。几分钟后，"祥凤"号沉没，海面上只有一团黑烟和一片油污在珊瑚海扩散开来，标志着日本帝国海军在这里丧失了第一艘大型舰只。

8日上午，双方航空母舰编队在200海里距离上出动舰载机群展开激战。美军出动飞机约70架次，对高木舰队发动攻击。"瑞鹤"号航空母舰逃进雷雨区，免遭袭击，"翔鹤"号航空母舰中弹，失去作战能力。日本出动飞机约90架次，对美舰发动攻击。"列克星敦"号航空母舰中弹沉没，"约克敦"号航空母舰被击伤。美国损失飞机约70架，日本损失飞机约100架。

5月10日，日军采取了一次军事示威行动，但并未奏效，遂在南太平洋海域排兵布阵。至此，有关珊瑚海海战的烟云完全消散，日美双方开始在表面的平静中酝酿新的攻势。珊瑚海海战是日本海军在太平洋第一次受挫。日本海军由于损失的飞机和飞行员无法立即得到补充，被迫中止对莫尔兹比港的攻击。

斯大林格勒战役

斯大林格勒战役是第二次世界大战的主要转折点，也是人类历史上最为血腥和规模最大的战役之一。在这次战役中，苏联人民付出了惨重的代价，然而他们万众一心，众志成城，最终取得了战争的胜利。此后，苏联红军开始大反攻，陆续收复了失地，并最先攻入德国本土。德国法西斯则步步后退，走向下坡路，苏联人民和军队成为抗击德国法西斯侵略的主力军。

1941年6月22日，德国法西斯撕毁了《苏德互不侵犯条约》，对苏联发动了突然袭击。苏联人民在斯大林领导下开始了伟大的卫国战争。一开始，德军来势凶猛，很快占领了乌克兰和白俄罗斯等地区。但是在苏联军队的英勇反击下，他们进攻势头逐渐减弱了。希特勒要在3个月内消灭苏联的计划破产了。

希特勒又决定重点进攻莫斯科。在斯大林亲自指挥下，莫斯科的军民经过40天的浴血奋战，歼灭了大批德军，取得了胜利，打败了德军"不可战胜"的神话。从此，苏军开始了反攻，收复了大片土地。而德军节节败退，只能防御了。气急败坏的希特勒决心孤注一掷，全力进攻斯大林格勒。

为了保卫自己的国家，苏联军民团结一心，众志成城，人人手拿武器。与德军展开殊死搏斗。

斯大林格勒位于伏尔加河下游西岸，原名察里津，1961 年更名为"伏尔加格勒"，这里既是苏联内河航运干线——伏尔加河的重要港口，又是苏联南方铁路交通的枢纽和重要工业城市。

1942 年 4 月，希特勒利用英美拖延在西欧开辟第二战场之际，集中 150 万人的兵力，准备大举进攻斯大林格勒。针对德军企图，苏军最高统帅部组建了斯大林格勒方面军，7 月 17 日开始了斯大林格勒会战。

德军集中了 40 个师的精锐部队，每天出动上千架次飞机，把一百多万颗炸弹投向这座城市，斯大林格勒的建筑几乎全被炸毁。

但是，在斯大林的号召下，苏联军民誓死抵抗，人人手执武器在废墟中和冲进市区的德军展开搏斗。为了打败法西斯，他们付出了惨重的牺牲。尤其是青少年们，个个怀着对敌人的刻骨仇恨投入战斗。在激烈残酷战斗的日日夜夜里，这里没有线和后方的界线。

在一次敌我力量悬殊的战斗中，英勇的游击队员都倒下了，只剩下米沙一个人，他没有丝毫的畏惧，继续向敌人射击，直到被德寇团团围住，中弹牺牲。

拖拉机厂的工人们一边反击敌人，一边在弹片横飞的车间里坚持生产。在参战期间，无论男女老少，人人都是战士，到处都是战场，希特勒的军队陷入人民战争的汪洋大海中，久战不胜。从 9 月 13 日到 26 日，德军每天几乎伤亡三千多人，但仍然不能占领全城。严寒的冬季终于来到了，毫无过冬准备的德国士兵陷入饥寒交迫中，很多士兵被冻死，德国的战斗力一天天衰弱下去，战争的形势逐渐开始变化。

11 月 19 日，苏联红军经过殊死战斗，终于迎来了激动人心的时刻。在斯大林的命令下，他们对德军开始了大反攻。仅用了 5 天，就迅速突破了德军防线，把 33 万名德军团团包围起来。

德军司令鲍罗斯向希特勒发出了撤退的请求，可是遭到了希特勒的拒绝。

1943 年 2 月 2 日，斯大林格勒大会战胜利结束了。9．1 万名德军官兵，其中包括鲍罗斯在内的 24 名高级将领，一步一拐地走向寒冷的西伯利亚战俘营。

斯大林格勒战役终于以苏联军民的胜

利而告终，9 万多名德军官兵被俘。

斯大林格勒大战的胜利，是苏德战争的转折点，也是第二次世界大战的伟大转折。

中途岛战役

在珊瑚海海战后仅仅一个月，日本就将中途岛作为了下一个攻击目标。日本认为这样既能报美国空军空袭东京一箭之仇，还能敞开夏威夷群岛的大门，防止美军从夏威夷出动并攻击日本。于是在中途岛爆发了第二次世界大战中的一次重要战役。美国海军不仅在此战役中成功地击退了日本海军对中途环礁的攻击，还因此得到了太平洋战区的主动权。

日本偷袭珍珠港成功之后，暂时掌握了太平洋上的制海权和制空权，相继占领了东南亚和西太平洋上的许多国家和战略要地。

1942 年 4 月 18 日，当日本还没有完全从胜利的喜悦中清醒时，发生了一件令其意想不到的事情：16 架美国的 B — 25 轰炸机，空袭了东京、横滨等日本重要城市，给日本造成极大损失！此时，得意忘形的山本五十六立刻收起自己的嚣张气焰，再三向日本天皇请罪，并决心将功补过，制订了中途岛作战计划。

中途岛位于太平洋中部，距美国旧金山和日本横滨均有 2800 海里，处于亚洲和北美之间的太平洋航线的中途，故名中途岛；另外它距珍珠港 1135 海里，是美国在中太平洋地区的重要军事基地和交通枢纽，也是美军在夏威夷的门户和前哨阵地。中途岛一旦失守，美太平洋舰队的大本营珍珠港也将唇亡齿寒。

5 月 27 日清晨 6 时左右，日本的航空母舰突击舰队浩浩荡荡地开出了濑户内海，向丰后水道驶去。次日，阿留申群岛牵制舰队从九州北端的港口出发。同时，南边满载着 5000 名士兵的运输舰也从马里亚纳群岛中的塞班岛出发。由此可见，这是日本海军在第二次世界大战中规模最大的一次海战。

日军认为中途岛作战计划神不知鬼不觉，一定会把美军打得落花流水。可他们万万没想到，自己发出的密码电报大都被美国情报人员截收并破译。由于洞悉了日本方面的计划，美国海军指挥官尼米兹将计就计，命令手下第 16 和第 17 特混编队埋伏在中途岛东北 320 千米的海面上，袭击日军航空母舰，避开大炮。

美军开赴中途岛战役的航空母舰战斗群

6月3日下午，日军机动编队以24节航速直扑中途岛。6月4日凌晨2时左右，日军机动编队逼近中途岛。4时30分，负责主攻的日本南云忠一海军中将命令"赤诚""加贺""飞龙""苍龙"四艘航空母舰上的108架飞机立即出动，去袭击中途岛。后来，由于南云忠一在指挥过程中有些慌乱，所以导致战机贻误。从美国航空母舰上起飞的轰炸机直扑"赤诚""加贺"和"苍龙"。不久，这三只庞然大物就变成一堆堆废铁，沉入太平洋中。

山本听到惨败的消息后，命令所有的舰队向一个方面集中，企图诱使美国舰队继续西进，然后用火炮摧毁美国舰队。但是美舰指挥官识破了山本的计划，没有上当。

6月4日中午，幸存的"飞龙"号航空母舰派出飞机，把美国航空母舰"约克顿"号炸成重伤，而美国舰队飞机很快把"飞龙"号炸沉。

日军败局已定。6月5日凌晨，山本发出命令："取消占领中途岛的行动!"中途岛海战宣告结束。在这场战役中，日本损失了4艘航空母舰、一艘重巡洋舰、234架飞机、几百名海军飞行员和2200名水兵。

然而，东京参谋本部为了掩盖他们惨重的失败，6月10日在电台播放响亮的海军进行曲之后，宣称这次战斗后日本已"成为太平洋上的最强国"。4天之后，当联合舰队返回驻地时，东京还举行了灯笼游行，庆祝这次"胜利"。

在美国太平洋舰队总部庆祝会上，尼米兹海军上将派自己的车去接作战情报处

罗彻福特海军中校，并当着众多部下的面说道："中途岛的胜利主要功劳应归于这位军官。"

中途岛海战是太平洋战争中的一个转折点。从此，日本在太平洋战争中每况愈下了。

德黑兰会议

日军偷袭珍珠港使美国海军在太平洋战场遭到惨重失败。随后，美、英两国与苏联进一步结成了同盟，共同对德、意、日作战。盟军下一步的行动如何协调统一，成了迫在眉睫的问题，于是在1943年11月下旬，美国总统罗斯福、英国首相丘吉尔和苏联领导人斯大林都来到了伊朗首都德黑兰，共同商量对德作战的军事问题，这就是"二战"史上著名的德黑兰会议。

丘吉尔（1874—1965），英国20世纪最重要的政治领
袖之一，他带领英国赢得第二次世界大战的胜利。

1942年1月1日，中、苏、美、英等26个国家在华盛顿发表了《联合国家宣言》，表示要全力对抗德、意、日法西斯。这样，国际反法西斯统一战线就形成了。斯大林格勒战役取得伟大胜利以后，如何协调行动，共同作战就成了十分迫切的问题。于是，1943年11月下旬，苏、美、英三国政府首脑在伊朗首都德黑兰举行了一次国际会议，会议的主旨是讨论盟国战略和战后世界和平问题。

　　11 月 28 日这天，天气晴朗，阳光灿烂，气候温和。下午 3 点钟，在正式开会前一小时，斯大林从苏联人的住地走到美国人住的别墅来拜会罗斯福。罗斯福在 1933 年当选美国总统，因为在整顿美国经济上有过很大作为，竟破例地连任了四届总统（美国总统一般只连任两届）。他患过小儿麻痹症，走路不方便。这时候，他坐在轮椅上，对斯大林说："见到你很高兴，我早就想同你见面了。"斯大林也微笑着回答说："我也很希望会见你。"

　　这次会议在和谐的氛围中开始。罗斯福主持了第一次会议，他首先致辞说："俄国人、英国人和美国人第一次作为家庭的成员相聚一堂。我们所抱的唯一目标，是赢得战争的胜利，希望自由讨论，畅所欲言。"

　　此次会议的中心问题是在西欧开辟第二战场。当三国领导人讨论具体问题时，发生了分歧：斯大林十分关心开辟西欧战场的"霸王"行动，要求立即确定其开始日期；丘吉尔先是坚持其进军巴尔干的计划，继而又提出从巴尔干和西欧两路攻入欧洲的新方案，极力回避发起"霸王"行动的确切日期；罗斯福则居中调和，却倾向斯大林的意见，表示不想推迟"霸王"行动。经过反复争论，三方最终就对德作战问题达成一致意见。三位领导人分别代表自己的国家和人民在协议上签署秘密作战计划，规定"霸王"行动和进攻法国南部的战役于 1944 年 5 月同时发起。届时，苏军将在东线发动攻势，以阻止德军由东线向西线调动。

　　1943 年 12 月 1 日德黑兰会议结束时，三国首脑发表《德黑兰宣言》，宣言指出苏、美、英三国已经议定关于消灭德军的计划，并已就从东面、西面和南面进行的军事行动的规模和时间达成完全一致的协议，号召所有国家积极参加对德作战，并欢迎他们参加战后维护和平的国际组织。此外，这次会议还通过苏、美、英《关于伊朗的宣言》，宣言承认伊朗在对德战争中所做贡献，同意给予经济援助，并赞成伊朗维持其独立、主权和领土完整的愿望。同时，会议还就波兰边界、战后处理德国的原则、建立国际组织等问题交换了意见，并讨论了对日作战问题，苏联同意欧洲战争结束半年后参加对日作战。

被世界视为"三巨头"的斯大林、罗斯福、丘吉尔（自左向右）齐聚德黑兰，参加会议。

德黑兰会议是第二次世界大战中一次具有重要历史意义的会议。它在反法西斯联盟历史上第一次协调了反对共同敌人的军事战略，通过了东西方盟国联合打击希特勒德国的一致作战计划，为1944年在欧洲夺取反法西斯战争的决定性胜利奠定了基础，从而对大战的进程和结局产生了重大影响。其次，这次会议解决了苏、美、英三大国长期以来存在的一些主要矛盾和分歧，增强了它们之间的相互了解和信任，巩固了国际反法西斯联盟的团结与合作，这又为盟国今后解决其他各种问题和合作重建战后世界和平奠定了基础。

西西里岛战役

第二次世界大战期间，美英盟军在地中海最大的岛屿——西西里岛进行了一次大规模登陆作战。在这场战役中，德意军队共投入兵力约27万人。总计损失近17万人，盟军损失三万余人。西西里岛战役是盟军在欧洲战场上进行的一次重要战役。战役的胜利为盟军打开了直接进攻意大利的大门，也加深了墨索里尼政权的危机，为最终迫使意大利投降创造了条件。

德国北非军团在突尼斯覆灭后，在丘吉尔的再三坚持下，盟国决定进攻意大利西西里岛。西西里岛是地中海中最大的岛屿，位于亚平宁半岛和北非之间，与北非的突尼斯海峡只隔 145 千米，与意大利最大的亚平宁半岛仅隔宽 2—5 千米的墨西拿海峡。攻占西西里岛，既可以扫清地中海航线，又可以作为进攻意大利的基地，还可以为登陆诺曼底的"霸王行动"积累宝贵的经验。

1943 年夏，盟军在北非沿海港口集中了大量兵力，准备在西西里岛登陆。这次作战的代号为"哈斯基"，由亚历山大将军指挥的第 15 集团军群负责实施。该集团军群下辖蒙哥马利指挥的英军第 8 集团军和巴顿指挥的美军第 7 集团军，共有兵力达 47.8 万人，拥有作战飞机四千余架，各种战斗舰艇和辅助船只约 3200 艘。

为保证西西里岛登陆战的胜利，盟军在战役前曾实施代号为"肉馅"的误导行动，发出盟军将在撒丁岛和希腊登陆的错误信息，致使希特勒下令分散了西西里岛上的德军兵力。

盟军在登陆前还对西西里岛和卡拉布里亚实施了战略轰炸，共出动 4000 架飞机在登陆前的 3 周对西西里岛上的机场和设施进行昼夜轰炸。1943 年 7 月 1 日，盟军取得了西西里岛及意大利南部的制空权，德意空军的 1400 架飞机撤到意大利南中部和撒丁岛。

西西里岛战役盟军总司令艾森豪威尔，任命英国的亚历山大将军指挥地面作战部队，包括巴顿指挥的美国第七集团军和蒙哥马利指挥的英国第八集团军。按计划，蒙哥马利率第八集团军袭击波尔科蒙罗角和波扎洛之间的地区，夺取锡腊库扎和帕基诺的飞机场，建立强大的桥头堡，然后向北进攻；巴顿率第七集团军，在斯卡拉亚角和利卡塔之间的地区登陆，保护第八集团军的侧翼，最后两军在西西里岛北部的墨西拿会师。

7 月 9 日，盟军舰队在马耳他岛东西两侧集结，准备登陆时天气骤变，狂风怒号，恶浪滔天，德意军因此放松了警惕。10 日凌晨 2 点 40 分，空降部队首先发动攻击，美军第 82 空降师和英军第 1 空降师的 5400 名官兵搭乘 366 架运输机和滑翔机从突尼斯出发，飞向西西里岛。10 日凌晨，巴顿和蒙哥马利指挥的 16 万美英登陆大军分乘 3200 艘军舰和运输船，在 1000 架飞机掩护下，在西西里岛的西南部和东南部实施登陆。海岸意军士气低落，只进行了微弱的抵抗。至中午，巴顿和蒙哥马利的部队顺利地登上了各自的目标滩头，并保持攻击态势。

在西西里岛战役中，美军正在检查坦克。

7月11日，西西里岛守军在意军古佐尼中将指挥下开始反击。德第15装甲师从岛上西部调到了东岸，以阻止蒙哥马利的英第八集团军向北面的奥古斯塔移动；德军戈林装甲步兵师和意大利的两个摩托化步兵师，则向巴顿的美第七集团军发起反击。德空军出动了481架飞机频频轰炸盟军滩头部队，盟军飞机前来拦截，结果引起一场混战，盟军地面的防空武器不分敌我地进行炮击。激烈的战斗持续了一天，德军坦克几乎推进到距美第七集团军滩头阵地不足两千米处。巴顿亲临前线指挥美军奋力反击，海军也用猛烈的炮火轰击德军坦克。战至傍晚，德军损失大批坦克，被迫撤退，美军趁势攻占杰拉城。

7月25日，战局突变，墨索里尼垮台，新的意大利政府向盟军投降。这个巨大的变化使西西里岛的形势完全改观。尽管德军仍在拼死抵抗，但意军无心恋战，开始投降。

西西里岛一战，盟军不仅取得了战役胜利，更取得了非常宝贵的战略登陆经验，为以后的诺曼底登陆奠定了基础。

诺曼底登陆

诺曼底登陆也称为诺曼底战役，是第二次世界大战中的一场大规模战役，也是目前为止世界上最大的一次海上登陆作战。诺曼底登陆的胜利。宣告了盟军在欧洲大陆第二战场的开辟，意味着纳粹德国陷入两面作战，腹背受敌的困境，迫使法西斯德国提前无条件投降。美军从而把主力投入太平洋对日全力作战，加快了第二次世界大战的结束。

诺曼底地处法国巴黎与海滨之间，交通便利，地理位置十分重要。1944 年 6 月 6 日凌晨，美国和英国的 3000 多架飞机分别从 20 个机场起飞，载着 3 个伞兵空降师向南迅速飞去，准备在诺曼底海岸后边的重要海滩登陆。诺曼底海滩从东到西共有 5 个滩头，它们分别是剑滩、朱诺滩、金滩、奥马哈滩和犹他滩，全长约 80 千米。

1944 年 6 月 6 日，由美国、英国和加拿大等国部队组成的盟军在法国诺曼底登陆，开辟了第二次世界大战的欧洲第二战场，加速了法西斯德国的灭亡。

登陆前，盟军的各种飞机对德军的炮垒和海岸防御工事进行了轰炸。5 点 50 分，太阳已经升起来了，盟军的海军战舰开始猛轰沿海敌军阵地。诺曼底海滩成了一片火海，地动山摇。进攻部队由运输舰送到离岸 11.27—17.4 千米的海面，然后改乘大小登陆艇按时到达预定攻击的滩头。

6 点 30 分，美军第四师在诺曼底犹他滩头阵地登陆。但在奥马哈滩，美军第七军第一师的情况并不妙。大浪、晨雾，加上硝烟弥漫和侧面的气流，把部队折腾得筋疲力尽，登陆时又遭到敌军炮火的袭击。一时间，死伤的士兵布满海滩，而下一批进攻的部队也遭到同样的不幸。在这危急关头，美军两个突击营用绳梯爬上了海岸上的悬崖峭壁，夺取并摧毁了敌人的一座炮台。但是敌人继续猛烈射击，把美军阻挡在海滩边上。美军第一步兵师长许布纳当机立断，要求海上的驱逐舰冒着可能杀伤自己人的危险，向德军炮群和火力点进行近距离的轰击。驱逐舰的大炮果然发挥了巨大的威力，不一会儿，工事里的德军就举手投降了。经过艰苦血战，美军终于占领了一条纵深不到 3.22 千米的滩头阵地。

准备向诺曼底海滩进发的盟军战士

7 点 20 分，蒙哥马利指挥的英国第二集团军也登上海岸。到黄昏时，他们进入了内地 8 千米。后续部队和装备源源运到岸上。

伦斯特和几个德军将领焦急地把情况汇报给了希特勒，要求批准急调两个精锐坦克师去诺曼底。希特勒回答说，要看看形势的发展再决定。说完，他上床去午休了。下午3点，希特勒午睡醒来，前线报告：盟军已有大批部队登陆，并深入陆地几千米了。希特勒这才如梦初醒，他慌忙批准派出装甲师支援诺曼底。

其实，希特勒早就中了盟军总部的疑兵之计了。在诺曼底登陆以前，盟军伪装集结了一支舰队，发出大量电讯，造成假象，似乎英国的肯特郡是盟军总部的所在地；又让以勇猛著称的美国巴顿将军在肯特郡街头散步，德国情报人员据此断定他是盟军总司令。在盟军发动进攻前夕，英国飞机又撒下大量的锡箔片，使德军的海岸雷达上显示出，好像盟军的一支舰队向东驶去，开往加来。同时，英国方面还做了大量的保密工作。

等到希特勒发现战局的真实情况时已经晚了。到6月12日，盟军在诺曼底的几个滩头已经联结成一条阵线，后续部队源源而来，军需物资不断增加，这些都保证了诺曼底登陆的成功。8月19日，盟军占领了塞纳河西岸的芒特。这一天，巴黎人民举行武装起义，解放了自己的首都。8月25日，艾森豪威尔指挥的法国第二装甲师从巴黎南门和西门进入市中心，宣告诺曼底战役的结束。

从此，法西斯德国陷入了苏联和英、美盟军东西夹击的铁钳中，加速走向了灭亡。

雅尔塔会议

1945年初，德国败局已定，第二次世界大战的欧洲战场即将结束，为商讨如何处置战败德国和对日作战的问题，美、英、苏三国首脑罗斯福、丘吉尔和斯大林于1945年2月4日到12日在苏联克里米亚半岛的雅尔塔举行战时第二次会晤，史称"雅尔塔会议"或"克里米亚会议"。这次会议对于加速战争胜利进程等起了重要作用，并对战后世界格局的形成产生了深远影响。

1945年初，苏联红军逼近柏林，美英正准备在西欧发动新攻势。与此同时，苏联和美英之间的矛盾亦有所发展。美国最关心的是成立联合国、处置德国和尽快结束战争，英国极力维护大英帝国的传统势力和利益以及建立欧洲均势，苏联则急需确保战后安全和恢复经济。

雅尔塔会议中的三巨头（从左向右）：丘吉尔、罗斯福、斯大林。

在这种形势下，苏、美、英三大盟国迫切需要举行一次新的高级会晤。1944 年 7 月 19 日，美国总统罗斯福正式提出了举行新的最高级会晤的建议，最终美、英、苏三国政府首脑决定于 1944 年 11 月在苏联的雅尔塔举行会议。但由于罗斯福总统就职典礼，会议延期到 1945 年 1 月底至 2 月初举行。

根据丘吉尔提议，确定会议代号为"阿尔戈航海者"。罗斯福明白代号暗中的含义，对丘吉尔提出的"阿尔戈航海者"的名称表示欢迎。该代号名称，依据传说一些古希腊的勇士曾到黑海沿岸去寻找金羊毛的故事。雅尔塔会晤就是美英两国领导人到黑海沿岸来寻金羊毛的机会。苏联对当时在西战场陷入困境的盟军的援助，以及最终同意对日作战就是金羊毛。

当时在欧洲战场上，盟军节节胜利。西面，盟军挫败了德军一个月在阿登发动的反扑，正大踏步地向德国的莱茵河防线进攻，空军正对德国全境的军事目标进行轰炸，重点是交通运输枢纽和鲁尔工业区，缺少燃料的德军甚至组织不起像样的撤退；东面，苏军发动维斯瓦河——奥得河战役，快速兵团的进速度达到每天 75 千米，步兵也达到每天 45 千米的惊人速度，过去德国引以为豪的坦克集团突破的速度，现在被苏军打破了。1月25日，苏军占领波兰波兹南，打开通向柏林的大门，距柏林只有70千米。与此同时进行的东普鲁士战役，七十多个师的德军被苏军包围，他们再也没有以士兵的身份回到德国。

胜利者总是比较容易赢得尊重。丘吉尔代表英国国王将一把嵌满宝石的宝剑赠给斯大林。

这次会议在安排战后世界的问题上达成了许多协议。着重讨论了战败德国的处理问题，决定德国投降后，由苏、美、英、法4国军队分区占领德国，设立"大柏林区"，由苏、美、英3国军队共同占领，设立盟国管制委员会，协调管理控制工作。关于德国赔款问题，会议决定德国应以实物偿付，苏联将获得赔偿总额的一半。

关于波兰问题，三国进行了激烈的争论，最后决定在广泛的基础上对苏联支持的波兰临时政府进行改组。在会议上，苏联许诺在欧洲战争结束后2—9个月对日作战。

在联合国的问题上，同意苏联的乌克兰和白俄罗斯加盟共和国为联合国创始会员国，决定美、英、法、苏、中五国为安理会常任理事国，规定实质性问题常任理事国一致同意的原则。此外，会议还讨论了希腊、南斯拉夫、意大利等欧洲国家的有关问题。会议签署了《雅尔塔协定》，通过了《被解放的欧洲宣言》和《克里米亚宣言》等文件。

根据雅尔塔会议的决定，1945年4月25日，48个国家的代表在旧金山召开了联合国制宪会议。6月25日，与会代表通过了《联合国宪章》，同时这个宪章成为雅尔塔体系的支柱。

雅尔塔会议是第二次世界大战期间一次重要的国际会议，它促进了反法西斯国家的团结协作，加速了反法西斯战争的胜利，对战后世界格局产生了重大影响。

攻陷柏林

1945年1月—4月中旬，德军在东西两线战场都遭受到盟军优势兵力的沉重打击。在东线战场，苏军已越过奥德河和尼斯河，攻占了维也纳。从东、南两面包围了柏林，距柏林最近距离仅有 60 千米。西线战场，美英盟军进抵易北河，并向汉堡、莱比锡和布拉格方向发动攻势，距柏林也只有一百余千米的距离。4 月 15 日凌晨 5 时，苏军打响了攻克柏林的战役。柏林战役的结局，标志着法西斯德国的灭亡、苏德战争和欧洲战争的终结。

1945 年初时，虽然德国已完全失去了取胜的希望，但希特勒仍然决心把战争进行到底。德军统帅部在柏林地域部署了两个强大的集团军群用于柏林防御，此外柏林市内还有守备队 20 万人。为了坚守柏林，德军在柏林外围的奥德河—尼斯河地区构筑了纵深达 20—40 千米的三道防御地带。市内设置了大量的街垒防御阵地，甚至在临街房屋的窗户上都修筑了坚固的射击孔，使整个柏林城变成了一座巨型掩体和射击阵地。

然而，柏林会战打响后，在一百四十多盏大功率探照灯的照射下，苏军的上万门火炮、迫击炮开始了猛烈的轰击，接着轰炸机在德军阵地上倾泻下如暴雨一般的航空炸弹。在苏军整整 30 分钟的炮火压制下，德军阵地未发射一发炮弹。

紧接着，苏军集中了最强大的兵力攻克了被称为"柏林之锁"的泽洛高地。一旦越过泽洛高地，就是便于坦克军群进攻的开阔平原了。至 4 月 18 日，苏军全线突破了德军的奥德河、尼斯河防线，并以 250 万人、四万多门火炮、六千多辆坦克、七千多架飞机的巨大兵力，对柏林形成了围攻之势。

4 月 26 日清晨，在柏林上空，苏军数千架飞机再一次投下了成千上万吨的炸弹和汽油弹。在地上，平均每千米已部署到近千门的各种火炮集中射击，柏林转眼间成了一个昏暗的世界。由于有了斯大林格勒的经验，苏军战士们知道如何去攻占一个城市。苏军在进攻前首先用火炮和飞机对目标地域进行轰击，步兵在坦克和配有喷火器和爆破器材的工兵掩护下，一小段一小段地前进，从后院、地下室甚至地下铁道和下水道渗透进去，攻占每一条街道，每一座楼房。但柏林是德军精心设防的城市，防御体系完整，工事非常坚固。越是接近市中心，苏军前进越艰难。坚固的楼房、隐蔽的地下室、地下铁道、排水沟壕等，都为德军提供了发扬火力的支撑

图为向柏林进军的苏联军队。部队虽然整体开进了柏林，但是受到市区地形的限割，迎接他们的将是更加残酷和艰巨的巷战。然而，苏军利用密集的炮火，为步兵的军事行动开辟了道路。

点。因此，苏军不得不逐栋楼房争夺，逐条街道攻取，每前进一步都要付出了很大的代价。

4月28日，苏联红军已经逼近离总理府只有一条街的波茨坦广场。希特勒绝望了。

4月29日，苏军攻入柏林市中心。白俄罗斯第一方面军下令由步兵第79军攻打国会大厦。战斗非常艰苦，夺取每一个房间、每一条走廊都要经过血战。

胆战心惊的希特勒躲进了离地面15米的地下室。他像一头困在笼中的野兽，疯子一样大声地吼叫着："我没有可信赖的人，他们都背叛了我!"

就在几天前，空军总司令戈林坐上满载着金银财宝的汽车逃出了炮火连天的柏林。随后从萨尔斯堡打来电报，声称要"接管帝国全部领导权"。

29日凌晨，希特勒匆匆忙忙和情妇爱娃举行了结婚仪式。这天晚上苏军打到了空军军部附近，距离总理府只有咫尺之遥了。

4月30日，也就是苏联红军攻克柏林这一天，希特勒吃完最后一顿午饭，和新娘一道同部下告别，然后回到自己的房间，最终双双自杀。

5月2日下午3时，德军停止抵抗，柏林城防司令率残部投降，柏林战役胜利结束。5月9日凌晨，朱可夫元帅代表盟军主持了德国的投降仪式，凯特尔元帅代表德军最高统帅部在无条件投降书上签了字。

这次战役的胜利结束，标志着第二次世界大战欧洲战场的战争胜利结束，柏林会战是全世界反法西斯战争胜利进程的重要里程碑。

《波茨坦宣言》

1945年7月17日到8月2日，为了商讨对德国的处置问题和解决战后欧洲问题的安排以及争取苏联尽早对日作战。美、英、苏三国首脑在柏林近郊的波茨坦举行战时第三次会晤，史称"波茨坦会议"或"柏林会议"。波茨坦会议对于夺取反法西斯战争的最后胜利具有重大意义，为建立战后新秩序打下了基础，对战后国际关系的发展产生了重大影响。

左起依次为丘吉尔、杜鲁门和斯大林，他们在波茨坦
举行二战期间的第三次三国首脑会议。

1945年5月8日，德国政府无条件投降，欧洲战争结束，但在远东对日作战还在激烈进行。为了研究处置德国，商讨对日本作战和解决欧洲其他问题，1945年7月17日—8月2日，苏、美、英三国政府首脑在柏林郊外的波茨坦举行了一次国际会议。参加者有斯大林、杜鲁门和丘吉尔（7月28日后是艾德礼）及他们的外长

和顾问。

这次会议是"二战"期间三国首脑举行的第三次会议。波茨坦会议开幕前一天，美国在新墨西哥州的沙漠地区试爆第一颗原子弹成功。美英两国首脑认为，"这是一张应当在波茨坦会议桌上打的王牌"。杜鲁门对斯大林透露，美国已拥有一种破坏力极其巨大的新武器。但是，斯大林对此并没有表示出特别的兴趣。

会上，三国更多的考虑是本国在战后的利益，相互间相持不下，逐渐由合作走向冲突。这次历时 17 天的会议，唇枪舌剑、针锋相对的情况屡屡出现。会上显露出来的英美与苏联的矛盾在战后进一步激化，影响着战后世界历史的发展。特别是在苏军解放下的东欧出现了一系列人民民主国家，有利于苏联的安全和利益，而美英为争夺战后世界霸权，竭力阻止苏联影响的扩大。

苏联代表在会议上重申了保证履行对日作战的义务。在讨论波兰问题时，三国决定承认波兰临时民族统一政府。对波兰西部边界，认为最后划定应待和平会议解决，但"三国政府首脑同意，在波兰西部边界最后划定之，原德国的东部领土由波兰政府管辖，不得视为苏联在德占领区的一部分"。

7 月 26 日，经过美、苏、英三国首脑讨论，达成了针对打败日本和战后处理日本的一项协议，即著名的《波茨坦公告》，又称《波茨坦宣言》。因为苏联当时还没有对日宣战，所以没有签字。在取得中国政府同意后，该公告以美、中、英三国共同宣言的形式发表了，全称为《促令日本投降之波茨坦公告》。后来苏联出兵对日作战时，也正式在公告上签了字，使公告成为四大盟国对日本的共同宣言。

关于战争赔款问题，三国首脑在会议上展开过更为激烈的争论。苏联发现自己处于孤立无援的地位，无法坚持在雅尔塔会议上要求的 200 亿美元赔款要求时，便转而要求绝对保证取得德国赔款总额的 1/2，美国建议三大国可在各自占领区内取得赔偿，苏联以苏战区国民财富仅占德国总额的 42% 为由，要求在西区得到其余部分的补偿。

最后终于达成协议，规定：苏联除从东战区取得赔偿外，还应取得西战区作为赔偿而予以拆迁的基本工业设备的 15%，另有 10% 则无偿取得。除此之外，苏联还

波茨坦会议是三大国首脑在战争期间召开的曩长的

一次会议，也是最后一次会议。

有权力取得德国在罗马尼亚、匈牙利等地的资产，而波兰应得的赔款份额要计算在苏联内。

此外，会议还讨论了奥地利问题，同意意大利、保加利亚、罗马尼亚、匈牙利、芬兰五国缔结和约问题，领土托管问题和控制黑海海峡等问题。

历时 17 天之久的波茨坦会议是第二次世界大战期间的最后一次美、苏、英三国首脑会议，它的成功具有重要和深远的意义。会议进一步协调了同盟国在远东共同对日作战的战略计划，保证了它们在大战后期的军事政治合作。正是这种有效的合作，对于巩固欧洲反法西斯战争的胜利成果、迫使法西斯日本早日无条件投降起了积极作用。

曼哈顿计划

曼哈顿计划是美国陆军部于 1942 年 6 月开始实施的利用核裂变反应来研制原子弹的计划。当时，美国为了先于纳粹德国制造出原子弹，集中了当时西方国家（除纳粹德国外）最优秀的核科学家，动员了 10 万多人参加这一工程。历时 3 年，耗资 20 亿美元，于 1945 年 7 月 16 日成功地进行了世界上第一次核爆炸，并按计划制造出两颗实用的原子弹，整个工程取得圆满成功。

1939 年初，丹麦著名的物理学家波尔从两位刚从德国逃亡出来的物理学家哪里知道德国已经开始研制原子弹的确切消息，他立即前往美国，将这一消息告诉正流亡在美国的费米等科学家，这些深知核能巨大威力的科学家对此忧心忡忡，他们知道如果纳粹德国抢先制造出原子弹，那么人类就将面临史无前例的核灾难！

罗伯特·奥本海默，美国物理学家，
曼哈顿计划的主要领导者之一。

唯一的办法就是反法西斯国家抢在德国之前制造出原子弹，而制造原子弹谈何容易，需要雄厚的经济后盾，齐全的研究设备、大量的科学人才和安定的社会环境，环顾反法西斯诸国，只有美国有此实力，所以费米、西拉德和特勒等科学家出于历史责任，从 3 月 17 日起在美国积极奔走，呼吁美国尽快开始研制原子弹，但是美国军方领导人难以理解这一新生事物，将这些科学家视为"怪人"，对他们的建议嗤之以鼻。

随着时间的流逝，这些科学家心急如焚，他们认为只有绕过上层官僚，直接将建议交给美国总统罗斯福，才有可能尽快开始研制工作。最终，在爱因斯坦的帮助下，罗斯福总统终于重视了这几位科学家的建议。

马歇尔曾经参与了曼哈顿计划的前期管理工作。当时军队把整个计划取名为"代用材料发展实验室",但是由于与科学顾问合不来,当局最终将曼哈顿计划的管理权转给了格罗夫斯准将。随后才将计划更名为"曼哈顿计划"。

1941年12月7日,珍珠港事件爆发,这也成为美国加快研制原子弹的一个转折点。1942年6月,美国的原子弹研制计划正式开始,由于研制计划的总部开始设在纽约市曼哈顿区,因此原子弹研制计划也叫作"曼哈顿计划"。

曼哈顿计划的最终目标是赶在德国之前造出原子弹。虽然在这个计划以前,S-1委员会(负责铀研究的一个机构)执行委员会就肯定了它的可行性,但要实现这一新的爆炸,还有大量的理论和工程技术问题需要解决。在劳伦斯、康普顿等人的推荐下,格罗夫斯请奥本海默负责这一工作。

为了使原子弹研制计划能够顺利完成,根据奥本海默的建议,军事当局决定建立一个新的快中子反应和原子弹结构研究基地,这就是后来闻名于世的洛斯阿拉莫斯实验室。奥本海默凭着他的才能与智慧,以及他对于原子弹的深刻洞察力,被任命为洛斯阿拉莫斯实验室主任。正是由于这样一个至关重要的任命,才使他在日后赢得了美国"原子弹之父"的称号。

奥本海默开始时对困难估计不足,认为只要6名物理学家和一百多名工程技术人员就足够了。但实验室到 1945 年时，发展到拥有两千多名文职研究人员和三千多名军事人员，其中包括一千多名科学家。

在"曼哈顿工程区"工作的 15 万人当中，只有 12 个人知道全盘的计划。其实，全体人员中很少有人知道他们是在从事制造原子弹的工作。经过全体人员的艰苦努力，原子弹的许多技术与工程问题得到解决。

1945 年 7 月 16 日 5 时 30 分，美国制造的第一颗试验性原子弹在新墨西哥州爆炸成功。一道闪电划破了黎明的长空，一团巨大的火球升上 8 千米高空，大地也在微微颤抖。美国整个西部都听到了爆炸巨大的声响。经过 10 万人 3 年的努力，耗资 20 亿美元的曼哈顿计划终于成功了。

曼哈顿计划不仅造出了原子弹，也留下了 14 亿美元的财产，包括一个具有 9000 人的洛斯阿拉莫斯核武器实验室；一个具有 3.6 万人、价值 9 亿美元的橡树岭铀材料生产工厂和附带的一个实验室；一个具有 1.7 万人、价值 3 亿多美元的汉福特钚材料生产工厂，以及分布在伯克利和芝加哥等地的实验室。

核攻击日本

1945 年 5 月 8 日德国投降后，日本依然在太平洋战场上负隅顽抗。7 月 16 日，美国第一颗原子弹爆炸成功。此时，美国决定用原子弹轰炸日本，以促使其尽快投降。在曼哈顿计划中，美国共制造出三颗原子弹。第一颗试爆的原子弹命名为"瘦子"，另外两颗分别叫"胖子"和"小男孩"。8 月 6 日和 9 日。美国分别在日本的广岛和长崎投下了代号为"小男孩"和"胖子"的原子弹。

珍珠港事件爆发后，美军经过中途岛大海战，给予日本联合舰队毁灭性的打击，从此牢牢抓住了太平洋战争的战略主动权。马里亚纳群岛战役、塞班岛战役等，美军连战告捷。但是，越是逼近日本本土，日本人的抵抗就越是死硬顽强。在攻打硫磺岛的战役中，美军付出了伤亡 2.8 万多人的代价；随后为夺下冲绳岛，美军的伤亡达到了空前的 4.4 万人。

代号为"小男孩"的原子弹瞬间摧毁了广岛这座城市。

当美国的第一颗原子弹"瘦子"在新墨西哥州爆炸成功后，以美国陆军部长史汀生为首的临时委员会向杜鲁门总统提出建议：尽快用原子弹轰炸日本具有军事和非军事双重性的目标。核突袭的具体目标拟定为广岛、长崎和小仓。

但是，他们的设想遭到了不少科学家的反对，科学家们认为使用破坏力异常巨大的原子弹，后果将不堪设想，而且可能使美国失去全世界公众的支持，并会"促进武器竞赛，损害达成今后控制这种武器的国际协议"。

另一方面，死到临头的日本法西斯依然执迷不悟。他们像输红了眼的疯狗，狂喊乱叫不惜"本土决战"，准备把日本领向彻底灭亡的死路。日本法西斯当局进行了大规模的战争动员，一再降低征兵年龄，规定从15—60岁的男人、17—45岁的女人都必须参加"义勇兵"。农民拿起农具当长矛，小孩举起竹棍练拼刺。

杜鲁门思量再三终于采纳了史汀生的建议，决定对日本进行核突袭。于是，美国陆军航空兵的核突击部队——第509混合大队被派往太平洋的提尼安岛执行这次非同寻常的任务。第一次原子弹突袭以广岛为主要目标，小仓和长崎为预备目标；第二次以小仓为主要目标，长崎为预备目标。

1945年8月6日早晨8时整，3架B—29轰炸机从高空进入广岛上空。这时很多广岛市民并未进入防空洞，而是在仰望天上的飞机。因为在此以前，B—29已连续数天飞临日本领空进行训练，但这一次的3架飞机中，有一架已经装上了一颗5

吨重的原子弹，此时正奉命来轰炸广岛。

9点14分17秒，那架装载着原子弹的美机上的视准仪对准了广岛一座桥的正中时，自动装置被打开了。60秒钟后，原子弹从打开的舱门落入空中。这时飞机做了一个大转弯，俯冲下来，一瞬间，飞行高度下降了三百多米。这样做是为了尽量远离爆炸地点。45秒钟后，原子弹在离地600米的空中爆炸，立即发出令人眼花目眩的强烈白色闪光，广岛市中心上空随即发生震耳欲聋的大爆炸。顷刻之间，城市突然卷起巨大的蘑菇状烟云，接着便竖起几百根火柱，广岛市马上沦为焦热的火海，当场有7.8万多人死去。

广岛惨烈的悲剧，使得日本高层领导十分惊慌。为了避免动摇人心，引起全国的混乱，他们决定禁止扩散广岛遭原子弹袭击的消息，掩盖广岛事实真相。

杜鲁门总统警告日本，假如不投降，更大的毁灭性打击将从天而降。但是，日本法西斯仍然负隅顽抗。8月8日，苏联正式对日本宣战，苏联红军出兵中国东北。8月9日，美国在长崎扔下第二颗原子弹，长崎市27万人，当日死去6万余人，成为广岛之后的又一个悲剧。

原子弹爆炸后，在广岛上空形成的蘑菇云。

美国投在日本广岛和长崎的原子弹造成了巨大的毁伤，广岛市区 80% 的建筑化为灰烬，伤亡总人数占全市总人口的 53%。长崎市 60% 的建筑物被摧毁，伤亡人数占全市总人口的 37%。

日本的投降

1945 年 8 月 6 日和 9 日，美国先后在日本广岛和长崎各投下一颗原子弹。随后，苏联出兵中国东北和朝鲜北部，对日本关东军发动全面进攻。到 8 月 14 日，日本政府照会美、英、苏、中四国政府，宣布接受《波茨坦公告》。8 月 15 日，日本天皇裕仁以广播《停战诏书》的形式，正式宣布日本无条件投降。第二次世界大战终于落下了帷幕。

在原子弹轰炸和美、苏军队的毁灭性打击之下，1945 年 8 月 10 日，日本裕仁天皇终于打破缄默，表达了反对日本军部继续战争的意见。

1945 年 8 月 14 日，在皇宫防空洞里，日本政府召开了御前内阁会议，商讨立即投降还是继续战争。陆军大臣阿南痛哭失声，极力反对投降。外交大臣东乡主张在维护天皇体制下投降，其余多数阁员赞成投降，少数阁员保持沉默。最后，天皇开始讲话："我考虑把战争再拖延下去是不合适的……如果现在停战，可以留下将来发展的基础……希望赞成此意。"天皇"圣断"后，铃木首相立即起草了《停战诏书》。当夜，裕仁天皇又录制了《停战诏书》录音。

8 月 28 日，美国空军的飞机在东京机场降落。大批的英、美军队开始在日本海岸登陆，实现对日本的占领。根据盟国之间的协商意见，麦克阿瑟被任命为中、美、英、苏等盟国进驻日本的占领军总司令。1945 年 9 月 2 日上午 9 时，在东京湾的美国战列舰"密苏里"号上，举行了日本签署正式投降书的仪式。

日本外交大臣重光葵代表天皇和日本政府、陆军参谋总长梅津美治郎代表日本帝国大本营在投降书上正式签字。然后，由受降的盟军和美、中、英、苏等所有对日作战的同盟国代表签字。

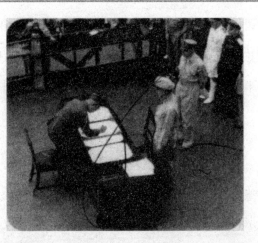

梅津美治郎代表日本帝国大本营在投降书上俯首签字

盟军最高统帅麦克阿瑟代表盟军首先签字。为了纪念这一历史时刻，麦克阿瑟先后用了5支钢笔签署他的名字和头衔。他把第1支签字笔送给了被日军俘虏的美国将军温莱特，第2支笔送给了被日军俘虏的英国将军白西华，第3支笔送给了美国档案馆，第4支笔送给了他的母校西点军校，第5支笔是他从自己口袋里掏出来的红色小笔，签字后送给了他的妻子。

接下来，由尼米兹海军上将代表美国、徐永昌将军代表中国、福莱塞海军上将代表英国、杰列维亚科中将代表苏联、托马斯·布莱梅代表澳大利亚、穆尔·戈斯格罗夫代表加拿大、雅克·勒克莱尔代表法国、赫尔弗里希代表荷兰、艾西特代表新西兰依次签了字。在仪式将近结束时，1900架同盟国的飞机轰隆隆地飞越"密苏里"号，太阳从云层中冒了出来，世界终于结束了一场最大的灾难。

由于签字仪式结束后，日本已不再是交战的对手，因此日本代表团走下舷梯时，美军礼仪哨兵给予他们例行的礼遇，向他们敬礼，梅津美次郎表情冷峻还礼，代表团其他成员也都还了礼。

当日本代表团离舰后，作为主人的哈尔西，在自己的舱室用咖啡和油炸面圈招待各国签字代表。当时的气氛非常热烈，因为从这天起，持续多年的枪炮声终于平息，和平终于降临了！

此后，驻海外的日军陆续向盟国投降。中国战区的投降仪式于9月9日在南京举行。日本派遣军总司令官冈村宁次在投降书上签字，并交出了他的随身佩刀，以表示侵华日军正式向中国缴械投降。至此，日本帝国主义历时 15 年的侵略战争，以彻底失败而告终。第二次世界大战也以全世界人民的伟大胜利而结束。

战后审判

随着日本帝国主义的签字受降，第二次世界大战终于结束了。这场战争给人类带来了巨大的灾难。据不完全统计，战争总共造成约 5000 万人死亡，而经济损失更是无法估量。那些造成战争的罪魁祸首应该受到应有的惩罚。于是，在德国的纽伦堡和日本的东京分别进行了对二战主要战犯的国际性审判。

纳粹德国投降后，盟军共抓获了大小战犯二十多万名，其中美国列出了 350 名甲级战犯，由于人数太多，不能逐一审判，于是又在甲级战犯中挑出了 22 名"主犯"。审判地点定在德国的纽伦堡和日本的东京。

欧洲国际军事法庭在德国南方城市纽伦堡，对第一批 21 名首要战犯进行了审判。1945 年 11 月 20 日，审判大厅里，人声嘈杂。来自英、法、美、苏以及德国和其他国家的工作人员、辩护律师及听众把大厅挤得满满的。这场审判开庭超过 400 次，期间所说的每件事都要翻译成英语、法语、俄语和德语。

战犯们坐在被告席上，以前那种颐指气使的神气一扫而光，这些要犯都是希特勒纳粹匪帮的重要人物，其中有希特勒第二把手、空军司令戈林，外交部长里宾特洛浦，理论家罗森堡，劳工部长罗伯特·李，内务部长刽子手希姆莱的助手弗里克，波兰总督弗兰克等。

要犯除了希特勒投降前自杀，包尔曼在逃外，其余共 21 名。通过审讯和反复调查对质，又揭露了许多骇人听闻的罪行。

16 日凌晨 1 点左右，罪犯们被带到一个灯火辉煌的体育馆，馆内竖立着 3 个漆成黑色的绞架，死囚们的手臂都被反绑着，由宪兵左右架着带进来。绞刑架平台下有 13 级阶梯，犯人站在一块活板上，套上绞索之后、活板便被抽开，犯人两脚悬

纽伦堡审判中（从左向右）的戈林、赫斯、里宾特洛甫、
凯特尔，后排：邓尼茨、雷德尔、席腊赫、绍克尔。

空后咽气。

　　伦堡审判粉碎了纳粹罪魁们杀身成仁的美梦。在整个纽伦堡审判的过程中，没有一名被告否认过大屠杀的事实。纽伦堡审判提出了法律与公正的界线。

　　在亚洲，1946 年 5 月 3 日，由中、苏、美、英等 11 国代表组成的远东国际军事法庭，经过长达半年的调查后，对以东条英机、板垣征四郎、土肥原贤二等 28 名甲级战犯正式开庭审判。

　　东条英机是日本的重要战犯，正是他，在九一八事变后指挥日本关东军大举侵略中国；也正是他，在 1941 年 12 月疯狂发动了太平洋战争。东条英机知道自己的气数将尽，经过一番考虑后，决定自杀。当美国士兵逮捕他时，他向自己扣动了手枪的扳机，但是子弹没射中要害，很快被救活了。

　　在近两年的审讯过程中，东条英机拒不认罪。

　　1948 年 4 月 16 日，经过漫长而艰辛的审判，审理程序全部完成，庭长韦伯宣布等候判决。梅汝墩主写《日本对华侵略》部分，长达两百多页，首先获得了法官会议的通过。此后，法官们将对被告逐一量刑。

　　但由于法官们对国际法精神的理解不一以及法律体系的不同，11 国法官对主要被告是否要判处死刑发生了严重分歧。庭长韦伯的想法最古怪，他主张将战犯流放到一个远离陆地的荒岛上去。法国、澳大利亚的法官以本国已废除死刑为由而主张轻判。在这一过程中，梅汝璈法官做了大量的工作，美国、英国、加拿大法官也主张判处死刑以严惩战犯。最后，11 名法官以秘密投票方式决定战犯的生死去留。

东京国际军事法庭审判会场

1948 年 11 月 4 日远东国际军事法庭再次开庭，审判日本首要战犯 25 人有罪。其中东条英机、板垣征四郎、土肥原贤二、广田弘毅、木林兵太郎、松井石根、武滕章 7 人被判处绞刑。

12 月 23 日，东条英机等七名甲级战犯被送上绞刑架，结束了他们罪恶的一生。其余战犯也受到了应有的惩罚。

联合国的成立

在第二次世界大战即将结束时，世界各国已经在考虑战后的事情。人类在两次世界大战中遭受的损失是极为惨痛的，如何防止新的世界战争的发生，成了人们普遍关注的问题。在第二次世界大战中反法西斯侵略的主要国家中国、苏联、美国、英国等大国，更是为此事绞尽脑汁。各国的共同主张是，要建立一个共同的机构来维护世界和平。

1945 年 4 月 25 日，在美国旧金山，46 个国家的代表聚集在一起，讨论成立联合国的问题。成千上万的市民高呼着"和平"的口号，表示对这件事的支持，表达了世界人民渴望和平与进步的愿望。

下午 4 点，载着 46 个国家代表的一长列小轿车，在蒙蒙的细雨中，驶向了旧金山市歌剧院，人群沸腾起来。美国代表下车了，共 156 人，是人数最多的代表团。接着是中国代表 75 人，英国代表 65 人，苏联代表 15 人。四个发起国与其他国家的代表共 850 人进入了歌剧院。两旁的人们向他们抛撒鲜花，表达着欢迎之情，1800 名各国记者也蜂拥入场。

旧金山市歌剧院楼下大厅是主会场，主席台上设 4 个座位，是大会临时主席、加利福尼亚州州长、旧金山市市长和大会秘书长的专席。主席台的后方悬挂着 46 个国家的国旗。阿根廷、丹麦等 4 个国家被邀请参加会议。

会议临时主席、美国代表团首席代表斯退丁纽斯首先发表了简短的讲话，大会收听了美国新任总统杜鲁门的讲话及其他一些要人的贺词。联合国的主要缔造者之一罗斯福在会议开幕前十余天逝世了，继任总统杜鲁门同样十分重视这次会议，他在讲话中重点强调了联合国对世界和平与人类发展的意义："你们是美好世界的建筑师，我们的未来就掌握在你们的手里。由于你们在这次会议上的努力，我们将知道在苦难中的人类可能得到公正和持久的和平。"

美、中、苏、英四个联合国发起国的外长相继发言，表示要为维护和平而竭尽全力。中国外长出现在会场上特别引人注目。因为在抗日战争前，中国长期受帝国主义列强的欺侮和侵略，国力贫弱，被人看不起，在世界上没有地位。而通过反法西斯战争，中国已经跻身于世界大国之列，成为联合国的五个常任理事国之一。这是中国人民经过八年浴血奋战取得抗日战争伟大胜利赢来的。

1500 张可以列席会议的旁听券早已发完，成千上万的市民则伫立在歌剧院外。开幕式很快就结束了，代表们走出会场时，人们热烈地齐声欢呼"和平！和平！"口号声久久地回荡在旧金山市上空。

4 月 26 日，按照会议议程，美国、中国、苏联、英国四个发起国的外长依次发言，共同表示要为维护世界和平而竭尽全力。苏联外长莫洛托夫在演说中，生动地

位于美国纽约的联合国大厦

表达了斯大林领导下的苏维埃社会主义政府和苏联人民衷心希望永久和平以及对建立国际安全机构的真挚态度，获得了全世界爱好和平人民的好评。

经过两个多月的讨论后，会议起草了《联合国宪章》，这时的会员国已增加到了50个。6月26日，制宪会议在旧金山退伍军人纪念堂礼堂进行最后一项，也是此次大会最庄重的议程——与会代表在宪章上签字。按照大会商定的程序，中国代表团第一个签字。

正午时分，中国代表董必武用毛笔在宪章上写下了自己的名字。各国代表都签署了这个宪章，其后波兰也在宪章上补签。签署宪章的51个国家成为联合国的创始会员国。

10月24日，美、英、中、苏、法等多数签字国送交了批准书，《联合国宪章》开始生效，联合国正式宣告成立，总部设在美国纽约。